國際服務貿易

主　編 ◎ 李大鵬、李延
副主編 ◎ 蔣興紅、陳京晶
楊馥蔚、王雅佳

財經錢線

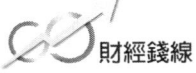

國際服務貿易

主　編　李大鵬　李　延
副主編　蔣興紅　陳京晶
　　　　廖　歡　楊馥蔚
　　　　王雅佳（排名不分先後）

前　言

　　國際服務貿易是在一國生產力發展和產業結構調整的基礎上隨著國際分工的細化與世界市場的形成而逐漸發展起來的。現代科學技術日新月異，世界經濟正向著知識經濟邁進。隨著資本和勞動力從物質生產領域向服務領域的轉移加速，國際服務貿易得到了迅速發展。1986年達成的《服務貿易總協定》（GATS），標誌著代表國際經貿關係新趨勢的國際服務貿易在國際經濟關係中的重要性在不斷增強，引起了各個國家的重視。中國作為發展中國家，服務貿易發展起步較晚，但在改革開放以後，中國在服務業發展的同時，服務貿易也得到了較快的發展。尤其是加入世界貿易組織以來，服務貿易領域不斷擴寬，貿易結構也發生了很大的變化。同時，隨著中國經濟結構的改革，服務貿易發展潛力巨大，將成為推動未來中國對外貿易長期持續發展的重要力量。

　　全書共十一章。第一章為國際服務貿易概述；第二章為國際服務貿易的分類與統計；第三章為國際服務貿易理論；第四章為國際服務貿易政策；第五章為國際服務貿易規則體系；第六章為國際服務貿易競爭力；第七章為服務業的國際直接投資；第八章為國際服務貿易與知識產權保護；第九章為服務貿易產業；第十章為國際服務外包；第十一章為中國服務貿易。

　　由於時間關係和編者水平所限，書中不當之處在所難免，懇請廣大讀者批評指正。

編　者

目 錄

第一章　國際服務貿易概述 …………………………………………………（1）
　　第一節　國際服務貿易的基本概念 ……………………………………（1）
　　第二節　國際服務貿易的產生與發展 …………………………………（7）
　　第三節　國際服務貿易迅速發展的影響因素及原因 …………………（9）
　　第四節　國際服務貿易的研究對象和研究方法 ………………………（12）
　　思考題 ……………………………………………………………………（14）

第二章　國際服務貿易的分類與統計 ……………………………………（15）
　　第一節　國際服務貿易的分類 …………………………………………（15）
　　第二節　國際服務貿易統計 ……………………………………………（23）
　　思考題 ……………………………………………………………………（26）

第三章　國際服務貿易理論 ………………………………………………（27）
　　第一節　古典貿易理論在國際服務貿易中的應用 ……………………（27）
　　第二節　新古典貿易理論在國際服務貿易中的應用 …………………（30）
　　第三節　當代貿易理論在國際服務貿易中的應用 ……………………（34）
　　第四節　傳統比較優勢理論在國際服務貿易中的適用性 ……………（36）
　　思考題 ……………………………………………………………………（38）

第四章　國際服務貿易政策 ………………………………………………（39）
　　第一節　國際服務貿易政策概述 ………………………………………（39）
　　第二節　國際服務貿易自由化政策 ……………………………………（44）
　　第三節　國際服務貿易保護政策 ………………………………………（51）
　　思考題 ……………………………………………………………………（64）

第五章　國際服務貿易規則體系 ……………………………………………（65）
第一節　服務貿易總協定 ………………………………………………（65）
第二節　區域服務貿易規則 ……………………………………………（76）
思考題 ……………………………………………………………………（79）

第六章　國際服務貿易競爭力 ……………………………………………（80）
第一節　競爭優勢理論在國際服務貿易中的應用 ……………………（80）
第二節　國際服務貿易競爭力指標 ……………………………………（87）
第三節　不同國家的服務貿易情況 ……………………………………（89）
第四節　中國的服務貿易競爭力 ………………………………………（95）
思考題 ……………………………………………………………………（99）

第七章　服務業的國際直接投資 …………………………………………（100）
第一節　服務業國際直接投資概述 ……………………………………（100）
第二節　服務業國際直接投資理論 ……………………………………（104）
第三節　服務業對外直接投資的影響 …………………………………（111）
第四節　中國引進服務業國際直接投資現狀分析 ……………………（116）
思考題 ……………………………………………………………………（121）

第八章　國際服務貿易與知識產權保護 …………………………………（124）
第一節　知識產權理論與知識產權貿易 ………………………………（124）
第二節　知識產權保護的立法 …………………………………………（129）
第三節　知識產權壁壘與服務貿易中知識產權保護的對策 …………（132）
思考題 ……………………………………………………………………（136）

第九章　服務貿易產業 ……………………………………………………（137）
第一節　國際服務貿易產業概述 ………………………………………（137）

第二節　傳統服務貿易產業 …………………………………………（138）
　　第三節　新興服務貿易產業 …………………………………………（145）
　　思考題 …………………………………………………………………（149）

第十章　國際服務外包 ……………………………………………………（150）
　　第一節　國際服務外包簡介 …………………………………………（150）
　　第二節　國際服務外包的發展現狀 …………………………………（155）
　　第三節　服務外包理論及效應分析 …………………………………（161）
　　第四節　服務外包在中國 ……………………………………………（168）
　　思考題 …………………………………………………………………（176）

第十一章　中國服務貿易 …………………………………………………（177）
　　第一節　中國服務貿易發展現狀與影響因素 ………………………（177）
　　第二節　中國入世服務貿易承諾及開放現狀 ………………………（183）
　　第三節　中國服務貿易發展政策 ……………………………………（193）
　　第四節　中國服務貿易立法 …………………………………………（196）
　　思考題 …………………………………………………………………（198）

第一章　國際服務貿易概述

第一節　國際服務貿易的基本概念

一、對服務和服務業的理解

「服務」從字面上講是履行一項任務或是從事某種業務。在有些國家，也賦予了這一概念「為公眾做事、替他人勞動」的含義。每一個人可能對「服務」一詞都不會陌生，但是如果要求準確地回答服務的內涵卻可能有些困難。

（一）服務的內涵

「服務」在古代是「伺候」「服侍」的意思，隨著時代的發展，服務被不斷賦予新的意義。現在，服務已成為整個社會不可或缺的人際關係的基礎。社會學意義上的服務是指為別人、為集體的利益而工作或為某種事業而工作，如毛澤東同志提出的「為人民服務」。經濟學意義的服務是指以等價交換的形式，為滿足企業、社會團體或其他公眾的需要而提供的勞務活動，它通常與有形的產品聯繫在一起。

早在1977年，希爾提出了為理論界所公認的服務內涵。他指出：「服務是指人或隸屬於一定經濟單位的物在事先合意的前提下由於其他經濟單位的活動所發生的變化……服務的生產和消費同時進行，一種服務一旦生產出來就必須由消費者獲得或不能儲存，這與其物理特性無關，而只是邏輯上的不可能……」20世紀80年代中期，巴格瓦蒂、桑普森和斯內普相繼擴展了希爾的關於服務的內涵，他們把服務分為兩類：一類為需要物理上接近的服務，另一類為不需要物理上接近的服務。雖然關於服務的具體定義有所差別，但他們對於服務的描述都涉及其共有的特點。

1. 服務的無形性

商品與服務之間最基本也是最常被提起的區別是服務的無形性，因為服務是由一系列活動（而不是實物）所組成的過程。在這個過程中，我們不能像感覺有形商品那樣看到、感覺或者觸摸到服務。對於大多數服務來說，購買服務並不是等於擁有其所有權，如高鐵公司為乘客提供服務，但這並不意味著乘客擁有了高鐵上的座位。

2. 生產和消費的同步性

大多數商品是先生產，然後儲存、銷售和消費，而大部分服務卻是先銷售，然後同時進行生產和消費。這通常意味著服務產生的時候，顧客是在現場的，而且會觀察甚至參加到生產過程中來。有些服務是很多顧客同時消費的，即同一個服務由大量消費者同時分享，比如一場籃球比賽。這也說明了在服務的生產過程中，顧客之間往往

會有相互作用，因而會影響彼此的體驗。

服務生產和消費的同步性使得服務難以進行大規模的生產，服務不太可能通過集中化來獲得顯著的規模經濟效應，問題顧客（擾亂服務流程的人）會在服務提供過程中給自己和他人造成麻煩，並降低自己或者其他顧客的效用滿意度。另外，服務生產和消費的同步性要求顧客和服務人員都必須瞭解整個服務的傳遞過程。

3. 異質性

服務是由人表現出來的一系列行動，而且員工所提供的服務通常是顧客眼中的服務。由於沒有兩個完全一樣的員工，同時沒有兩個完全一樣的顧客，因此就沒有兩者完全一致的服務。

服務的異質性主要是由員工與顧客之間的相互作用以及伴隨著這一過程的所有變化因素導致的，同時它使得服務質量取決於服務提供商不能完全控制的許多因素，如顧客對其需求的清楚表達能力、員工滿足這些需求的能力和意願、其他顧客的到來以及顧客對服務需求的程度。由於這些因素，服務提供商無法確知服務是否按照原來的計劃和宣傳的那樣提供給顧客；有時，服務也可能會由中間商提供，那樣更加大了服務的異質性，因為從顧客的角度來看，這些中間商提供的服務仍代表著服務提供商。

4. 易逝性

服務的易逝性是指服務不能被儲存、轉售或者退回的特性。比如一輛500座位的動車，如果在某次只搭載450名顧客，它不可能將剩餘的50個座位儲存起來留待下次銷售；一個律師提供的諮詢服務也無法退貨，無法重新諮詢或者轉讓給他人。

由於服務無法儲存，服務分銷渠道的結構與性質和有形產品的差別很大，為了充分利用生產能力，對需求進行預測並制訂有創造性的計劃就成為了重要和富有挑戰性的決策問題。此外，由於服務無法像有形產品一樣退回，因而服務組織必須制定強有力的補救策略，以彌補服務失誤。儘管顧客無法退回律師的諮詢，但諮詢企業可以通過更換律師來重拾顧客對企業的信心。

(二) 服務與服務業

既然服務產品是一種個體的行為和活動，那麼服務業就是生產服務產品的產業部門。

服務業是隨著社會生產力的發展以及商品生產和交換的發展，繼商業之後產生的一個行業。商品的生產和交換擴大了人們的經濟交往。為瞭解決由此產生的人的食宿、貨物的運輸和存放等問題，出現了飲食、旅店等服務業。

服務業最早主要是為商品流通服務的。隨著城市的繁榮、居民的日益增多，不僅人們在經濟活動中離不開服務業，而且服務業也逐漸轉向以人們的生活服務為主。社會化大生產創造的較高的生產率和日趨精細的生產分工，促使生產企業中某些為生產服務的勞動從生產過程中逐漸分離出來，加入了服務業的行列，成為生產服務的獨立行業。

服務業從為流通服務到為生活服務，經歷了一個漫長的歷史過程。服務業的社會性質也隨著歷史的發展而變化。在前資本主義社會，服務業主要是為奴隸主和封建地

主服務，大多由小生產者經營，因此具有小商品經濟性質。資本主義服務業以營利為目的，資本家和服務勞動者之間的關係是雇傭關係。社會主義服務業是以生產資料公有制為基礎，以提高人民群眾的物質文化生活水平為目的，是真正為全社會的生產、流通和消費服務的行業。

二、服務貿易的定義

服務貿易又稱勞務貿易，是指國家（地區）與國家（地區）之間相互提供服務的經濟交換活動。服務貿易有廣義與狹義之分，廣義的服務貿易既包括有形的活動，也包括服務提供者與使用者在沒有直接接觸下交易的無形活動。狹義的服務貿易是指一國（地區）以提供直接服務活動的形式滿足另一國（地區）的某種需要以取得報酬的活動。一般情況下，服務貿易都是指廣義的服務貿易。

國際服務貿易和貨物貿易的發展史一樣漫長，它隨著各國經濟特別是國際貨物貿易的發展而發展。長期以來，它作為輔助國際貨物貿易的補充性角色，在世界經濟發展中發揮著越來越重要的作用。

雖然服務業作為一個傳統的產業部門已有幾千年的發展史，但服務貿易這一概念的提出相對於古老的貨物貿易而言，則是近現代的事情。

國際貨幣基金組織在進行各國國際收支統計時，一直把服務貿易列入「無形商品貿易」一欄中，這種情況直到1993年才得到了調整。中國過去一直把服務貿易稱為「勞務貿易」。在1986年9月烏拉圭回合多邊貿易談判之前，服務貿易只是在發達國家的有限範圍內開展，還談不上作為國際貿易的普遍問題引起人們的高度關注。後來，烏拉圭回合多邊貿易談判最終簽署了《服務貿易總協定》（GATS），這標誌著服務貿易與貨物貿易一樣，成為世界貿易組織（WTO）多邊協定管轄的範圍，因此備受世人矚目。GATS為各國開展別具特色的服務貿易提供了所需的法律基礎和行為準則。

下面基於WTO的《服務貿易總協定》框架，介紹幾種世界市場現行的且具有代表性的定義。

（一）《美國和加拿大自由貿易協定》關於服務貿易的定義

《美國和加拿大自由貿易協定》是世界上第一個在國家間貿易協議上正式對服務貿易進行定義的法律文件。

服務貿易是指由一方或代表其他締約方的一個人，在其境內或進入一締約方提供所指定的一項服務。這裡的「指定的一項服務」包括：

（1）生產、分銷、銷售、營銷及傳遞一項所指定的服務及其進行的採購活動。

（2）進入或使用國內的分銷系統。

（3）以商業存在（並非一項投資）形式為分銷、營銷、傳遞或促進一項指定的服務。

（4）遵照投資規定，任何為提供指定服務的投資及任何為提供指定服務的相關活動。這裡提供服務的「相關活動」包括公司、分公司、代理機構、代表處和其他商業經營機構的組織、管理保養和轉讓活動；各類財產的接受、使用、保護及轉讓以及資

金的借貸。

進入一締約方提供服務貿易包括過境提供服務。締約方的「一個人」是指法人或自然人。

這種對服務貿易說明性、非規範性的定義，說明了服務貿易活動的複雜性。

(二) 聯合國貿易與發展會議（UNCTAD）關於服務貿易的定義

聯合國貿易與發展會議從過境現象這一視角來闡述國際服務貿易，它將國際服務貿易定義為：貨物的加工、裝配、維修以及貨幣、人員、信息等生產要素為非本國居民提供服務並取得收入的活動，是一國與他國進行服務交換的行為。狹義的國際服務貿易是指有形的、發生在不同國家之間的、符合嚴格服務定義的、直接的服務輸出與輸入。廣義的國際服務貿易既包括有形的服務輸入和輸出，也包括服務提供者與使用者在沒有實體接觸的情況下發生的無形的國際服務交換。

一般來說，人們所指的服務貿易都是廣義的國際服務貿易，只有在特定的情況下，國際服務貿易或服務貿易才是狹義的國際服務貿易的概念。

(三) 傳統進出口視角下服務貿易的定義

傳統的定義是從傳統的進出口角度進行定義的。

當一國（地區）的勞動力向另一國（地區）的消費者（法人或自然人）提供服務，並相應獲得外匯收入的全過程，便構成服務的出口；與此相對應，一國（地區）的消費者購買他國（地區）勞動力提供服務的全過程，便形成服務的進口。各國的服務進出口活動就構成國際服務貿易，其貿易額為服務總出口額或總進口額。

這樣的定義涉及國籍、國界、居民、非居民等問題，即人員移動與否、服務過境與否及異國國民之間的服務交換等問題。因此，需要注意以下幾點：

(1) 這裡的勞動力含義較廣，它既可以單個形式提供服務，也可以集體形式提供服務。

(2) 勞動力在提供服務時，一般要借助一定的工具、設備及手段。

(3) 勞動力與消費者的不同國籍（地區）問題也應做廣義的理解。比如跨國公司在境外設立分支機構，雇傭當地居民並向當地消費者提供服務時，這時的勞動力應理解為該外商機構的股權持有人，單個的本地勞動力在向本地消費者提供服務時是以集體形式，代表外商機構在提供服務。

(4) 這裡的服務進出口是相對的過境，未必發生真正的過境。因為服務貿易一般涉及人員、資本及技術信息的流動，比如電信服務只需要服務過境，而無需國民移動。因此，只要有一種要素發生移動，往往就會構成貿易。

(5) 對於勞動力的智力成果，也應視作勞動力提供服務。

(四) 烏拉圭回合《服務貿易總協定》（GATS）關於服務貿易的定義

關貿總協定烏拉圭回合多邊貿易談判的一個重要成果是在 1994 年 4 月 15 日產生了《服務貿易總協定》（GATS），該協定的第一條第二款將服務貿易定義為通過以下四種方式提供的服務：

（1）跨境交付。術語中又稱「第一種方式」，即自一成員領土向其他成員領土提供服務，如視聽、金融服務等。

　　（2）境外消費。術語中又稱「第二種方式」，即在一成員領土內向其他成員的服務消費者提供服務，如旅遊、境外就醫、留學等。

　　（3）商業存在。術語中又稱「第三種方式」，即一成員的服務提供者在其他成員領土內以商業存在提供服務，如銀行或保險公司通過設立分支機構向當地的消費者提供服務，某國的一家公司到外國開飯店、零售商店或會計事務所等。

　　（4）自然人流動。術語中又稱「第四種方式」，即一成員的服務提供者在其他成員領土內以自然人的存在方式提供服務，如藝人演出、某國教授、高級技術人員或醫生到另一國從事以個人身分提供的服務等。

　　另外，GATS第一條第三款還指出，其所規範的服務是指除行使政府職權時提供的服務之外的包括任何部門的任何服務。

　　由此可見，GATS中關於服務貿易的定義是相當寬泛的。寬泛的概念規定有利也有弊。其有利的一面表現在：GATS的界定是目前為止對服務貿易的定義中最簡單明瞭、最有助於對服務貿易進行分類和描述的定義，它的確定對服務貿易的發展和管理產生了重要影響。同時，其有弊的一面表現在：這樣寬泛的定義會產生一些複雜的問題，比如使人們難以確定交易服務的原產地，這種情況所造成的混亂突出表現在投資方面。

三、服務貿易的特點

　　服務貿易作為非實物勞動成果的交易，與貨物貿易相比，通常表現出如下不同的特點：

（一）貿易標的的無形性

　　貿易標的的無形性是服務貿易的最主要特徵。由於服務貿易所提供的很多服務產品是無形的，即服務產品在被購買之前，人們不可能去品嘗、感覺、觸摸、觀看、聽見或嗅到服務，所以大部分服務產品屬於不可感知性產品，消費者對它們的價值很難評估，因為即使在消費或享用之後，顧客也無法根據消費經驗感受到這種產品所帶來的效用，只能通過服務者提供的介紹和承諾，並期望該服務確實能給自己帶來好處。

（二）不可儲存性

　　由於消費者與生產者個體差別的存在，使得服務產品不可能像有形產品那樣被儲存起來，以備出售。對於服務產品來說，如果服務的生產、消費不是同時進行的，那麼服務產品就會受到損失，而這種損失就是機會損失或者價值的貶值。

（三）不可分離性

　　實物產品貿易從其生產、流通，到最後的消費過程，要經過一系列的中間環節。例如，出口人要將貨物交給承運人，承運人要委託海運公司進行托運，最後承運人交給進口人，這中間存在著一系列複雜的過程（如貿易術語的選用、裝運、保險、檢驗、索賠等問題）。

服務貿易與之不同，它具有不可分離的特徵，即服務的生產過程與消費過程同時進行。服務發生交易時間，也就是消費者消費服務的時刻，這兩個過程同時存在、不可分割。與此同時，顧客在消費者消費服務產品的時候，必須或者只有加入到服務的生產過程中，才能最終消費到服務，而且這種服務特徵隨著科學技術的發展、全球一體化進程的加快，越來越顯示出國際化的趨勢。這種不可分離性特徵是服務貿易的另一個主要特徵。

（四）貿易主體地位的重要性

服務的賣方就是服務產品的生產者，並以消費過程中的物質要素為載體提供相對應的服務。服務的買方往往就是服務的消費者，並作為服務生產者的勞動對象直接參與到服務產品的生產過程中。

（五）貿易保護方式的隱蔽性

由於服務貿易標的物的特點，各國無法通過統一的國際標準或關稅進行限制，主要通過國內政策、法令的制定進行限制，比如進口許可證制、國內稅、外匯管制、技術性貿易壁壘等非關稅壁壘形式。

（六）服務貿易的差異性

服務貿易的差異性表現為，服務生產者生產的服務產品的質量水平不同。對於同一種服務，由於其生產者不同，提供給消費者的產品也可能不同。即使是同一個服務的生產者，由於其不同的服務產品生產週期，也會出現不同質量水平的產品。此外，這種服務產品的質量很難像有形產品一樣用其質量標準進行規範，所以很難統一界定。大多數向勞動力要素提供服務產品的服務貿易，至今沒有關於其所提供服務產品的統一標準。究其原因，主要有：①服務生產者的自身因素的影響，比如醫療服務人員面對自己的家屬，往往表現出與治療其他普通患者不同的醫療質量水準；②服務產品的消費者，由於其不同的個人偏好，也會直接影響服務的質量與效果。例如，由於患者對醫療人員的偏見或者不信任，往往直接影響其治療效果。所以，服務質量和效果產生不同的結果，要受兩方面因素的影響——生產者和消費者。

（七）服務貿易市場的高度壟斷性

國際服務貿易在發達國家和發展中國家表現出嚴重的不平衡性，主要因為服務市場所提供的服務產品受各國歷史特點、區域位置及文化背景等多種因素的影響。例如，醫療工程、航空運輸、網絡服務及教育等直接關係到國家的主權、安全和倫理道德等敏感領域，也許就受到外界或自身的限制。因此，國際服務貿易市場的壟斷性較強，表現為少數發達國家對國際服務貿易的壟斷優勢以及發展中國家的相對優勢。例如，從國際服務貿易總額來看，發達國家與發展中國家的比例約為3:1。另外，對國際服務貿易的各種壁壘也比商品貿易多出約2,000種，從而嚴重阻礙了國際服務產品進行正常的交易。

（八）國際服務貿易的約束條款相對靈活性

GATS條款中規定的義務分為兩種：一般義務和具體承諾義務。

一般性義務適用於 GATS 締約國的所有服務部門，不論締約國這些部門是否對外開放，都對其有約束力，包括最惠國待遇、透明度和發展中國家更多參與。具體承諾義務經過雙邊或多邊談判達成協議之後才承擔的義務，包括市場准入和國民待遇，並且只適用於締約方承諾開放的服務部門，不適用於不開放的服務部門。

對於市場准入來說，GATS 規定可以採取循序漸進、逐步自由化的辦法。例如，允許締約方初步進行承諾並提交初步承諾書，然後再進行減讓談判，最終到達自由化。對於國民待遇來說，GATS 允許根據締約方自身的經濟發展水平選擇承擔國民待遇義務。總之，GATS 對於服務貿易的約束是有一定彈性的。

(九) 服務產品的營銷管理具有更大的難度和複雜性

無論是從國家宏觀方面來看，還是從微觀方面來看，將國際服務貿易產品的營銷管理與實物產品的營銷管理相比，都有較大的難度與複雜性。從宏觀層面上講，國家對服務貿易的管理，不僅是對服務產品載體的管理，還必須涉及服務的提供者與消費者的管理，包括勞動力的衣食住行等各項活動的管理，具有複雜性。

另外，國家對服務形式採取的管理方式主要是通過法律的形式加以約束，但立法具有明顯的滯後性，很難緊跟形勢發展的需要。從微觀層面上講，由於服務本身的特性，使得企業在進行服務產品營銷管理過程中經常受到不確定因素的干擾，因而控制難度較大。如前所述，由於服務產品質量水平的不確定性，所以服務產品不可能做到「三包」。

與此同時，商品貿易可以通過供求關係的協調，使其達到供求平衡，從而使消費者與生產者達到均衡；而服務貿易就不可能通過時間的轉換來完成或解決供求矛盾，實現供求平衡。

第二節　國際服務貿易的產生與發展

國際服務貿易是在一國生產力發展和產業結構調整的基礎上隨著國際分工與世界市場的形成而逐漸發展起來的。歷史上最初的服務貿易產生於原始社會末期、奴隸社會早期。這一時期，在簡單的商品經濟條件下國際貿易以物物交換的貨物貿易為主，同時也會伴隨著一些服務貿易，主要是運輸服務、倉儲服務、商業服務、住宿飲食服務等。由於在國際貿易中所占比重較小，因此還不能稱之為真正意義上的國際服務貿易。具有一定規模的、真正意義上的近代國際服務貿易形成於資本主義機器大工業時代，它是在近代工業國際化延伸和發展的過程中形成的。

一、國際服務貿易的萌芽時期

在「地理大發現」之前，國際服務貿易就隨著各國經濟尤其是貨物貿易的發展而發展。這個時期，國際服務貿易與貨物貿易相輔相成，在絕大多數情況下，國際服務貿易都會對貨物貿易起到補充與輔助作用；國際服務貿易的種類不多，規模也不大，

始終受到貨物貿易發展規模的限制，其發展是零星的、時斷時續的，不構成社會再生產的必要組成部分。

該時期國際服務貿易主要發生在亞洲各國之間、歐洲大陸之間以及東西方國家之間。在亞洲的各國之間，尤其是東亞的一些國家，較早地開展了國際貿易，比如中國自漢代起便與朝鮮半島的新羅、高句麗等國開展了國際貿易，並通過海上航線與日本開展貿易。這個時期貨物貿易的發展在一定程度上促進了國際服務貿易的產生。隨著東方國家間的貿易以及歐洲大陸貿易的發展，東西方之間的貨物貿易開始興起並蓬勃發展，同時也推動了東西方之間服務貿易的發展。

二、國際服務貿易的初步發展時期

15世紀末到16世紀上半期的「地理大發現」和醞釀在17世紀、發展於18世紀的金融與運輸服務領域的革命，不僅促進了西歐國家的個體手工業的過渡，還為近代國際貨物分工和世界市場的形成提供了前提條件，帶動了國際勞務市場的發展，同時也促成了產業結構的調整，促進了國際金融和運輸服務的迅猛發展，並在國內建立了更具效率的服務基礎設施。19世紀初歐洲的金融服務和運輸服務已經初具規模，國際服務交換的內容和形式更加豐富，國際服務貿易的範圍不斷擴大。鐵路、海運、金融、通信和教育等服務基礎設施得到加強，並且發生了革命性的變化，特別是電話、電報的發明，使遠距離通信成為現實，縮短了人們經濟活動的時空距離。運輸服務和通信服務的發展，使得國際服務貿易變成了真正的全球性活動。

三、國際服務貿易的形成時期

19世紀末20世紀初期，自由競爭的資本主義進入到壟斷階段，世界市場的範圍和規模迅速擴展，這為世界各國的經濟發展提供了更廣闊的場所和更豐富的資源。同時，隨著產業革命的不斷深入，使一些國家從農業社會進入到所謂的工業社會，第二產業在國民經濟中占據更為重要的地位。製造業的發展使得運輸業、批發業、零售業、金融業、保險業和房地產業等也得到迅猛發展。經濟的發展和居民人均收入水平的提高，使社會成員的消費結構發生了變化，用於家庭基本生活支出的部分開始下降，服務消費逐步增加，這就刺激了個人及家庭服務行業的發展，如旅遊業、汽車服務業、修理業及文化娛樂、醫療保險等。兩次世界大戰期間，貨物、資本和勞動力的國際流動嚴重受阻，金融服務活動大量減少。同時，由於戰爭的需要，出現了軍需產品的生產和運輸、軍事培訓、傷病救護、情報信息傳遞等多種國際服務交換，並且發展得特別快。

四、第二次世界大戰後國際服務貿易迅速發展時期

（一）第二次世界大戰結束至1969年

這一時期，國際服務貿易基本上是以國際貨物貿易附屬的形式進行的，如倉儲、運輸、保險等服務，人們尚未意識到服務貿易作為一個獨立實體的存在。因此，儘管當時存在著事實上的服務貿易，但由於其獨立於人們的意識之外，也就缺乏有關服務

貿易的具體的數量統計。

(二) 1970—1993 年

這一時期，國際服務貿易處於快速增長階段。自 20 世紀 70 年代以來，隨著技術、運輸、通信的發展尤其是 20 世紀 80 年代以來信息技術的高度發達，一些原來被認為不可進行貿易的服務變得可以輸出和進行貿易了，國際服務貿易保持較快的增速。1971—1979 年，國際服務貿易以年均 14% 的增速超過了國際貨物貿易的年均 13% 的增速，國際服務貿易在全部貿易總額中所占的比重逐步提升。在增速方面，據關貿總協定《1990—1991 年度國際貿易報告》，1980—1991 年，國際貨物貿易年均增速僅為 5.5%，而同期國際服務貿易年均增長為 7.5%。

在這一階段，勞務輸出、技術貿易、國際旅遊、銀行保險等國際服務貿易發展較快，使得國際服務貿易的整體增速提高。從世界服務貿易的格局看，此階段發展最為迅速並占據主導地位的是美國、法國、英國、日本和德國等工業發達國家。國際貨幣基金組織的統計資料顯示，全世界十大貿易出口國幾乎都是工業發達國家，其服務貿易出口總額占全球服務貿易出口總額的 65%。

(三) 1994 年至今

這一時期，國際服務貿易在規範中逐步走向自由化發展階段。1994 年 4 月，規範服務貿易的多邊框架體系《服務貿易總協定》(GATS) 簽署並於 1995 年 1 月 1 日正式生效，這標誌著國際服務貿易的發展進入到了一個嶄新的歷史時期。其後，除了 1994 年和 1995 年國際服務貿易的增速分別為 8.03% 和 13.76%，略低於同期貨物貿易的增速外，自 1996 年以來，國際服務貿易幾乎和國際貨物貿易同步增長並略高於國際貨物貿易的增速。GATS 在促進國際服務貿易從規範化逐步走向自由化方向發展的同時，也大大促進了國際貨物貿易的發展。

第三節　國際服務貿易迅速發展的影響因素及原因

現代科學技術日新月異，世界經濟正向知識經濟邁進。隨著資本和勞動力從物質生產領域向服務領域的加速轉移，國際服務貿易得到了迅速發展。

一、國際服務貿易迅速發展的影響因素

(一) 社會生產力

首先，社會生產力是國際服務貿易發展的決定性因素。生產力的發展是社會分工的前提條件，它突出地表現在科學技術的進步上。迄今為止的三次產業革命對生產產生了革命性的影響，使社會分工和國際分工隨之發生根本性的變革，服務也幾乎滲透到社會再生產的各個領域。近年來，出現了服務國際化和生產國際化彼此交織、國際商品貿易和國際服務貿易彼此交織的大趨勢。這反過來又進一步深化了國際分工，並

成為資本增值的必要條件。

其次，各國社會生產力水平決定其在國際服務業分工中的地位。歷史上，英國率先實現了產業革命，成為「世界工廠」，其服務業國際分工也是如此，決定了英國在當時也處於國際服務貿易的重要地位。第二次世界大戰後，各國生產力普遍得到了發展，而以美國為首的西方國家和少數新興工業化國家與地區發展較快，因而工業發達國家在國際服務貿易中處於絕對優勢地位，新興工業化國家與地區也躋身國際服務貿易的前列。

最後，社會生產力的發展對服務業國際分工的形式、廣度、深度起著決定性影響，並最終決定國際服務貿易的內容、範圍和方式。

(二) 各國政府所採取的政策

各國政府所採取的政策對國際服務貿易的發展有著舉足輕重的影響。世界各國政府的政策一般有兩種：一是鼓勵國際服務貿易的政策，二是限制國際服務貿易的政策。實行鼓勵國際服務貿易的政策，必將實行較為自由的國際服務貿易，進而促進國際服務貿易的發展；而如果實行限制國際服務貿易的政策，則會抑制國際服務貿易的發展，從而對國際服務貿易產生不利的影響。

(三) 各國參加國際服務貿易競爭的比較優勢

首先，比較優勢決定了國際服務貿易的格局。當前，服務貿易總的格局是發展中國家作為一個整體在服務貿易中處於逆差狀態，其中相當多的發展中國家持有巨額逆差，個別新興工業化國家和地區在國際服務貿易中擁有少量順差。在國際服務貿易中，比較優勢是經濟發展水平和國際經濟格局造成的結果。資本和技術是決定國際競爭力的主要因素，國際服務貿易本身又是一種資本累積和技術轉讓的渠道，它可以通過影響技術和其他生產條件改變原來的比較優勢，形成新的國際貿易格局，也可以強化原來的比較優勢。

其次，在國際服務貿易中創造比較優勢。隨著信息時代的到來，人們對知識和信息的利用在某種程度上取代了對資源的依賴，單位投入的產出增加了，生產率提高了，產品週期縮短了。信息不僅提高了服務的價值，還使服務無處不在，信息技術將成為衡量國際服務貿易水平的重要標準。

(四) 社會需求結構的變化

社會需求是服務業發展的動力，人類社會對於各種新興服務的需求極大地推動了國際服務貿易的發展。由於以下原因，世界各國對服務產生了更多的新需求，特別是增加了對高質量服務的需求：①生活水平的不斷提高；②對較高生活質量的期望；③空閒時間的增加；④城市化水平的不斷提升；⑤作為多種服務消費者的兒童和老齡人口的增長；⑥社會經濟結構的變化；⑦消費者需求的複雜多樣化；⑧技術發展不僅提高了服務的質量，還使新興服務成為可能；⑨管理行為的國際化、高級化、系統化的要求；⑩貿易和投資的國際性競爭。

（五）跨國公司

第二次世界大戰之後，在西方經濟發展不平衡規律和新技術革命的作用下，國際分工進一步深化，資本輸出空前繁榮，資本國際化程度大大提高，跨國公司快速發展。它們集商品貿易、資本流動、對外直接投資於一身，在全球範圍內進行活動。它們通過承包和技術轉讓，促進了勞動力的國際流動，帶動了金融服務、法律服務、保險服務、運輸服務、計算機服務、技術服務、工程諮詢服務等國際服務貿易的發展。

二、國際服務貿易迅速發展的原因

儘管服務貿易的產生與發展的基本原因與貨物貿易相同，都是基於各國的比較優勢和要素稟賦差異，然而，服務業只是到了第二次世界大戰以後特別是20世紀60年代以後才有了較快的發展。其發展迅速的主要原因有以下幾點：

（一）科學技術革命促進了國際服務貿易的高速發展

一方面，高新技術的發展並廣泛運用，使許多以前不可進行貿易的服務項目變為可進行的貿易，從而擴大了國際服務貿易的外延。例如，通信的發展促進了金融業在全球開展業務，信息載體的發展促進了教育的國際流動，信息技術的發展使跨國公司得以在全球組織生產，刺激了服務的專業化生產等。另一方面，科學技術革命的推動、科學人員與其他服務人員的國際流動，直接促使跨境服務的擴大。

（二）生產力發展增加了國際服務的供給

生產力發展推動了產業結構的轉換，從而增加了國際服務的供給。經濟增長理論已經提示三次產業的傳遞升級，結果是第三產業比重日益增大，一些工業最發達國家的服務業增加值已占其GDP的70%甚至更多，服務業在國內的壯大必然會帶動其向國外流動，成為國際服務貿易強大的供給基礎。

（三）區域經濟一體化為國際服務貿易提供了發展條件

20世紀60年代以來，地區經濟一體化組織的發展因為消除了服務在成員之間流動的障礙，而有了一個如同商品在一體化組織內流動的「貿易創造」效應，也促進了國際服務貿易的發展。

（四）貨物貿易直接帶來了國際追加服務貿易的發展

一方面，貨物貿易的急遽擴張是服務業產生和發展的重要前提條件，在貨物貿易中，必然伴隨著與之相適應的服務活動的進行。因為貨物貿易需要服務業進入才能得以完成，最典型的例子就是進出口貿易離不開運輸、通信、保險業務。因此，世界貨物貿易的增長必然會促進世界服務貿易的發展。

另一方面，由於生產的日益專業化，生產性服務越來越獨立於物質生產本身，而又必須服務於物質生產，物質產品的質量日益精尖也越來越從生產的上中下游各個階段要求服務的投入。可行性研究、市場調查、工程設計等是上游服務；設備租賃、保養與維修、人事管理、會計、法律、通信事務、衛生與安全保障等是中遊服務；銷售、

售後服務等是下游服務。服務伴隨著貨物並以一個比貨物生產增長更快的速度在發展。20世紀60年代計算機系統的服務（軟件）成本只占總成本的20%左右，而現在，軟件、設計及諮詢等服務成本占總成本的約80%。國際追加服務的發展由此可見一斑。

（五）消費需求的擴張帶動了國際服務貿易的擴大

20世紀60年代以來，高科技的發展、國際政治局勢的緩和，使世界經濟進入到了高速發展階段。經濟高速發展使人均收入日益提高，服務消費需求作為一種在物質消費基礎上發展的消費需求，其邊際消費傾向較高，必然以遞增的速度發展，直接為國際服務貿易提供了廣闊的需求市場。

第四節　國際服務貿易的研究對象和研究方法

國際服務貿易作為一門學科，有其自身與其他學科不同的研究對象。同時，國際服務貿易作為經濟學的一個分支，其研究也要在結合自身特點的基礎上，遵循經濟學常用的研究方法。

一、國際服務貿易的研究對象及其與其他學科的關係

（一）國際服務貿易的研究對象

國際服務貿易作為一門學科，有自己獨立的研究對象，主要是研究不同國家和地區間服務貿易活動（關係）的規律性。需要指出的是，這裡的「服務貿易活動」是指國際服務交換；「服務貿易關係」是指如何調整一國的對外服務貿易關係，以及如何協調各國間的貿易關係；所謂「規律性」，一是指國際服務貿易的成因及其發展變化的客觀規律，二是指一國的對外服務貿易與國內經濟發展關係的規律性。

（二）國際服務貿易與其他學科的關係

1. 國際服務貿易與國際貿易學的關係

國際服務貿易與國際貿易學既相互聯繫又相互區別。國際貿易學研究國際貿易活動（關係）的規律性。這裡的「貿易活動」是指國際商品交換和服務交換，一般以商品交換為主，而國際服務貿易只是研究國際服務貿易活動（關係）的規律性。由於服務和實物作為商品，兩者有許多不同的特點，服務貿易與商品貿易實質上有許多不同的規律。特別是20世紀70年代以來，國際服務貿易在國際貿易總額中所占的比重迅速擴大，要求有一套專門的國際規則對其活動加以規範。此外，當今國際服務貿易額年增長率遠遠超過國際貨物貿易，許多現象用現有的國際貿易理論難以解釋，說明國際服務貿易有其特殊的規律性，應該成為一門獨立的學科。1986年開始的「烏拉圭回合」談判以及最終達成的《服務貿易總協定》，標誌著「國際服務貿易」開始成為一門新興的相對獨立的學科。

2. 國際服務貿易與服務經濟學的關係

國際服務貿易與服務經濟學都研究「服務」這個特殊對象，國際服務貿易與一國的服務經濟有很密切的關係，二者的許多研究成果可相互借鑑。國際服務貿易與服務經濟學的區別主要有兩點：一是二者的具體研究對象不同，服務經濟學的研究對象應該是服務經濟領域內的經濟關係和交往關係，而國際服務貿易的研究對象是服務產品交換中的規律；二是二者的研究範圍不同，國際服務貿易研究的是各國間服務貿易的規律，其範圍是國際社會，而服務經濟學研究的範圍是國內服務經濟。

二、國際服務貿易研究的內容與方法

(一) 國際服務貿易的研究內容

1. 國際服務貿易的歷史和現狀

通過分析國際服務貿易的歷史和現狀，可以瞭解國際服務貿易的形成原因和發展條件。研究不同歷史階段的國際服務貿易，一要闡明該歷史階段的基本特徵，二要闡述這一歷史階段國際服務貿易的特點。

2. 國際服務貿易的成因及其發展條件

國與國之間為什麼會發生服務的交換活動？這種交換活動持續和不斷發展的條件是什麼？不同的經濟學家往往從不同的角度對此進行研究，會形成不同的國際服務貿易理論。

3. 國際服務貿易政策

國際服務貿易政策主要包括對服務貿易政策一般理論的分析、對服務貿易政策手段及其效應的分析、服務貿易方式和調整戰略等內容。

4. 國際服務貿易協調

國際服務貿易活動作為世界範圍內的國與國之間的服務交換，如果各國都想通過調整使本國利益最大化，而不考慮其他國家的利益，那麼國際服務貿易必將陷於無序狀態之中，結果是各國利益都受損失。因此，國際服務貿易還存在國與國之間的協調問題。國際服務貿易協調的內容主要有：協調的必要性、可能性分析，影響協調的主要因素分析，協調組織形式分析，國際服務貿易中共同遵守的基本原則、規則的分析等。

(二) 國際服務貿易的研究方法

1. 堅持系統分析的方法

從系統學的角度來看，整個世界經濟是一個大系統，國際服務貿易是其中的一個子系統。國際服務貿易的發展與整個世界經濟的發展密切相關。國際服務貿易的研究不能脫離世界經濟。因此，必須堅持系統分析的方法。

2. 實證研究與規範研究相結合

規範研究方法是以一定的價值判斷為基礎，提出某些標準作為國際服務貿易的標準，作為制定行為準則的依據，並研究如何才能符合這些標準。規範研究帶有很強的政策傾向。而實證研究方法則排除價值判斷，通過一系列定義、假說來探索國際服務貿易活動中的規律，提出用於解釋經濟活動的理論。在國際服務貿易研究中，人們提

出一種貿易政策時，總是指出其理論依據，而在闡述某一理論時，也往往指出其政策的意義。因此，規範研究不可少。然而，任何理論都來源於實踐，要從服務貿易的現實中去發現服務貿易活動的規律，進而提升到理論高度，這就要求進行實證研究。所以，在國際服務貿易的研究中要堅持實證研究與規範研究相結合。

3. 定量分析與定性分析相結合

定量分析側重於對數量關係的變化進行考察，是應用數學中的一些基本概念和方法，找出並用於表述國際服務貿易活動中的規律，其應用程度如何可以表明這門學科的研究深度。而定性分析旨在揭示事物和過程的本質及結構性的聯繫。由於國際服務貿易的複雜性，不可能完全進行定量研究而不進行定性研究；同時，若只進行定性研究，也不可能真正揭示事物的本質。所以，國際服務貿易研究要求定量分析與定性分析相結合。

4. 宏觀分析與微觀分析相結合

國際服務貿易從一國來看，就是對外服務貿易活動，它有著宏觀和微觀兩個層次的活動。從宏觀層次來看，主要研究服務貿易總量的決定及其變化、服務貿易政策等問題；從微觀層次來看，主要是研究價格決定、政策運用給生產者和消費者造成的影響、跨國公司在國際服務貿易方面的作用及影響等。

5. 靜態分析與動態分析相結合

靜態分析要求在研究某一因素對過程的影響時假定其他變量固定不變，且在闡述某一理論時注意理論產生的特定歷史條件。動態分析要求對事物變化的進程以及對變動中的各個變量對過程的影響加以分析。由於國際服務貿易是在不斷的發展變化過程之中的，有必要對其進行動態分析；但在一段時期內，它又相對穩定，可以進行靜態分析，把事物的複雜性加以簡化，對深入理解服務貿易活動的規律性有很大的幫助。因此，國際服務貿易研究必須將靜態分析與動態分析相結合。

6. 歷史與邏輯相結合

國際服務貿易在本質上是一門歷史性的學科。在研究其活動及由此產生的各種經濟關係時，要重視歷史材料和現實材料的收集與整理；並且國際服務貿易的發展是路徑依賴的，所以其研究不能脫離歷史的方法。此外，在理論內容的研究上，又必須要有邏輯的方法。因此，國際服務貿易的研究要求歷史與邏輯相結合。

總之，在國際服務貿易的研究中，要綜合地運用上述方法，才能真正揭示出國際服務貿易活動的規律性，才能為國際服務貿易的實踐提供理論支持。

思考題

1. 簡述國際服務貿易的含義。
2. 服務貿易的特點有哪些？
3. 第二次世界大戰後國際服務貿易為什麼能得到迅速發展？
4. 影響國際服務貿易發展的主要因素有哪些？
5. 國際服務貿易的研究方法有哪些？

第二章　國際服務貿易的分類與統計

　　國內外學者及相關組織機構根據不同的分類標準，對國際服務貿易進行了多種分類，主要有：根據國際貨幣基金組織制定和統一使用的國際收支平衡表的國際服務貿易統計分類；基於國內經濟和經濟理論的國際服務貿易邏輯分類；根據國際貨幣基金組織和國際同行的《服務貿易總協定》關於國際服務貿易的分類。本章主要介紹以上四種國際服務貿易分類方法。另外，本章還對國際服務貿易中的兩種通行的統計方法做簡要介紹，分別是國際收支服務貿易統計法（BOP 統計）和外國附屬機構服務貿易統計法（FAT 統計）。

第一節　國際服務貿易的分類

　　服務貫穿了社會經濟生活的方方面面，相應地，國際服務貿易也體現出多樣性和複雜性，目前尚未形成統一的分類標準。許多經濟學家和國際經濟組織為了分析方便和研究的需要，從不同角度對國際服務貿易進行了劃分。

一、按國際收支平衡表的國際服務貿易統計分類

　　服務貿易的統計分類將一國國際收支平衡表中經常項目下的服務貿易流量按其來源的不同分為兩類：一類是與國際收支平衡表的資本項目相關，即與國際間資本流動或金融資產流動相關的服務貿易流量，稱為要素服務貿易；一類是與國際收支平衡表的經常項目相關，而同國際間資本流動或金融資產流動無直接關聯的服務貿易流量，稱為非要素服務貿易。

（一）要素服務貿易

　　要素服務貿易的概念來源於傳統的生產力三要素理論。該理論認為，社會財富來自於勞動、資本和土地（自然資源）提供服務的結果。勞動的服務報酬是工資，資本的服務報酬是利息及利潤，而土地的服務報酬是地租。但是，服務貿易統計分類中的要素專指資本要素，勞動和土地屬於非要素。這裡，要素與非要素的劃分不完全根據生產力三要素理論。因為在國際服務貿易中，土地因缺乏流動性而無法提供跨境服務，所以土地要素提供的服務及其報酬一般不予考慮。勞動要素提供的服務及其報酬同國際資本流動或金融資產流動只有間接關係而無直接關係，故也排除在要素服務貿易以外。所以，要素服務貿易專指資本要素提供的服務及其報酬。

在現代世界經濟體系中，國際資本流動或金融資產流動的主要方式是國際投資和國際信貸。嚴格地說，國際直接投資的收益並非單純的資本要素收益，實際上國際直接投資是經營管理技能與金融資產跨國轉移相結合的國際投資方式，因此其收益包含兩個部分：資本要素的報酬（利息或股息）和經營管理要素的報酬（利潤）。國際間接投資，也稱國際證券（股票或債券）投資，指在國際證券市場上購買外國企業發行的股票或債券，或購買外國政府發行的政府債券。商業信貸指企業間信貸，包括進出口信貸、租賃信貸以及補償貿易信貸等；銀行信貸指商業銀行貸款，包括單一銀行貸款和銀團貸款；國際金融機構信貸，包括全球性和區域性國際金融機構貸款；政府間信貸，一般由貸款國政府或政府機構以優惠利率向外國政府提供貸款。

(二) 非要素服務貿易

「非要素服務貿易」的概念是相對於「要素服務貿易」的概念而言的，它是指與國際資本流動或金融資產流動無直接關聯的國際服務貿易流量，主要涉及勞務項目、運輸服務、旅遊服務、金融服務、保險服務、諮詢、管理、技術等專業服務和特許使用項目等內容。由於非要素服務貿易項目多，內容龐雜，很難用統一標準來衡量與反應。因此，在規範定義或統計分類的前提下，一般採用類似第三產業剩餘法來界定「非要素服務貿易」。國際收支平衡表中，要素服務貿易和非要素服務貿易記在經常項目下，故二者之間關係可表示為：

非要素服務貿易＝國際服務貿易－要素服務貿易

＝（經常項目－商品貿易－單方面轉移支付）－要素服務貿易

鑒於服務產品的自身特點，國際服務貿易很難從實物形態上加以確定，只有借助價值流量來反應。服務貿易的操作性統計分類有利於一個國家準確、迅速地從價值流量的角度掌握其服務貿易的國際收支狀況，在實踐中為世界各國所普遍接受。但與此同時，人們發現這種分類在經濟學邏輯上是不清晰、不完備的，要素服務與非要素服務的劃分不盡合理，並且模糊了服務產品的進出口和服務業本身跨國投資以及生產要素跨國流動的界限。

二、按國際服務貿易邏輯分類

目前最流行的服務貿易分類是理論邏輯分類，其以服務貿易與貨物國際轉移的關聯程度為標準進行劃分。這種分類的出發點是國民經濟理論，追求理論的嚴密性和合理性，特點是實際操作難度較大，但便於理論分析。

(一) 以服務參與者移動與否為標準來劃分

按照服務是否在提供者與消費者之間移動，桑普森（G. Sampson）和斯內普（R. Snape）（1985）、斯德恩（Robert M. Stern）和豪克曼（B. M. Hoekman）先後將國際服務貿易劃分為分離式服務、消費者所在地服務、提供者所在地服務和流動服務。

(1) 分離式服務。這是指服務提供者與消費者在國與國之間不需要移動，只是借助於國內信息手段就可以實現的服務，也稱為跨國境的遠距離服務貿易。國際運輸服務是分離式服務的典型例子。

（2）消費者所在地服務。這是指服務的提供者轉移後產生的服務。國際金融服務是消費者所在地服務的典型代表。

（3）提供者所在地服務。這是指服務的提供者在本國國內為外籍居民提供的服務，一般要求服務消費者跨國接受服務，如國際旅遊服務。

（4）流動服務。這是指服務的提供者與消費者共同移動到第三國而提供的服務，要求服務的提供者與消費者存在不同程度的資本和勞動力等生產要素的移動，如美國的職業醫生在中國為英國病人提供醫療服務；設在新加坡的一家英國旅遊公司為在新加坡的美國遊客提供服務。

（二）以是否伴隨著有形商品貿易的發生為標準來劃分

按照服務貿易是否伴隨著有形商品貿易的發生，國際服務貿易劃分為國際核心服務貿易和國際追加服務貿易。

1. 國際核心服務貿易

國際核心服務貿易是與有形貨物的國際投資和國際貿易無直接關聯的國際服務貿易，是作為消費者單獨所購買的、能為消費者提供核心效用的一種服務貿易。在國際服務貿易市場上，這類服務本身是市場需求和市場供給的核心對象。根據服務提供者與消費者是否直接接觸，國際核心服務貿易又可以分為面對面型國際核心服務和遠距離型國際核心服務。

面對面型國際核心服務是指服務提供者與消費者雙方實際接觸才能實現的服務；實際接觸的方式可以是提供者流向消費者，也可以是消費者流向提供者，或是提供者與消費者的雙向流動；面對面型國際核心服務伴隨著生產要素中的人員和資本的跨國界移動，典型的面對面型國際核心服務包括國際旅遊服務、勞務輸出等。

遠距離型國際核心服務不需要服務提供者與消費者實際接觸，但一般需要通過一定的載體方可實現跨國界服務，如以通信衛星作為載體傳遞進行的國際視聽服務、數據處理、國際諮詢等；在國際資本移動加快的推動下，加之計算機網絡、遙控電信技術等應用於銀行服務，一個由計算機數據處理、電子信息傳遞和電子資金轉帳系統為標誌的金融服務體系已經形成，遠距離型國際金融服務在國際服務貿易中所占比重逐漸增大。隨著科技與信息產業的發展，國際核心服務貿易的領域不斷擴大，日益成為國際服務貿易的主體。

以作為產品的服務的國內分類的依據，國際核心服務貿易可以劃分為生產性國際服務貿易和消費性國際服務貿易。其中前者構成國際核心服務貿易的主要部分。

在科技革命的前提下，富有人力資本、知識資本和技術資本的國家，把經濟信息、生產知識、技術訣竅和科學管理作為同他國進行交易的服務項目，涉及市場、交通、能源、金融、投資、通信、建築、礦業、農業、經營等與生產相關的一切領域，使得生產性服務成為國際核心貿易的主體。由於生產性服務是作為其他商品和服務進一步生產的中間投入，因此這種服務實際上是人力資本、知識資本和技術資本進入生產過程的橋樑。生產性服務的國際貿易的擴大必然全面提高世界各國的總生產效率和能力。生產性服務的國際貿易形勢主要有金融服務貿易、企業管理知識與技能服務貿易、國

際諮詢、國際技術貿易和國際人才交流與培訓等。

消費性服務進入國際貿易領域，在邏輯上是由於國內消費性服務業的公關能力的增長和國外對該國消費性服務需求的擴大，而在實踐上則是由於隨著現代科學技術的發展，世界各國人民的交往越來越頻繁。外國人在居住國花錢購買食品、登記住宿、旅遊、娛樂等為各國人民所熟悉，本國人在外國也以同樣的方式享受他國服務業所提供的消費服務。顯而易見，世界各國的人民對於外國消費性服務的需求，一方面取決於自己的收入水平，另一方面取決於服務供應的相對價格。這與人民對商品的需求是完全一樣的。

2. 國際追加服務貿易

國際追加服務貿易指伴隨商品貿易而發生的服務貿易。對於消費者而言，商品實體本身是其購買和消費的核心效用，服務則是提供或滿足了某種追加的效用；在科技進步對世界經濟的影響不斷加深的情況下，追加服務對消費者的消費行為、特別是所需核心效用的選擇具有深遠的影響。在現代科技革命的推動下，在國際貨品競爭日益激烈的條件下，追加服務往往在很大程度上影響著消費者對其所需核心效用的選擇，對產品服務的要求已經變得比商品的價格更加重要了。與此相適應，各國企業都大力發展這類服務，尤其是知識密集型追加服務。

在追加服務中，相對較為重要的是國際交通、運輸和國際郵電通信。它們對於各國社會分工、改善工業佈局與產業結構調整、克服靜態比較劣勢、促進經濟發展是重要因素。特別是不斷採用先進的科學技術，促使交通運輸和郵電通信發生了巨大的變化，縮短了經濟活動的時空距離，消除了許多障礙，為全球經濟的增長日益發揮著重要作用，也成為國際服務貿易的重要內容。

(二) 以行業為標準來劃分

按照服務業的部門特點，圍繞服務產品和服務業各部門的活動，可以將服務貿易分為七大類。

1. 銀行和金融服務貿易

銀行和金融服務業是服務貿易中十分重要的部門，主要包括零售銀行業，如儲蓄、貸款、銀行諮詢服務等；企業金融服務，如金融管理、財務、會計、審計、追加資本與投資管理等；與保險有關的金融服務；銀行間服務，貨幣市場交易、清算和結算業務等；國際金融服務，如外匯交易等。

2. 保險服務貿易

保險服務是為保險持有者提供特定時期內對特定風險的防範及其相關服務，如風險分析、損害預測諮詢等。保險服務貿易既包括非確定的保險者，也包括常設保險公司的跨境交易。目前，保險服務貿易的主要對象是常設保險公司提供的服務。

3. 國際旅遊服務貿易

旅遊服務貿易指為國外旅行者提供旅遊服務，包括對個人的旅遊活動，也有對旅遊企業的活動，其範圍涉及旅行社和各種旅遊設施及客運、餐飲供應、住宿等。其與建築工程承包、保險和數據處理服務等有直接關係，與國際空運的聯繫極其密切。國

際旅遊服務貿易在世界服務貿易總額中所占的比重較大。

4. 空運和港口運輸服務貿易

空運與港口運輸服務是一種古老的服務貿易項目，一般貨物由班輪、集裝箱貨輪、定程或定期組輪運輸，特殊的商品通過航空、郵購、陸上運輸。港口服務與空運服務密不可分，包括港口貨物裝卸及搬運服務。

5. 建築和工程服務貿易

這類服務主要指基礎設施和工程項目建設、維修和營運過程的服務，其中還涉及農業工程和礦業工程的基礎設施服務、專業諮詢服務以及與勞動力流動有關的服務。建築與工程服務貿易通常受到一國國內開業權的限制，並與經濟波動、對外經濟政策和產業政策等密切聯繫。政府部門是主要的服務消費者，經常涉及政府的基礎設施與公共部門投資項目。

6. 專業（職業）服務貿易

專業服務發展迅速，主要是指律師、醫生、會計師、藝術家等自由職業的從業人員提供的服務，以及在工程、諮詢和廣告業中的專業技術服務。國際專業服務貿易的形式多種多樣，可以由服務提供者和消費者直接面對面進行，也可以通過間接的銷售渠道，或通過專業機構、聯盟或海外常駐代表機構提供服務。

7. 信息、計算機與通信服務貿易

（1）信息服務。數據搜集服務、建立數據庫和數據接口服務、通過數據接口進行電信網絡中的數據信息傳輸服務等。

（2）計算機服務。數據處理服務，即服務提供者使用自己的計算機設備滿足用戶的數據處理要求，並向服務消費者提供通用軟件包和專用軟件等。

（3）電信服務。基礎電信服務，如電報、電話、電傳等，以及綜合業務數據網提供的智能化電信服務。

（四）以要素密集度為標準來劃分

按照國際服務貿易對資本、技術、勞動力投入的密集程度不同，將服務貿易分為：

（1）資本密集型服務。空運、通信、工程建設服務等。

（2）技術和知識密集型服務。銀行、金融、法律、會計、審計、信息服務等。

（3）勞動密集型服務。旅遊、建築、維修、消費服務等。

這種分類以生產要素密集度為核心，涉及產品和服務競爭中的要素投入，特別是當前高科技的發展和應用。要素密集度分類對於從生產要素的充分合理使用以及各國以生產要素為中心的競爭力方面研究國際服務貿易具有一定的實踐價值。但是，現代科技的發展使商品和服務對要素密集度的區分無法嚴格，很難加以準確界定。

（五）以生產過程為標準來劃分

根據服務與生產過程之間的聯繫，國際服務貿易劃分為生產前服務、生產服務和生產後服務。

（1）生產前服務是在生產過程開始前完成的，涉及市場調研和可行性分析等，對生產規模、製造過程、產品質量等有著重要的影響。

（2）生產服務是指在生產或製造過程中為生產過程的順利進行所提供的服務，如企業質量管理、財務會計、軟件開發、人力資源管理等。

（3）生產後服務是連接生產者和消費者之間的服務，如廣告、營銷、運輸服務、退貨索賠保證以及供應商售後服務等，可以更好地滿足消費者需求，提升企業產品的市場地位。

以企業生產過程為標準劃分國際服務貿易，反應了生產者服務在促進科學技術轉化為生產力過程中的橋樑和紐帶作用。隨著國際投資、國際貿易的發展以及生產者服務專業化、市場化程度的提高，圍繞企業生產過程的服務貿易在國際服務貿易中的比重將逐步提高。

三、國際貨幣基金組織（IMF）關於國際服務貿易的分類

國際貨幣基金組織按照國際收支統計將服務貿易分為：

（一）民間服務（也稱商業性服務）

民間服務是指1977年國際貨幣基金組織編製的《國際收支手冊》中的貨運；其他運輸、客運、港口服務等；旅遊；其他民間服務和收益。進一步分為：

（1）貨運：運費、貨物保險費及其他費用；

（2）客運：旅客運費及有關費用；

（3）港口服務：船公司及其雇員在港口的商品和服務的花費及租用費；

（4）旅遊：在境外停留不到一年的旅遊者對商品和服務的花費（不包括運費）；

（5）勞務收入：本國居民的工資和薪水；

（6）所有權收益：版權和許可證收益；

（7）其他民間服務：通信、廣告、非貨物保險、經紀人、管理、租賃、出版、維修、商業、職業和技術服務。

（二）投資收益

投資收益是國與國之前因資本的借貸或投資等所產生的收入與支出。

（三）其他政府服務和收益

其他政府服務和收益是指不列入上述各項的涉及政府的服務和收益。

（四）不償還的轉移

不償還的轉移是指單方面的不對等收支，意味著資金進行國際移動後，並不產生歸還或償還的問題。因此，不償還的轉移也稱單方面轉移，一般是指單方面的匯款、年金、贈與等。根據單方面轉移的不同接受對象，又分為私人轉移與政府轉移兩大類。政府轉移主要是指政府間的無償經濟技術或軍事援助、戰爭賠款、外債的自願減免、政府對國際機構繳納的行政費用以及贈與等收入與支出。

私人轉移主要是指以下幾類：

（1）匯款，包括僑民匯款、慈善性質匯款、財產繼承款等。匯款主要是指僑民匯款，如一個國家長期在外國居住的僑民匯回本國的款項；居住在本國的外國僑民從本

國匯出的款項等。

(2) 年金，是指從外國取得或對外國支付的養老金、獎金等。

(3) 贈與，是指教會、教育基金、慈善團體對國外的贈與以及政府的無償援助等。

四、《服務貿易總協定》關於國際服務貿易的分類

各國已經普遍接受了國際貨幣基金組織對於服務貿易的分類，採用《服務貿易總協定》項下的分類已成為一種慣例。烏拉圭回合服務貿易談判小組在對以商品為中心的服務貿易分類的基礎上，結合服務貿易統計和服務貿易部門開放的要求，在徵求談判各方的提案和意見的基礎上，提出了以部門為中心的服務貿易分類方法，將服務貿易分為12大類160多個服務項目。

(一) 商業性服務

商業性服務是指在商業活動中涉及的服務交換活動，服務貿易談判小組列出了下述6類商業性服務，其中既包括個人消費的服務，也包括企業和政府消費的服務。

(1) 專業性服務。這類服務涉及的範圍包括法律服務，會計、審計和簿記服務，稅收服務，建築服務，工程服務，綜合工程服務，城市規劃與風景建築物服務，醫療服務，獸醫服務，助產士、護士、理療醫生、護理人員提供的服務，其他專業性服務，共計11個服務項目，同時也包括這些服務項目的有關諮詢服務。

(2) 計算機及相關服務。計算機及相關服務包括與計算機硬件裝配有關的諮詢服務、軟件開發與執行服務、數據處理服務、數據庫服務、其他相關服務，共計5個服務項目。

(3) 研究與開發服務。這類服務包括自然科學的研究與開發服務，社會科學與人文科學的研究與開發服務，交叉科學的研究與開發服務，共計3個服務項目。

(4) 不動產服務。這類服務是指不動產範圍內的服務交換，但不含土地的租賃服務，具體包括產權所有或租賃、基於費用和合同的不動產服務，共計2個服務項目。

(5) 設備租賃服務。需要明確的是，這類服務不包括其中可能涉及的操作人員的雇傭或所需人員的培訓服務。這類服務具體包括與船舶有關的租賃服務、與飛機有關的租賃服務、與其他運輸工具有關的租賃服務、與其他機械設備有關的租賃服務、其他有關租賃服務，共計5個服務項目。

(6) 其他商業服務。這類服務具體包括廣告服務，市場調研與民意測驗服務，管理諮詢服務，與諮詢人員有關的服務，技術測驗與分析服務，與農業、狩獵、林業有關的服務，人員的安排與補充服務，安全調查，有關的科學技術諮詢服務，設備的維修（不包括船舶、飛機及其他運輸工具）服務，建築物清潔服務，攝影服務，包裝服務，印刷、出版社服務，會議服務，其他服務，共計16個服務項目。

(二) 通信服務

通信服務主要指所有有關信息產品、操作、儲存設備和軟件功能等服務。通信服務由公共通信服務、信息服務部門、關係密切的企業集團和私人企業間進行信息轉接和服務提供。主要包括郵電服務、信使服務、電信服務（其中包括電話、電報、數據

傳輸、電傳、傳真）、試聽服務（包括收音機及電視廣播服務）、其他電信服務。

（三）建築及有關工程服務

建築服務主要指工程建築設計、選址到施工的整個服務過程。具體包括選址服務，涉及建築物的選址；國內工程建築項目，如橋樑、港口、公路等的地址選擇等；建築物的安裝及裝配工程；工程項目施工建築；固定建築物的維修服務；其他服務。

（四）銷售服務

銷售服務是指產品銷售過程中的服務交換，主要包括代理機構的服務、批發貿易服務、零售服務、特許經營服務、其他銷售服務，共計5個服務項目。

（五）教育服務

教育服務包括初等教育服務、中等教育服務、高等教育服務、成人教育服務、其他教育服務，共計5個服務項目。

（六）環境服務

環境服務包括污水處理服務、廢物處理服務、衛生及其他相關服務、其他環境服務，共計4個服務項目。

（七）金融服務

金融服務主要是指銀行業和保險業及相關的金融服務活動。

（1）銀行業的金融服務。具體包括公眾存款及其他可償還資金的承兌，所有類型的貸款（尤其包括用戶信用、抵押信用、商業交易的代理與融資），金融租賃，所有支付貨幣的傳遞服務，擔保與承諾，戶主帳戶或顧客帳戶的交易形式（不論是櫃臺兌換或者其他形式），參與各種證券的發行（包括作為代銷商的承包與安排以及與證券發行有關的服務措施），代理借貸款的經紀人服務，資產管理服務（如現金或有價證券管理、所有形式的集體投資管理、養老金管理、存款保管與信託服務），金融資產的結帳與清算服務（包括證券、衍生品與其他可轉讓票據），諮詢服務與其他輔助性金融服務（包括信用查詢與分析、投資與有價證券的研究與查詢、收購通知與公司戰略調整介紹等），其他金融服務提供者所提出的關於金融信息、金融數據處理及其他有關軟件的轉讓與供給，共計12個服務項目。

（2）保險業的服務。具體包括生命、事故與健康保險服務，非生命保障服務，再保險與交還，與保險有關的輔助服務（包括經濟與代理服務），共計4個服務項目。

（3）其他金融服務。

（八）健康與社會服務

健康與社會服務包括醫院服務、其他與人類健康相關的服務、社會服務、其他有關服務，共計4個服務項目。

（九）旅遊及相關服務

旅遊及相關服務包括賓館與飯店提供的住宿餐飲服務、旅行社與旅遊經紀人提供

的服務、導遊服務、其他相關服務，共計4個服務項目。

(十) 娛樂、文化與體育服務

娛樂、文化與體育服務不包括廣播、電影、電視服務在內，而是指劇場、樂隊與雜技表演等娛樂服務，新聞機構服務，圖書館、檔案館、博物館及其他文化服務，體育及其他娛樂服務，共計4個服務項目。

(十一) 交通運輸服務

交通運輸服務分為8個小類，分別是：

(1) 海運服務。具體包括客運、貨運、船舶包租、船舶的維護與修理、推船與拖船服務、海運的支持服務，共計6個服務項目。

(2) 內河航運。具體內容與海運服務相同，也由6個服務項目組成。

(3) 空運服務。具體包括客運、貨運、包機出租、飛機的維修、空運的支持服務，共計5個服務項目。

(4) 空間運輸。

(5) 鐵路運輸服務。具體包括客運的推、拖服務，貨運的推、拖服務，機車的推、拖服務，鐵路運輸設備的維修，鐵路運輸的支持服務，共計5個服務項目。

(6) 公路運輸服務。具體包括客運、貨運、包車出租、公路運輸設備的維修、公路運輸的支持服務，共計5個服務項目。

(7) 管道運輸。管道運輸包括材料運輸、其他物資運輸，共計2個服務項目。

(8) 所有運輸方式的輔助性服務。具體包括貨物處理服務、存儲與倉庫服務、貨運代理服務、其他輔助服務，共計4個服務項目。

(十二) 其他服務

其他服務為其他未包括的服務。

第二節　國際服務貿易統計

隨著國際服務貿易的迅速發展，國際服務貿易統計也不斷完善。服務貿易統計對於國際服務貿易的發展具有很重要的意義，由於服務產業本身複雜多樣，定義起來比較困難，從而使服務貿易統計變得錯綜複雜。有關服務貿易統計的問題也越來越受到國際社會和各國政府的關注，但由於服務貿易自身所具有的不同於貨物貿易的特點，各國服務貿易的發展水平和統計狀況不同，同時各國國際服務貿易統計體系的建設還相對比較滯後，相關數據信息的搜集遠遠不能滿足現實管理的需要。因此，本節將介紹國際服務貿易統計的兩種主要的國際服務貿易統計制度與方法，即國際收支服務貿易統計和外國附屬機構服務貿易統計，並對中國當前服務貿易統計的基本內容作簡要介紹。

目前，按照世界貿易組織對國際服務貿易的界定，服務貿易統計應由國際收支服務貿易統計（BOP統計）和外國附屬機構服務貿易統計（FAT統計）兩部分組成。

BOP 統計主要是反應跨境服務貿易的情況，FAT 統計反應的則是非跨境服務貿易的情況。

一、國際收支服務貿易統計（BOP 統計）

國際服務貿易 BOP 統計的依據是國際貨幣基金組織的《國際收支手冊（第五版）》。按照 BOP 統計原則，國際服務貿易又叫作跨境貿易，以服務貿易交易活動完成後的資金流——國際收支為中心。國際收支統計刻畫了一國對外貿易和資本的流動狀況，具有一致性和國際可比較性的特點。由於國際收支統計由來已久，方法較成熟，同時和大多數國家的統計體系相匹配，所以成為世界公認的標準化的國際貿易統計體系。國際收支統計的對象包括服務貿易和貨物貿易，並且側重於貨物貿易。是否跨國境或邊界是交易是否納入國際收支統計的基本原則。國際服務貿易 BOP 統計就是將與服務貿易相關的實際交易數據進行重新匯總、整理和記錄，從而形成一套針對國際服務貿易的專項統計。

BOP 統計在各國對外服務貿易統計中發揮著不可替代的作用，但從世界服務貿易的發展來看，BOP 統計存在著明顯的不足：按照國際收支統計的原則，國際服務貿易只是居民與非居民之間的服務貿易，包括過境交付、境外消費及自然人移動，並沒有反應當前世界服務貿易中占據主導地位的商業存在。這是因為，商業存在形式的服務貿易雙方均是法律意義上的同一國居民。BOP 統計試圖描繪服務貿易的全貌，但其與《服務貿易總協定》界定的服務貿易範圍還存在較大差異。與《服務貿易總協定》劃分的服務貿易 12 大類、160 多個部門相比，BOP 統計無論是項目個數還是統計範圍都與之有不小的差距。

二、外國附屬機構服務貿易統計（FAT 統計）

（一）FAT 統計的由來

按照國際收支統計的跨境原則，商業存在無法納入國際服務貿易的範疇，所以國際服務貿易 BOP 統計實際不能完整反應一國對外服務貿易的總體情況。到目前為止，世界上尚無一個國家能夠以 GATS 為基準進行服務貿易統計，按照 GATS 定義的四種提供方式統計服務貿易數據。但是人們的不懈努力依然取得了階段性成果，FAT 統計作為 BOP 統計的補充隨之誕生。FAT 統計反應了外國附屬機構在東道國的服務交易情況，包括與投資母國之間的交易、與東道國居民之間的交易以及與其他國家之間的交易。FAT 分為內向和外向兩個方面。別國在東道國的服務機構的服務交易成為內向 FAT，東道國在別國的附屬機構的服務交易成為外向 FAT。

（二）FAT 統計的特點

作為一種國際服務貿易統計規範，FAT 統計方法必然會不斷完善並為越來越多的國家所接受和應用，因此有必要對其主要特點做簡要介紹。FAT 統計的主要特點可以從以下幾個方面來描述：

（1）核心是非跨境貿易。從統計範圍來看，FAT 統計實際上包括了外國附屬機構

的全部交易：跨境交易和非跨境交易，但核心是非跨境交易及企業的國內銷售。

（2）對象是絕對控股企業。從統計對象來看，只有對方絕對控股並能控制的企業，亦即外方投資比例在50%以上的企業才列入FAT統計範圍，這與直接投資統計的對象不同，後者以外資比重達到10%以上作為標準（中國是25%）。原因在於FAT統計是投資基礎之上的貿易統計，反應的不僅是投資狀況，更主要的是貿易利益問題，只有外國投資人擁有並控制了該企業，才有可能決定貿易過程並獲得貿易利益。

（3）内容廣泛。從統計内容來看，FAT統計不僅包括投資的流量和存量，而且包括企業經營狀況和財務狀況及其對東道國的影響，但其主要内容是以企業的經營活動狀況為主。FAT統計的中心内容是：外國附屬機構作為東道國的居民，與東道國其他居民之間進行的交易，即其在東道國進行的非跨境貿易，以及這種交易對東道國經濟的影響。

（4）從統計實踐上來看，FAT統計有狹義和廣義之分。按照WTO的規定，外國附屬機構的當地服務銷售屬於國際服務貿易，從而一般把對非跨境服務銷售的FAT統計稱為廣義國際服務貿易統計，這被認為是對外國直接投資統計的進一步深化，也是對商品貿易統計的有效補充。因此，當FAT統計應用於貿易統計時，一般出現在廣義國際服務貿易統計中。

（5）彌補了其他統計方法的不足。從統計作用來看，FAT統計彌補了商品貿易統計、跨境服務貿易統計和外國直接投資統計的不足，更為全面地將外資企業的生產和服務提供對貿易流動的影響，以及由此產生的利益流動反應出來。

不過，目前FAT統計也有其自身的缺陷，比如統計過程中調查回收率低、調查覆蓋面不均、統計方法創新性不足等。

三、中國的服務貿易統計

（一）基本原則和統計範圍

中國的國際服務貿易統計旨在以世界貿易組織的《國際服務貿易統計手冊》為基礎，結合中國實際，探索形成在數據搜集、加工和開發方面穩定的服務貿易統計體系，為中國政府在世界貿易組織框架下適應《服務貿易總協定》的要求，履行入世承諾，進行國際服務貿易管理，為中國服務業發展和對外服務貿易競爭，提供可靠、及時、有效的數據信息支持。為此，中國服務貿易統計應遵循以下原則：

（1）在内容上，要與《服務貿易總協定》相銜接，以支持中國有效參與國際貿易與投資協議的談判。

（2）在方法上，要以《國際服務貿易統計手冊》為基礎，建立與通行準則一致的統計體系。

遵循《國際服務貿易統計手冊》，中國服務貿易統計範圍涵蓋全部四種提供方式，即跨境交付、境外消費、商業存在、自然人移動。其統計範圍包括兩個主要組成部分和一個次要組成部分：

①居民與非居民之間的服務交易，對應跨境交付和境外消費兩種提供方式，部分涉及商業存在和自然人移動兩種提供方式。

②商業存在服務貿易，對應商業存在這一提供方式。

③自然人移動服務貿易統計，對應自然人移動這一提供方式。從實際發生規模和數據完備性來看，屬於服務貿易統計的次要組成部分。

(二) BOP 統計的基本內容

居民與非居民之間的服務貿易統計對應於國際收支平衡表中的服務項目，以服務進口總額和出口總額為基本統計指標，通過服務產品和服務業部門的分類統計，全方位反應中國國際服務貿易的規模和構成狀況。基本思路是以國家外匯管理局國際收支統計為基礎，截取服務進出口數據，經過調整補充，得到當期居民與非居民之間服務進口總額和出口總額。其中，國際收支統計的服務項目數據來自國家外匯管理局；調整補充數據來自相關部門和專門調查；數據缺口信息根據相關數據資料進行估算。

(三) FAT 統計的基本內容

FAT 統計的對象是外商直接投資企業在東道國當地的服務銷售。其中，中國境內的外商投資企業在中國境內的服務銷售是中國內向 FAT，即服務進口；中國對外直接投資企業在外國當地的銷售是中國外向 FAT，即服務出口。

關於如何界定「受外國母公司控制」，中國 FAT 統計確定的方法是：

(1) 內向 FAT 統計包括法人外商投資企業和非法人外商分支機構。法人外商投資企業與外商直接投資統計保持一致，包括所有外商持有股份高於 10% 的企業。

(2) 外向 FAT 統計包括法人境外投資企業和非法人境外分支機構。與對外直接投資統計保持一致，包括所有外商持有股份高於 10% 的境外直接投資企業、全資擁有的境外分支機構。

(3) 將外商投資企業和境外直接投資企業按照股權比例分為兩組：股權比例 50% 以上組和股權比例 10%~50% 組，以持有股權 50% 以上組的企業為統計重點。

遵循《國際服務貿易統計手冊》，中國 FAT 統計設定的指標分為以下三個層次：①企業服務銷售額（營業額），這是 FAT 統計的基本指標，尤其是當地的服務銷售；②企業雇員人數及外方雇員人數、增加值、貨物和服務出口，這是反應企業當期活動的輔助指標；企業資產、負債和淨值以及企業研究與開發支出，這是反應 FAT 統計背景的指標；③企業數，這是統計過程中生成的指標，反應 FAT 的普遍程度。結合中國實際，FAT 統計執行以下分類：①國別分類：內向 FAT 指投資母國國別分類；外向 FAT 指投資東道國國別分類；②行業分類：直接投資企業所屬行業；③國內地區分類。

思考題

1. 列舉《服務貿易總協定》關於國際服務貿易的分類。
2. 中國服務貿易的統計原則是什麼？
3. 試述要素服務貿易和非要素服務貿易各自的特點。
4. 如何評價 FAT 統計？
5. 思考 BOP 統計和 FAT 統計之間的關係。

第三章　國際服務貿易理論

　　傳統的國際貿易理論是以貨物貿易為基礎發展起來的理論框架。嚴格來說，國際服務貿易並沒有自己的理論體系。鑒於服務貿易並不能完全與傳統的貨物貿易理論割席分坐，所以學術界仍然傾向於將傳統的貨物貿易理論延伸擴展到服務貿易領域，用相對應的思維邏輯體系來概括服務貿易，從而將貨物貿易和服務貿易在理論上延續。

　　本章共分為四節，首先介紹古典貿易理論，其思想理論的主要代表是亞當·斯密和李嘉圖。接下來一節介紹了新古典貿易理論。新古典經濟學中的貿易模型由赫克歇爾和俄林構建。第三節介紹了以克魯格曼和弗農為代表的當代國際貿易理論。第四節介紹了比較優勢理論在國際服務貿易中的適用性。

第一節　古典貿易理論在國際服務貿易中的應用

　　國際貿易理論起源於市場經濟活動中的商品交換和分工生產，亞當·斯密和大衛·李嘉圖等古典經濟學家，從現實出發，一步步突破理論局限性發展完善經濟學模型。

一、絕對優勢理論

　　18世紀，英國工業革命是指手工業向工業發展的過程。在這一過渡期，重商主義思潮逐漸向自由貿易理論過渡。1776年，古典經濟學派代表人物亞當·斯密（1723—1790）在《國富論》（全名：《國民財富的性質和原因的研究》，An Inquiry into the Nature and Causes of the Wealth of Nations）中提出了絕對優勢理論（Absolute Advantage）。他認為一個國家出口的商品應該是單位生產要素投入較少的商品，即商品的生產上具有絕對優勢、生產成本低於其他國家。支持絕對優勢理論的人，認為生產成本的絕對差異是國際貿易產生的根源，任何時候分工國際化，均應考慮地域、自然條件及成本差異等因素。

　　亞當·斯密的絕對優勢理論主要闡明了如下內容：一個國家出口的商品是商品的生產上具有絕對生產成本優勢的商品。所謂絕對成本，是指某兩個國家之間生產某種產品的勞動成本的絕對差異，即一個國家所耗費的勞動成本絕對低於另一個國家。

　　分工可以提高勞動生產率，增加國民財富。亞當·斯密認為，交換是出於利己心並為達到利己目的而進行的活動，是人類的一種天然傾向。人類的交換傾向產生分工，社會勞動生產率的巨大進步是分工的結果。

分工的原則是成本的絕對優勢。亞當·斯密進而分析到，分工既然可以極大地提高勞動生產率，那麼每個人專門從事他最有優勢的產品的生產，然後彼此交換，則對每個人都是有利的。他以家庭之間的分工為例，認為把家庭的全部精力集中用於比鄰人有利地位的職業，用自己的產品去交換其他物品，會比自己生產一切物品得到更多的利益。

國際分工是各種形式分工中的最高階段，在國際分工基礎上開展國際貿易，對各國都會產生良好效果。亞當·斯密由家庭推及國家，論證了國際分工和國際貿易的必要性。他認為，適用於一國內部不同個人或家庭之間的分工原則，也適用於各國之間。他主張，如果外國的產品比自己國內生產的要便宜，那麼最好是輸出在本國有利的生產條件下生產的產品，去交換外國的產品，而不要自己去生產。例如，在國外可以利用溫室種植葡萄，並釀造出同國外一樣好的葡萄酒，但要付出比國外高數十倍的代價。如果真這樣做，顯然是愚蠢的行為。每一個國家都有其適宜於生產某些特定產品的絕對有利的生產條件，如果每一個國家都按照其絕對有利的生產條件（即生產成本絕對低）去進行專業化生產，然後彼此進行交換，則對所有國家都是有利的，並且也有利於世界的財富。

國際分工的基礎是有利的自然稟賦或後天的有利條件。亞當·斯密認為，有利的生產條件來源於有利的自然稟賦或後天的有利條件。自然稟賦和後天的條件因國家而不同，這就為國際分工提供了基礎。因為有利的自然稟賦或後天的有利條件可以使一個國家生產某種產品的成本絕對低於別國而在該產品的生產和交換上處於絕對有利地位。各國按照各自的有利條件進行分工和交換，將會使各國的資源、勞動和資本得到最有效的利用，將會大大提高勞動生產率和增加物質財富，並使各國從貿易中獲益。這便是絕對優勢理論的基本精神。

由於兩個國家剛好具有不同商品生產的絕對優勢的情況是極為偶然的，亞當·斯密的絕對優勢理論仍然面臨一些挑戰。

二、比較優勢理論

(一) 比較優勢理論核心內容

1815年，基於維護土地貴族階級利益的《穀物法》被修訂後頒布，導致了英國糧價上漲。昂貴的穀物，使工人貨幣工資被迫提高，成本增加，利潤減少，削弱了工業品的競爭能力；同時，昂貴的穀物，也擴大了英國各階層的吃糧開支，而減少了對工業品的消費。《穀物法》還使得外國以高關稅阻止英國工業品對它們出口。為了廢除《穀物法》，工業資產階級採取了多種手段，鼓吹穀物自由貿易的好處。而因為地租猛增，作為受益者的地主貴族階級則千方百計維護《穀物法》，認為英國能夠自己生產糧食，根本不需要從國外進口，反對在穀物上搞自由貿易。這時，工業資產階級迫切需要找到穀物自由貿易的理論依據，大衛·李嘉圖發展出了新的理論模型，即比較優勢理論（Comparative Advantage）適時而出。

在亞當·斯密的絕對優勢理論的基礎上，大衛·李嘉圖在他於1817年出版的《政

治經濟學及賦稅原理》一書中，提出了著名的比較優勢原理。這是一項最重要的、至今仍然沒有受到挑戰的經濟學的普遍原理，具有很強的實用價值和經濟解釋力。在該著作中，他認為英國不僅要從外國進口糧食，而且要大量進口，因為英國在紡織品生產上所占的優勢比在糧食生產上的優勢還大。故英國應專門發展紡織品生產，以其出口換取糧食，取得比較利益，提高商品生產數量。該理論模型的前提假設有：

（1）假設整個世界只有兩個國家僅有一種生產要素，生產商品時僅需要一種生產要素，比如勞動要素；

（2）假設這兩個國家均只能生產兩種商品 A 和 B；

（3）假設在兩個國家中，商品與要素市場都是完全競爭的；

（4）假設兩國在生產中使用不同的技術。技術的不同導致勞動生產率的不同，即兩個國家的單位勞動要素投入不同，進而導致成本的不同；

（5）假設在沒有國際貿易時，兩個國家均須在國內生產兩種商品來滿足國內需求；

（6）假設只在物物交換條件下進行，沒有考慮複雜的商品流通，而且假定 1 個單位的 A 產品和一個單位的 B 產品等價（不過他們的生產成本不等）；

（7）假設在一國內要素可以自由流動，但是在國際不流動；

（8）假設分工前後生產成本不變；

（9）不考慮交易費用和運輸費用，沒有關稅或影響國際貿易自由進行的其他壁壘。但是，在貿易存在的條件下，當兩國的相對商品價格完全相等時，兩國的生產分工才會停止。如果存在運輸成本和關稅，當兩國的相對價格差小於每單位貿易商品的關稅和運輸成本時，兩國的生產分工才會停止。

（10）價值規律在市場上得到完全貫徹，自由競爭，自由貿易。

（11）假定國際經濟處於靜態之中，不發生其他影響分工和經濟變化。

（12）兩國資源都得到了充分利用，均不存在未被利用的資源和要素。

（13）兩國的貿易是平衡的，即總的進口額等於總的出口額。

其關鍵假設在於勞動是唯一的要素投入、固定的產品邊際成本、完全競爭的商品和要素市場、固定的規模報酬、不考慮需求。比較優勢理論在絕對成本理論的基礎上發展起來。根據比較優勢原理，一國在兩種商品生產上較之另一國均處於絕對劣勢，但只要處於劣勢的國家在兩種商品生產上劣勢的程度不同，處於優勢的國家在兩種商品生產上優勢的程度不同，則處於劣勢的國家在劣勢較輕的商品生產方面具有比較優勢，處於優勢的國家則在優勢較大的商品生產方面具有比較優勢。兩個國家分工專業化生產和出口其具有比較優勢的商品，進口其處於比較劣勢的商品，則兩國都能從貿易中得到利益。這就是比較優勢原理。也就是說，兩國按比較優勢參與國際貿易，通過「兩利取重、兩害取輕」，兩國都可以提升福利水平。

（二）大衛·李嘉圖的經濟自由主義

作為古典貿易理論的主要代表之一，大衛·李嘉圖同樣主張自由貿易，認為每個個體在自由追求個人利益的同時會自然而然地有利於整個社會。他認為國際貿易給社會帶來益處不是因為一國商品價值總額的增加，而是因為一國商品總量的增長。國際

貿易之所以對國家有所裨益，是因為國際貿易增加了用收入購買的物品數量和種類，並且由於商品豐富和價格廉價而刺激了節約主義和資本累積。在亞當・斯密強調進口的好處的基礎上李嘉圖提出了更加系統的自由貿易理論，從資源有效分配的角度論證自由貿易和專業分工的必要性。

大衛・李嘉圖對國際貿易理論有開創性的貢獻。他是貿易自由的堅決支持者。在他的主要著作《政治經濟學及賦稅原理》中，李嘉圖以一個有關國際貿易的一般理論支持了自己的觀點。該理論包括了比較優勢學說。在《政治經濟學及賦稅原理》的《論對外貿易》一章中，他對蘇格蘭和葡萄牙的外貿進行了研究，用令人耳目一新的例子「葡萄酒」和「棉布」說明了比較成本，並得到了貿易的結果使貿易參與國更加富裕的結論，即後世的比較優勢原則。比較優勢理論認為，國際貿易的基礎並不限於勞動生產率上的絕對差別。只要各國存在著勞動生產率上的相對差別，就會出現生產成本和產品價格的相對差別，從而使各國在不同產品上具有比較優勢，使國際分工和國際貿易成為可能。根據李嘉圖的比較優勢貿易理論，每個國家都應集中生產並出口其具有比較優勢的產品，進口其具有比較劣勢的產品。這個基本思想在後來被無數經濟學家引用並發展。

事實上，在李嘉圖發表《政治經濟及賦稅原理》（1817年）之前的1815年，羅伯特・托倫斯在其《關於玉米對外貿易的論文》中就已經提過比較優勢的概念。「儘管在本國用於耕種的資本比國外用來耕種的資本可能得到更多的利潤，但是在這種情況下，資本應該被用於製造業，並將獲得更多的利潤。這一利潤應該決定我們的產業發展方向。」可見，托倫斯也是比較優勢理論的奠基人，但古典經濟學的集大成者大衛・李嘉圖以嚴謹的思維、數學邏輯性和精確性，第一次用具體數字說明了比較優勢理論，使人們知大衛・李嘉圖而不知羅伯特・托倫斯。

第二節　新古典貿易理論在國際服務貿易中的應用

得益於古典貿易理論，19世紀末20世紀初，以瓦爾拉斯、馬歇爾為代表的新古典經濟學家，放鬆了古典貿易理論堅持的「勞動是創造價值和造成生產成本差異的唯一要素」的假設。新古典經濟學認為，產品生產不再由單一要素決定。在此背景下，新古典貿易理論逐漸形成。

一、赫克歇爾—俄林貿易模型（H–O模型）

（一）H–O模型核心內容

1879年赫克歇爾出生於瑞典，1897年在烏普薩拉大學學習歷史和經濟，並在1907年獲得博士學位。畢業後，他在斯德哥爾摩大學擔任經濟學和統計學教授。

1919年赫克歇爾發表了題為《國際貿易對收入分配的影響》的論文，對要素禀賦理論進行了闡述。其中的核心思想是，資源禀賦不同是國際貿易比較優勢形成的基本

原因。

　　1899 年俄林出生在瑞典。1919 年，他師從赫克歇爾，在其指導下獲得斯德哥爾摩大學的經濟學學位。並於 1924 年在卡塞爾的指導下獲得同校博士學位。1933 年，俄林出版了著名的《區域貿易與國際貿易》一書，書中對其老師赫克歇爾的思想做了清晰而全面的論證，在赫克歇爾觀點的基礎上，發展了自己的要素稟賦理論，所以要素稟賦理論又被稱為赫克歇爾—俄林理論（Heckscher-Olin Model，簡稱 H-O 模型）。由於其貢獻，俄林獲得了 1977 年的諾貝爾經濟學獎。H-O 模型是一個 2×2×2 模型：兩個國家、兩種商品和兩種要素。

　　赫克歇爾—俄林理論的核心概念為要素密集和要素充裕。要素密集是指通過對兩種商品生產投入的資本—勞動比率進行比較而確定，資本—勞動比率（K/L）高的為資本密集型商品，資本—勞動比率（K/L）低的為勞動密集型產品。

　　赫克歇爾—俄林理論的核心假設有：
（1）兩個國家、兩種要素和兩種商品。
（2）兩種商品，一種是勞動密集型商品，另一種是資本密集型商品。
（3）兩國技術相同。
（4）規模報酬不變。
（5）不完全分工。
（6）兩國需求偏好相同。
（7）完全競爭。
（8）要素可以在國內但不能在國際自由流動。
（9）沒有運輸成本、關稅和其他貿易壁壘。
（10）充分就業。
（11）貿易平衡。

　　以上述的這些核心概念和核心假設出發，赫克歇爾和俄林重在生產要素比例的差別而不是生產技術的差別，解釋了生產成本和商品價格的不同，以此說明比較優勢的產生。這種論述，突破了亞當·斯密和大衛·李嘉圖理論中的局限，認定資本、土地以及其他生產要素與勞動力共同在生產過程中起重要作用；不同的商品生產需要不同的生產要素配置，而各國生產要素的儲備比例和資源稟賦不同，正是由於稟賦的不同才構成國際貿易的基礎。這就是著名的 H-O 理論。

（二）里昂惕夫之謎

　　美國經濟學家里昂惕夫試圖驗證赫克歇爾—俄林模型結論的正確性，同時希望利用美國的數據帶入 H-O 模型。在研究過程中，里昂惕夫運用投入產出法對美國 1947 年和 1951 年的外貿數據進行驗證時，發現美國出口的是勞動密集型產品，進口的是資本密集型產品。赫克歇爾—俄林模型的推論與實際驗證結果之間的矛盾，被稱為「里昂惕夫之謎」。

　　從理論來說，赫克歇爾—俄林模型的假設合理，邏輯嚴謹，從推導層面來看，模型本身沒有什麼問題。當里昂惕夫提出困惑之後，引發國際貿易經濟學家的廣泛爭論。

眾多學者試圖解釋「里昂惕夫之謎」。

1. 需求逆轉

赫克歇爾—俄林模型假設了兩個國家的偏好相同。由於偏好的影響，一個國家可能極端偏好使用該國相對充裕要素生產的商品。美國具有強偏好使用資本密集型產品。從供給需求的角度出發，強需求會造成資本密集型產品的均衡價格升高，從而出口優勢下降。同時，勞動密集型產品價格相對較低，利於出口。因此，美國出口勞動密集型產品，進口資本密集型產品，這與赫克歇爾—俄林模型的結論相反。

2. 生產要素密集度逆轉

赫克歇爾—俄林模型假設了兩種商品分別是商品密集型和資本密集型產品。要素的相對價格不會轉變商品的要素密集程度。例如，按照中國的相對工資，紡織品是勞動密集型產品，那麼即使在日本的相對工資下，紡織品應該仍然是勞動密集型產品。而事實上，情況可能並非如此。若日本相對於中國是資本充裕（資本便宜）而勞動相對稀缺（勞動昂貴），則在生產紡織品的過程中，日本將會使用更多的便宜資本要素替代昂貴的勞動要素來生產紡織品。這樣，紡織品在日本就成了資本密集型產品。這就是生產要素密集度逆轉。當然，剩下的其他國家，如果資本相對於勞工更貴，則紡織品仍然屬於勞動密集型產品。

3. 貿易政策

赫克歇爾—俄林模型假設了兩個國家進行自由貿易，即沒有任何的貿易壁壘。這與事實不相符，二戰以後，各個國家都多多少少設置了貿易壁壘，以保護本國的產業發展。美國對其勞動密集型行業設置了大量的貿易保護，限制勞動密集型產品進口，鼓勵勞動密集型產品出口，這或許導致了「里昂惕夫之謎」。

4 新要素理論

赫克歇爾—俄林模型假設了只有兩種要素，勞動要素和土地要素（狹義定義）。但要素如果細分，同一要素也會出現差異。例如勞動要素，技能水平的高低在各國出現了顯著區別。技能的高水平來自更多的教育和技術的投入，即人力資本的投入。因而人力資本論提出，人力資本應獨立於勞動要素和資本要素，成為一種獨立生產要素。如果使用工人的人力資本替代單純的勞動力人數或小時數重新驗證里昂惕夫的結果，則發現美國出口的商品的人力資本密集度比美國進口商品的人力資本密集度要高。另外，根據自然資源論，如果對每一產業部門中所用耕地地租、礦藏、森林等估計，用以衡量自然資源在比較優勢中的作用時，「里昂惕夫之謎」可能不攻自破。

二、特定要素貿易模型

赫克歇爾—俄林模型，又可以稱為「資源配置」模型。與該模型類似，同樣堅持決定貿易模式的主要因素是資源稟賦不同的模型，還有保羅·薩繆爾森的特定要素貿易模型。

（一）特定要素貿易模型基本假設

保羅·薩繆爾森的特定要素貿易模型的基本假設如下：

(1) 只有兩種產品：產品 A 和產品 B。

(2) 三種要素：勞動要素、資本要素、土地要素。其中勞動要素是普通要素，可以用於兩種產品 A 和 B 的生產。資本要素和土地要素均為特定要素，只能用於特定產品的生產。例如，資本要素只用於產品 A 的生產，土地要素只用於產品 B 的生產，不能自由流動於不同行業。

(3) 三種要素均達到充分就業。

(4) 資本要素的總供給一定，土地要素的總供給一定。勞動要素的總供給等於兩種產品生產過程中各自勞動要素投入的總和。勞動要素在兩種產品中的分配是不確定的。

(5) 勞動的邊際產量遞減。

(6) 完全競爭市場。

(二) 特定要素貿易模型的結論與應用

普通要素，即流動的勞動要素在兩種產品中的分配，取決於勞動力市場上需求與供給。達到均衡的條件是，均衡工資水平使本國的勞動總供給等於產品 A 生產中的勞動投入和產品 B 生產中的勞動投入之和。

1. 假設現在本國僅僅出口產品 A，不進口產品 B

對外貿易的發生，使得出口產品的價格 A 上升。上升的產品價格會使得廠商願意支付更高的工資，更高的工資將吸引普通勞動要素自由流動到產品 A 的生產部門中（勞動要素的總供給不變）。為了阻止產品 B 中的勞動要素大量地轉移到產品 A 的部門中，產品 B 的生產廠商被迫上調工資，最後達到新的均衡。達到新的均衡時，在勞動總供給不變時，產品 A 的勞動要素投入增加，產品 B 的勞動要素投入降低；產品 A 的均衡產量增加，產品 B 的均衡產量下降。產品 A 的行業工資上調，但是漲幅低於出口產品 A 的價格漲幅；產品 A 的特定要素（資本）收益率增加；產品 B 的特定要素（土地）收益率增加。

2. 假設特定要素（資本）的總量增加

由於資本要素僅僅用於產品 A 的生產過程中，資本要素的總量增加，相對地提高了產品 A 生產部門的邊際勞動生產率。最終的結果就是產品 A 的生產過程中勞動投入增加，均衡的產品 A 數量增加；產品 B 的生產過程中勞動投入下降，均衡的產品 B 數量下降。資本的名義收益下降。如果特定要素（土地）的總量增加，也會有類似的結論。

3. 假設普通要素勞動的總供給增長

根據供給和需求模型可知，當勞動總供給增加，而工資保持原來的水平，只會使得勞動力市場出現供大於求的局面。此時，失業的人數，恰好等於勞動要素總供給的新增部分。過剩的勞動力使得均衡工資有下浮的壓力。失業人口願意以較低的工資進入產品 A 和產品 B 的生產部門。普通要素勞動的總供給增長，最終帶來的結果是：產品 A 和產品 B 的勞動投入均增加；產品 A 和產品 B 的均衡產量均有所提升；名義均衡工資下降；普通要素勞動的收益率下降；特定要素資本和土地的收益率上升。

第三節　當代貿易理論在國際服務貿易中的應用

第二次世界大戰結束以後，社會飛速發展，國際貿易也出現了很多新跡象。

跡象一：古典和新古典貿易學派認為國際貿易產生的原因在於各個國家生產產品的比較優勢。這種產品生產過程中的差異性，帶來的國際貿易實質上是不同商品間的貿易。然而第二次世界大戰結束後，許多國家出現了同一產業部門產品既進口又出口的現象，即行業內貿易。

跡象二：以赫克歇爾—俄林模型的結論為基礎，可以得出結論是貿易主要在存在一定要素稟賦差異的國家間發生，即發達國家和發展中國家間進行。但20世紀末大量的國際貿易是發生在發達工業國家之間的。

跡象三：傳統的出口領先國在不斷地變換國別。例如，最早美國是汽車的生產國和出口國，現在則大量進口日本的汽車。近年來，韓國造汽車也占據了美國汽車市場上不小的份額。

理論和實際的巨大反差，凸顯了古典和新古典貿易理論的困境。國際貿易理論亟待尋找出新的突破點，解釋當代國際貿易過程中出現的種種新跡象。對此，研究國際貿易的當代經濟學者提出了很多新論調。其中，保羅・克魯格曼的「規模經濟貿易模型」和雷蒙德・弗農的「產品週期貿易模型」是當代貿易理論的代表。前者強調決定貿易模式的主因是「生產規模不同」，後者強調貿易模式的主因是「生產技術的不同階段」。

一、規模經濟貿易模型

保羅・克魯格曼於1953年出生在一個美國中產階級家庭。1974年，他畢業於耶魯大學的經濟學專業。隨後，他進入麻省理工學院，攻讀經濟學博士學位。1977年，克魯格曼博士畢業後，回到了耶魯任教。

1978年，克魯格曼寫了一篇題為《規模報酬遞增、壟斷競爭和國際貿易》的論文（發表於1979年的《國際經濟學雜誌》），成為第一個同時用「規模經濟」和「不完全競爭」來分析國際貿易的經濟學家。克魯格曼對於國際貿易理論的巨大貢獻在於：第一，解除了古典和新古典貿易理論的困境，對二戰後出現的行業內貿易和發達國家間的貿易作出了相應的解釋；第二，分析了國際貿易中的寡頭競爭行為，為戰略性貿易政策的研究奠定了基礎。

（一）規模經濟貿易模型基本假設

保羅・克魯格曼的規模經濟貿易模型的基本假設如下：
（1）企業具有內部規模經濟。
（2）勞動是唯一投入。
（3）成本函數包含固定投入成本。

（4）市場結構為壟斷競爭。

(二) 規模經濟貿易模型的結論

在上述的基本假設下，克魯格曼構建了 PP-ZZ 模型：在企業利潤最大化的均衡條件下，個人對產品的需求量越大，企業所能出售的產品價格就越高，因此，PP 曲線的斜率為整。而個人對產品的需求量越大，企業的生產規模越大，產品的價格就越低。因此，ZZ 曲線的斜率為負。PP 曲線和 ZZ 曲線的交點是每種產品的均衡價格和每個個人對該產品的需求量。向上傾斜的 PP 曲線和向下傾斜的 ZZ 曲線，由此可以得到均衡水平。

建立了 PP-ZZ 模型後，克魯格曼再考慮了國際貿易對原均衡點的影響：當雙方開放自由貿易時，PP 曲線沒有受到影響，但是貿易使得每種產品的消費人口增加，導致 ZZ 曲線左移。因而，新均衡位置代表受相對於工資的產品價格和每個人對任意一種商品的降低的消費量。

這一模型可以得到這些重要結論：第一，壟斷競爭企業可以通過國際貿易擴大市場，增加消費人口來擴大生產獲得規模經濟，降低平均成本和產品價格。第二，每個消費者對任意一種商品的消費量雖然下降，但通過產品多樣性，同樣獲得了消費者福利。

克魯格曼所提出的這種新貿易理論表明，僅僅是規模上的區別，就可能造成價格差異。這解釋了發達國家間的貿易和行業內貿易存在的原因，也對古典和新古典貿易理論進行了補充。

但克魯格曼的模型仍有缺陷：克魯格曼壟斷競爭貿易理論中沒有考慮到企業的異質性，而現實中企業之間存在著很大的差異，如生產率水平。又比如，並非所有的企業都進行對外貿易，問題是哪些企業會進行對外貿易呢？而且有些企業進行貿易時，另外的企業可能會選擇外商直接投資（FDI）或者外包等形式，那麼每個企業會選擇什麼樣的市場進入模式呢？這些問題都成為新新貿易理論研究的焦點。

二、產品週期貿易模型

克魯格曼的 PP-ZZ 模型很好解釋了行業間貿易和發達的工業國家間貿易。而美國經濟學家雷蒙德·弗農提出了產品週期貿易模型，用以解釋貿易模式的不斷更迭。

弗農認為，新產品的技術週期分為新產品階段、成熟階段和標準化階段。第一階段，產品問世階段，新穎的技術來自發達的科學認知和研發投入。新產品代表著科技知識密集型產品，只有少數發達的工業國家擁有這些資源，且具備生產新產品的比較優勢。因此新產品往往首先出現在發達國家。

隨後產品進入成熟階段，技術已經逐漸隨出口而轉移。這個期間，為了產量的擴大，需要增持機器設備和勞動技能。產品不再是科技知識密集型，而變成了資本或技能密集型。這時擁有較多資本和人力資本程度較高的國家掌握了新產品生產的比較優勢，從而取代發明國成為該產品的主要生產和出口國。

當產品進入標準化階段時，技術已經完成了生命週期，不再重要。勞動力成本此

時成為生產產品是否具有比較優勢的重要因素。原來的發明國既沒有了技術優勢，又欠缺了勞動力成本優勢，從而被迫從產品的輸出國轉為產品的輸入國。在這個階段，發展中國家擁有的充沛的勞動力資源，在產品生產過程中占據了極大優勢。因而，最終發展中國家成為了產品的生產和出口國。

第四節　傳統比較優勢理論在國際服務貿易中的適用性

國際服務貿易作為一種新興的國際貿易方式，在應用傳統的貿易理論的優勢概念和邏輯來闡述時，其產生的原因、福利大小和政策的選擇是否能用傳統貿易理論來解釋，這是一個有爭議的話題，進而成為學術界爭相研究的熱門。目前學術界存在三種觀點。

一、比較優勢理論不適用於國際服務貿易

由於服務貿易和貨物貿易存在著巨大的差別，因此，建立在貨物貿易基礎上的比較優勢理論在應用於服務貿易領域時，存在著諸多疑慮。

第一，對國際服務貿易的貿易壁壘較多。服務貿易的無形性導致服務貿易不能依賴關稅政策進行管制。因此國際服務貿易以非關稅壁壘為主，而這些非關稅貿易壁壘在大多數情況下又表現為一國政府對服務業進行管制的各種措施，如對專業服務行業的資格認證和許可條件。服務業寡頭壟斷的市場結構在世界範圍內普遍存在，因此政府必須對服務業加強管制，防止損害貿易自由化的收入。

第二，服務貿易的發展帶來的要素跨國流動。在服務貿易交易的過程中，無論是過境交付，商業存在還是消費或人員移動，都要涉及生產要素的流動。而傳統的比較優勢理論採用靜態分析方法，在構建模型時，一般都假設生產要素不能跨國流動，因此，傳統比較優勢理論中「生產要素不能跨國流動」的假設並不適用。

第三，服務的生產效率難以計量。傳統比較優勢理論側重比較兩國的生產效率。在衡量貨物貿易中，貨物的生產效率僅由生產方確定，與消費者的效用沒有直接聯繫。但由於服務是生產與消費同時存在的，所以服務貿易的效率不僅僅由服務的提供者決定，而且受消費者的效用高低的影響。而消費者效用的大小難以度量，因此服務的生產效率難以確定。

第四，H-O模型主要從要素的供給角度分析國際貿易，強調一國生產力水平和豐裕要素的供給結構，最終出口國會出口大量使用本國豐裕要素的產品。然而，當貿易服務的生產函數與主要要素投入相結合時，任何國際服務貿易都依賴於需求因素而不是生產成本，強調需求因素導致的貿易量的增加，消費者的選擇，運輸成本，信息成本，消費者收入和偏好，服務種類消費環境等因素都會影響服務出口的貿易條件，所以，西方經濟學家認為僅從資源稟賦角度探討服務貿易優勢是不夠的，而更注重服務貿易的流向，從相關的市場結構和需求特徵角度來檢測服務貿易性質。

由於以上種種原因，有學者認為傳統貿易理論並不能恰當地解釋國際服務貿易。

持有這樣觀點的學者有：1979 年，R. 迪克（R. Dick）和 H. 迪克（H. Dick）是最早嘗試運用國際貿易原理來解釋服務貿易模式的學者；1985 年，桑普森（G. Sampson）和斯內普（R. Snape）根據國際服務貿易實例來解釋服務貿易模式；1988 年，美國經濟學家菲克特庫迪（G. Feketekuty）從服務貿易的特點出發分析服務貿易模式。

其主要觀點有：1979 年，R. 迪克和 H. 迪克在一篇論文中運用「顯示性比較優勢法（RCA）」來驗證知識密集型服務貿易的現實格局是否遵循比較優勢原理。他們對 18 個經濟合作與發展組織國家的資料進行了跨部門迴歸分析，其結果是，沒有證據表明比較優勢在服務貿易模式的決定中發揮了作用。儘管這一結果可以部分歸因於非關稅壁壘的存在，但他們仍然堅持當時流行的觀點，即「如果不考慮貿易扭曲，要素稟賦在服務貿易中沒有重要的影響」。

桑普森（G. Sampson）和斯內普（R. Snape）根據對國際服務貿易實例的研究認為，傳統的要素稟賦理論並不適合國際服務貿易，對傳統比較優勢理論的適用性提出了質疑。

菲克特庫迪（Feketekuty，1988）對此問題的分析是從服務貿易的特點出發的。他認為，服務貿易有諸多不同於商品貿易的特點：如服務貿易是勞動和貨幣的交換，而非商品與貨幣的交換；服務貿易中服務的生產和消費同時發生、同時結束；服務具有不可儲藏性；統計方式不同，服務貿易的統計方式反應在各國國際收支平衡表中，商品貿易的統計反應在各國海關的進出口統計中；服務貿易具有無形性。以上特點使得用來分析商品貿易的比較優勢理論不足以用來分析服務貿易。服務與商品具有明顯的差別。

二、比較優勢理論適用於國際服務貿易

另一種觀點則完全相反，認為比較優勢理論完全適用於服務貿易。沒有必要把服務貿易與貨物貿易完全分離。持有這種觀點的代表人物有：1981 年，薩皮爾（A. Sapir）和盧茨（Lutz）；1986 年，拉爾（Lall）；1991 年，法爾維（Falvey）、格默爾（Gemmell）、理查德·庫伯（Richard Kump）。

其主要觀點有：

薩皮爾（Sapir）和盧茨（Lutz，1981）對迪克等人的觀點提出挑戰，通過對 35 個國家的服務貿易數據進行定量分析，在通過一系列實證研究後得出：物質資本豐裕的國家在運輸服務部門具有比較優勢（運輸是一個物質資本密集型的部門），而人力資本豐裕的國家在保險、專利等服務部門擁有比較優勢（保險、專利、諮詢等服務是人力資本密集型的部門）。因此，這個實證分析得出的結論支持了比較優勢理論不僅適用於貨物貿易，而且適用於服務貿易領域的觀點。支持這一觀點學者還有豪克曼（BH. Hockman，1992）和卡森迪（G. Karsenty，1992）、高什（B. Chosh，1997）等人。

美國著名的國際經濟學家理查德·庫珀（R. Koope）認為，「作為一個簡單的命題，比較優勢說是普遍有效的，正如存在於商品生產中那樣，比較優勢也存在於服務貿易中」。

三、比較優勢理論的修正

第三種觀點介於前兩種觀點中間，即承認比較優勢理論在解釋服務貿易方面存在缺陷，但主張在利用國際貿易理論來解釋服務貿易時經過一定改進後，還是適用於服務貿易的。這種觀點得到了學術界大多數人的認可。

持這種觀點的代表人物有：巴格瓦蒂（Bhagwati, 1984）、迪爾多夫（Deardoff, 1985）、伯格斯（Burgess, 1990）、辛德利（Hindley）、史密斯（Smith）、塔克（K. Tucker）和森德伯格（M. Sundberg）等。

迪爾多夫（A. Deardoff）將 H-O 模型中的個別要素做了改變，成功地解釋了比較優勢理論在服務貿易中的適用性問題。1990 年，伯格斯（D. Burgess）對傳統的 H-O-S 模型進行了簡單修正，將生產者服務作為一種投入要素放入商品生產的成本函數中，發現各國生產者的技術和質量差異將影響該國商品生產的比較劣勢和貿易模式。他認為，服務貿易自由化和服務技術會改變出口國的貿易條件，提高出口國的整體福利水平。這個結論證明了傳統國際貿易理論是可以用來解釋服務貿易的。

長期以來，在國際貿易中，貨物貿易占主導地位，服務貿易為輔。隨著服務貿易的興起和發展，有關服務貿易的理論也開始逐漸發展。傳統貿易理論的實質在於各國利用本國比較優勢，實現貿易自由化，提高本國福利水平。世界各國通過實行包括服務貿易在內的自由貿易，必然促進經濟資源在各國間的合理分配，產生規模效應，達到各國經濟共同發展，整體福利提高的目標。

思考題

1. 簡述亞當·斯密的自由主張。
2. 簡述比較優勢的基本假設。
3. 簡述比較優勢適用論。
4. 簡述比較優勢不適論。
5. 簡述 H-O 模型的基本內容。
6. 探討克魯格曼新貿易主義對現代服務貿易的解釋能力。
7. 簡述弗農對當代貿易理論的貢獻。

第四章　國際服務貿易政策

由於國際服務貿易在對外經濟交往中占據了越來越重要的地位，各國都十分重視本國對外服務貿易政策措施的制定，使得服務貿易政策成了各國對外經貿政策的重要組成部分。

第一節　國際服務貿易政策概述

國際服務貿易政策是各國在一定時期內對服務貿易的進出口所實施的政策，是各國對外貿易政策及其經濟政策的重要組成部分，它與各個歷史階段的經濟發展特徵相適應。由於服務貿易的保護無法像商品貿易那樣依靠關稅制度，為此，各國服務貿易政策主要體現在國內立法、國內制度和政策措施方面，以及文化傳統、社會風俗等方面。

一、國際服務貿易政策

隨著服務貿易的拓寬和服務貿易的迅速發展，國際服務貿易政策也會隨之發展，新的國際服務貿易政策也將會不斷產生。

(一) 貿易政策

貿易政策是指一國為了某種目的而制定的、對外貿活動進行管理的方針和原則。貿易政策通常包括的基本因素有：①政策主體。這是指政策行為者及政策的制定者和實施者。②政策客體或政策對象。即貿易政策規範、指導、調整的貿易活動和從事貿易活動的企業、機構和個人。③政策目標。貿易政策行為是有目的的行動。貿易政策的內容首先是在一定政策目標的指導下確定的，政策目標是政策內容制定的依據。④政策內容。即貿易政策所涵蓋的方面和內容，實施什麼政策，針對不同的對象採取什麼樣的相關措施。⑤政策手段或政策工具。即為實現既定的政策目標、實施政策內容所採用的對外貿易管理措施，如關稅、非關稅等，也包括建立某些貿易制度。

(二) 國際服務貿易政策

隨著國際服務貿易與服務業對外直接投資的快速增長，其對各國國民經濟以及對外經濟交往的影響日益顯著，國際社會以及各經濟體越來越重視國際服務貿易政策的選擇以及制度建設。毫無疑問，國際服務貿易政策是各國在一定時期內對服務的進出口貿易所實行的政策，是各國對外經濟政策的主要組成部分，它與各個歷史階段的經

濟發展特徵相適應。

二、國際服務貿易政策目標的影響因素

國際服務貿易政策目標是一國經濟和貿易發展目標的重要組成部分，由於各國經濟發展的階段不同，服務業及服務貿易的實力不同，因此，各國服務貿易政策的目標取向也不同。

(一) 本國經濟發展戰略目標的影響

一國的經濟發展戰略目標是國際服務貿易政策目標取向的決定性因素。經濟發展戰略目標是全局的、長遠的目標，任何國內的經濟政策的目標，都必須服從和服務於這個根本目標。在經濟發展戰略目標中，經濟增長目標是最重要的目標，只有國內經濟增長能夠滿足國內需求，貿易的目標才能得到保證。因此，經濟增長目標直接決定著國際服務貿易政策目標。

(二) 經濟結構目標的影響

經濟結構目標是一項國際服務貿易政策目標的重要方面。經濟結構的產業結構和貿易結構的目標，會直接影響國際服務貿易政策目標的取向。一國在產業結構和貿易結構上所做的調整，會通過國際服務貿易的政策體現。在世界產業結構向第三產業變動的情況下，國際服務貿易政策目標受到經濟結構調整目標的影響越來越大。

(三) 服務業和服務貿易發展目標的影響

服務業和服務貿易發展目標是國際服務貿易政策確保的目標。因此，有什麼樣的服務業和服務貿易發展目標，就會有什麼樣的國際服務貿易政策。國際服務貿易政策是一國服務業和服務貿易發展目標的體現。

(四) 國際服務貿易市場狀況的影響

國際服務貿易市場狀況是制定國際服務貿易政策目標的主要考慮因素。國際貿易政策體現的是一國的國際利益，而國際市場尤其是國際服務市場的文化直接影響著一國國際利益的目標是否能夠實現。因此，國際服務貿易市場的現狀及變化趨勢必然要在制定國際服務貿易政策時給予考慮。

此外，在確定國際服務貿易政策目標中的國別貿易目標時，還要考慮到國家之間的關係。

三、貨物貿易政策與服務貿易政策的比較

多數情況下，各國政府對服務貿易的關注程度要比貨物貿易強烈得多，並且兩者之間的干預方式也有不同。

(一) 貨物貿易政策與服務貿易政策規範的對象不同

在對貨物貿易進行干預與管理時，政府通常把貿易的貨物作為規範的對象，只要不違背非歧視原則（該原則通過最惠國待遇條款、國民待遇條款和互惠待遇條款體

現），進口國可以要求進口產品達到其進口規定的標準，同時也可以徵稅；只要外國進口產品達到進口國規定的標準，出口國就擁有管理生產過程的權利，即便某種貨物不符合進口標準，進口國也只是將產品拒於本國關境之外，而不能對他國產品的生產過程進行指責。

而對於服務貿易，由於服務本質上是一個過程或一個執行特定任務的協議，這表明對服務貿易的干預必然涉及服務的生產過程而不是針對最終產品。服務的無形性、不可儲存性等特點帶來了服務最終產品的不可測量及其與服務提供者不可分割的困難。所以，調整服務貿易的政策規定大多是針對服務的生產過程或服務提供者的資格要求。

(二) 貨物貿易政策與服務貿易政策干預的方式不同

通常情況下，貨物貿易政策可以劃分為關稅政策和非關稅政策。關稅政策是調整貨物貿易各項政策中最早、最基本的重要調控工具，也是多邊貨物貿易協定中規範的重要內容之一。而關稅政策特別是從價稅政策在服務貿易政策中卻無一席之地，這也是因為關稅政策調整的是進出口關稅、具有物理形態的有形產品。而服務不具備關稅政策調整所必需的「有形」基礎，人們所能觀測到的僅僅是服務提供者或消費者的出入境而非服務本身，同時，某項服務貿易活動的價值或流量只有在生產或消費之後才能被獲知，海關與移民機關難以在服務提供者或消費者出入關境的這一階段估測其生產或消費的服務價值。

四、國際服務貿易政策的類型

一個國家在選擇開放其服務貿易的政策時可以表現為自由貿易政策與保護貿易政策兩種（這個分類將在本章的第二節和第三節予以詳述），以此為基礎，在國際服務貿易的實踐中，服務貿易的政策具體包括積極開放型政策、保守開放型政策和限制開放型政策。

(一) 積極開放型政策

積極開放型政策即自由貿易政策模式。採取這種政策的國家往往在服務貿易相關行業中具有比較優勢或競爭優勢，並擁有服務貿易出口大國的地位，其國內市場對各種服務貿易的需求發生較早、水平較高，生產能力也較強，存在著大量的過剩生產能力，需要國際市場提供發揮這些潛在生產能力的場所。主張積極開放型政策的國家，可以利用自己在國際服務貿易方面的優勢，通過主張服務貿易自由化，強制性地要求其他國家開放其國內的服務市場，從而為本國的經濟利益服務。

(二) 保守開放型政策

採用保守開放型政策的國家往往在相關行業中僅僅具有初步的國際競爭力，國內服務業市場供求大體平衡。一方面，國內市場是孕育其服務業的搖籃，為國內相關服務行業提供了基本的市場保障；另一方面，其生產能力正在開始立足國內、走向世界。因此，這類國家對國內市場的開放保持保守的態度，其戰略模式的指導思想是，借國內市場發揮服務生產潛力，逐步擴大，最終參與國際市場的激烈競爭。

(三) 限制開放型政策

限制開放型政策實際上是一種保護貿易型政策，即國家出於各種原因對國內市場進行嚴密的保護。由於各國已經處於全球經濟一體化的大背景下，受世界貿易組織國際規範的指導或約束，作為世界貿易組織的一個成員或者國際經濟社會的一個成員，斷然拒絕開放其服務貿易或明確表示不開放的國家極為少見。但是，在具體的開放政策上，限制開放的潛在內涵還是存在的。這裡所說的限制開放型政策是指那些出於國家經濟利益的考慮所表現出來的模式和特徵，它是國際貿易談判中所採取的一種策略，其目的在於提高本國在國際談判中的地位，把開放服務貿易作為一種談判的籌碼，並據此制定本國服務貿易的開放政策。

五、國際服務貿易政策的演變

不言而喻，國際服務貿易政策不會早於國際服務貿易，只會與之同時或稍晚一些。各國制定國際服務貿易政策的出發點是國際服務貿易對其政治和經濟等諸方面的影響，以及各國對待國際服務貿易的態度。不同時期和不同國家的國際服務貿易政策往往是很不相同的。

(一) 第二次世界大戰以前的國際服務貿易政策

國際服務貿易在早期規模比較小、項目單一，在服務貿易收入總額中，運輸服務和僑匯等相關的銀行服務就占70%以上。所以，在貿易政策上，早期的服務貿易限制較少，再加上當時的世界政治經濟體系主要由少數幾個工業發達國家所操縱，因此，在全球範圍內基本上採取的是服務貿易自由化政策。

(二) 第二次世界大戰以後至20世紀60年代之前的國際服務貿易政策

這段時期，西方國家為了重建經濟，從國外大量引進服務人員，歡迎技術轉讓和金融服務入境，並為之創造了良好的政策環境，於是，服務貿易進入了有組織的、商業利益導向的發展階段。這一階段，美國作為世界經濟的「霸主」，通過「馬歇爾計劃」和「道奇計劃」，分別對西歐和日本進行「援助」，伴隨著貨物輸出，大量的資金和技術等服務也輸往境外，並取得了巨額的服務收入。該階段也正是資本主義國家工業化過程的重要時期，為促進工業化的發展，這些國家對服務的進口幾乎都採取了非常積極的態度，發達國家總體上服務貿易壁壘較少，但發展中國家由於意識形態上的對立以及對國內經濟的保護，對服務貿易表現得並不積極，相反卻設置了重重障礙，限制境外服務的輸入。

(三) 20世紀60年代以後至20世紀90年代中期之前的國際服務貿易政策

在第三次科技革命的推動下，湧現出許多新的服務貿易內容，如電信、計算機軟件，甚至信息高速公路、多媒體技術、知識產權類服務及其他與現代生活相關的服務，上述新服務貿易內容中，有些則是在20世紀80年代末90年代初才興起的。在這個階段，世界經濟迅速發展，國際服務貿易外匯收入所占比重不斷增長，各國普遍意識到服務貿易外匯收入是一項不可忽視的外匯來源。同時，基於國家安全、領土完整、民

族文化與信仰、社會穩定等政治、文化及軍事目標，各國均對服務的輸出與輸入制定了各種政策，採取了各種措施，其中不乏鼓勵性質的，但更多的是限制性的，再加上傳統的限制性經營慣例，從而極大地制約了國際服務貿易的發展。

這個時期整個世界的服務貿易政策呈現出保護貿易政策的傾向，但是由於受到世界多極化趨勢的影響，該時期的服務貿易政策也呈現出兼顧貿易夥伴利益、維護協調發展的管理貿易傾向。

(四) 20世紀90年代中期以來的國際服務貿易政策

經過「烏拉圭回合」的艱苦談判，《服務貿易總協定》（GATS）終於達成，並於1995年正式運行。GATS的簽署和實施是國際多邊貿易體制推動服務貿易自由化的一個重大突破，它為參與服務貿易的國家和地區提供了服務貿易國際管理和監督的約束機制，為服務貿易的發展創造了一個穩定的、具有預見性的、自由貿易的法律框架，服務貿易逐步自由化的原則漸漸為世界各國所接受，國際服務貿易自由化進入到了一個新的階段。而且，在《服務貿易總協定》生效之後，WTO仍然不遺餘力地推進有關服務貿易方面的後續談判進程，儘管阻力重重，但也取得了一些階段性的成果，使國際服務貿易自由化的進一步前行有了更為堅實的基礎。

通過描述國際服務貿易政策的演變，我們可以得出兩點結論：

(一) 服務貿易自由化比商品貿易自由化更加困難

由於服務貿易項目繁雜、方式多樣，各國的經濟發展水平和具體情況不一樣，且各國國際服務貿易管理手段十分複雜，規範它的政策和法規也就層出不窮。如果說服務貿易自由化更多地體現於一些鼓勵性的措施與法規的話，那麼服務貿易的保護則一般依靠一國政府的各種法規和行政管理措施等非關稅壁壘來實施，很難對其加以數量化的分析。由於在壁壘和「合法」保護之間存在著許多灰色區域，所以服務貿易自由化目標的實現比商品貿易要困難得多，其中存在著較多的不確定性和主觀隨意性。

(二) 發達國家與發展中國家存在著利益博弈

一般來說，發達國家的國內服務業的競爭力較強，其主張服務貿易自由化，要求發展中國家開放服務市場，以便其具有優勢的服務業進入到發展中國家；服務業比較落後或某些服務部門不具備優勢的發展中國家，一般對發達國家的服務業進入本國服務市場設立各種法規和行政管理措施等限制性規定，但發展中國家在兩難博弈過程中，有時為引進外資和先進的服務，會以稅收減免等優惠政策鼓勵外國服務業進入本國市場。同時為促進本國經濟的發展，它們往往也開放本國的部分服務產品市場。通常情況下，各國在成熟產業或經濟實力強的部門和經濟狀況良好的時期推行自由貿易政策，而在幼稚產業、衰落產業或經濟實力弱的產業部門和經濟窘迫的狀況下實施保護貿易政策。

第二節　國際服務貿易自由化政策

倡導服務貿易自由化反應出來的一個顯著特點便是各國充分主張開放本國具有優勢的服務領域。各國普遍最為關注的是其服務貿易中增長最快的領域即生產者服務貿易的自由化，這種關注不僅反應在「烏拉圭回合」多邊服務貿易談判之中，也體現在理論研究的重點之中。

一、國際服務貿易自由化的內涵和衡量

與國際貨物貿易相比，各國服務貿易採取的政策措施所涉及的方面更為廣泛，也更為錯綜複雜，同時各國由於相互利益的不同，對服務貿易自由化的內涵、適用原則和期待在理解上就存在著較大的分歧。

（一）國際服務貿易自由化的內涵

對於服務貿易自由化，由於邏輯思維方式的不同，國外學者雖然從不同角度對服務貿易自由化問題進行了大量的探討，但是關於服務貿易自由化的概念卻未作任何正式定義與說明，國內學者對服務貿易自由化定義的理解也各有側重。

比如，謝康教授指出，「貿易自由化是指排除阻礙新的合格生產者進入市場的壁壘，刺激那些有能力提供優質服務的廠商擴大生產，同時迫使那些能力有限的廠商退出市場，因而貿易自由化是提高經濟效益的途徑之一」；比如，羅餘才教授認為，「在許多關於貿易政策的文獻中，『自由化』概念的含義不盡相同，一般來說，『自由化』都被理解為向『外向型』的轉變」。又如，張漢林教授將服務貿易自由化界定為：「一國政府在對外貿易中，通過立法和國際協議，對服務和服務有關的人、資本、貨物、信息在國家間的流動，逐漸減少政府的行政干預，放鬆對外貿易管制的過程」；「是以生產社會化程度的提高及社會分工的深入和擴大為前提，以實現資源合理、優化配置和獲得最佳經濟效益為目的，以政府對貿易的干預弱化為標誌的發展過程」。又如，範小新教授將服務貿易自由化定義為：「為實現自由服務貿易的目標，提高經濟效益、優化資源配置和經濟福利的經濟目標，以及實現國家利益最大化的總體目標，各國（含國家集團）通過各種途徑在本國並促使其他國家採取減少直至最終消除妨礙服務貿易自由、公平市場競爭的法律和規定，建立並維護服務貿易自由、公平的市場競爭規則的充滿矛盾和衝突的曲折過程」。

雖然不同學者對服務貿易自由化的理解不盡相同，但服務貿易自由化可以從三個方面進行廣義的解釋，即一國的服務貿易傾向中性、自由和開放。「中性」是指在服務業的進口部門和出口部門中採取不偏不倚的均衡優惠政策；「自由」是指政府對服務貿易的干預有所減少；「開放」是指服務貿易在整個經濟中的地位提高，即在 GDP 中所占比例的提高。

(二) 國際服務貿易自由化的衡量

從以上內涵可以看出，服務貿易自由化可以從以下三個方面來進行衡量：①將是否提高或改善效率（或一般地說是經濟福利）作為衡量貿易自由化的尺度；②將服務貿易是否更容易開展、服務貿易壁壘是否消減作為外部標誌；③服務貿易自由化是一個過程，需要體現服務貿易政策漸進的動態發展過程。

二、國際服務貿易自由化的發展歷程

國際服務貿易自由化的發展主要經歷了以下幾個階段：

(一) 20世紀30年代至第二次世界大戰之間

從20世紀30年代開始，服務業在各國經濟發展中的地位越來越重要，服務在就業和國內生產總值中的比重也一直在不斷提高。為發展本國服務業和服務貿易，規範國際服務貿易，世界各國簽訂了一系列的多邊國際公約和協定，這些協定中的大部分屬於國際服務貿易的技術性規範，而且主要集中在國際運輸部門以及國際運輸相關的領域，如1923年簽訂的《國際海港制度公約》，1929年在華沙簽訂的《統一國際航空運輸某些規則的公約》，1944年在芝加哥訂立的《國際民用航空協定》《國際航空運輸協定》和《國際航班國境協定》等，這些公約和協定為國際貿易的自由化發展奠定了基礎。

(二) 第二次世界大戰後至20世紀90年代中期

第二次世界大戰後，世界經濟貿易中區域一體化和貿易集團化的趨勢加強，各經濟集團開始努力消除服務貿易中非關稅壁壘，推進服務貿易自由化的發展。1948年簽訂了《國際海事組織公約》；1950年9月，歐洲經濟合作組織成員國締結了一個多邊結算協議——《歐洲支付協定》，同時接受了成員國提出的《無形貿易自由化法案》；1951年，訂立了《國際公路貨物運輸合同公約》；1957年達成了《關於建立歐洲經濟共同體條約》；1959年，《無形貿易自由化法案》又得到了進一步完善；1970年，訂立了《鐵路貨物運輸國際公約》；1973年，訂立了《關於建立加勒比海共同市場條約》；1975年，訂立了《關於建立西非國家經濟共同體條約》；1978年，訂立了《聯合國海上貨物運輸公約》；1979年，訂立了《商標註冊用商品和服務國際分類尼斯協定》；1982年，訂立了《國際電信公約》；1992年，訂立了《北美自由貿易協定》等，這使得各區域在服務貿易自由化和服務貿易一體化方面實現了突破性的進展。

這個時期，需要特別討論的是美國。全球服務貿易自由化最初是由美國積極倡導的。1979—1982年資本主義經濟危機後，美國經濟恢復與增長緩慢，雖然美國國際貨物貿易赤字逐年加大，但服務貿易卻是連年順差。儘管美國於1985年從世界上最大的債權國變為債務國，但美國仍然希望打開其他國家的服務貿易市場，通過大量的服務貿易順差來彌補貨物貿易逆差，發揮自身優勢從而來推動其經濟增長，而各國對服務貿易不同程度的限制，則成為美國利益最大化的障礙，所以，美國積極倡導實行全球服務貿易的自由化，也因此在關稅與貿易總協定1973—1979年的東京回合談判中，美

國就開始推動把服務貿易納入多邊貿易談判的範疇。1986年開始的關稅與貿易總協定「烏拉圭回合」談判中，開始將服務貿易作為三項新議題之一（另兩項新議題分別為：與貿易有關的知識產權保護；與貿易有關的投資措施）列入「烏拉圭回合」多邊貿易談判議程，拉開了服務貿易首次談判的序幕。

(三) 20世紀90年代中後期至今

1994年，關貿總協定「烏拉圭回合」談判達成了《服務貿易總協定》（GATS），並於1995年正式生效。GATS的簽署和實施是國際多邊貿易體制服務貿易自由化的一個里程碑，它為參與服務貿易的國家提供了服務貿易國際管理和監督的約束機制，為服務貿易的發展創造了一個穩定的、具有預見性的、自由貿易的法律框架，服務貿易逐步自由化的原則為世界各國所接受，國際服務貿易獲得了一個嶄新的發展空間。此後，區域自由貿易安排的興起，使服務貿易自由化程度超過了GATS，並進一步降低了區域服務貿易的壁壘。

從上面的發展歷程可以看出，國際服務貿易自由化的發展並不是一帆風順的，也受到許多的限制和阻礙，並且關於服務貿易開放的得失問題難以統一具體到不同的行業，關於行業是否開放以及如何開放的爭論也十分激烈，但國際服務貿易自由化的發展仍然是當代世界服務經濟發展的重要特徵，也是世界經濟一體化和市場化在國際貿易領域的反應。理論界對服務貿易發展的自由化趨勢都深信不疑。

三、國際服務貿易自由化的理論基礎

儘管國際貨物貿易與國際服務貿易有很大的區別，但是國際貨物貿易的理論也同樣適用於國際服務貿易。以亞當·斯密和大衛·李嘉圖為代表的古典經濟學家主張國際貿易自由化。主張國際服務貿易自由化的人們認為，那些在服務業方面擁有比較優勢的國家應擴大其經濟及出口中服務所占的比重，其他國家則應開放本國的服務市場，而發展其他部門的產品生產與出口；或當各國在不同的服務行業擁有比較優勢時，各自集中提供自己所擅長的服務與別國的其他服務相交換，進行服務業的內部貿易。這樣必然會提高世界整體的資源配置效率，從而使有關各方均能受益。

國際服務貿易占世界貿易總額的比重越來越大，服務貿易的自由化將極大地促進國際貿易的發展，使其在世界經濟中佔有更高的地位。此外，諸如投資服務、人員流動、技術服務等所謂的要素服務已屬於生產要素的國際流動的範圍，它對世界生產與貿易格局變化的影響要遠比國際貨物貿易深遠，標誌著國際經濟聯繫的不斷加強及生產和分工國際化的進一步深化。國際服務貿易的發展對國際經濟關係的影響實際上比其表面數字所體現的意義重大得多。

國際服務貿易自由化對促進國際貨物貿易的開展也具有十分重要的意義。有許多服務如國際運輸、維修服務、廣告、營銷服務等都是與國際貨物貿易密切關聯的，另外有些服務如交通運輸、保險、金融、技術、電力等則屬於商品生產中不可缺少的投入。國際服務貿易的發展會提高這些部門的效率，降低其成本，從而促進國際貨物貿易的進一步發展。

關於國際服務貿易的自由化，國際上基本上持有兩種態度：一種是向所有的外國服務及服務提供者開放本國服務市場，稱為「無條件的服務貿易自由化」；另一種是根據每個國家給予本國服務及服務提供者的待遇來決定本國給予對方國家服務和服務提供者的待遇的服務貿易自由化，即所謂的「對等原則」。若某個國家對本國的服務和服務提供者採取自由開放的態度，則本國也對他國的服務和服務提供者開放服務市場。反之，若某個國家對本國的服務和服務提供者實行限制政策，則本國也限制他國服務和服務提供者的進入。很明顯，「對等原則」實際上是對無條件的最惠國待遇原則的退步。但許多國家（特別是發達國家）無條件的自由化原則已逐漸被「對等原則」代替。

四、國際服務貿易自由化的影響

這裡是從國家整體角度探討國際服務貿易自由化的宏觀影響。不論對發達國家還是對發展中國家，服務貿易都是一把「雙刃劍」，它既可能因為能夠提高國家競爭力而又維護國家安全，也可能危及國家安全和主權。一般情況下，一個國家實施服務貿易的自由化要考慮兩個方面的影響：一個是對國際競爭力的影響，另一個是對國家安全的影響。

（一）國際服務貿易自由化對國家競爭力的影響

這裡的國家競爭力指國家的經濟競爭力，尤其是指國民經濟中服務業的競爭力，一國競爭力強，其經濟競爭力也會很強，同樣其國民經濟中服務行業的競爭力也不會很弱。

服務貿易自由化推動服務部門專業化的發展，而服務部門專業化一方面產生規模經濟效應，另一方面導致服務部門技術標準化和服務綜合化。這些均構成一國服務部門競爭力的基礎。政府在權衡國家安全利益和服務貿易利益時將隨時間而波動，有時可能更多地強調國家安全利益，有時則更多地考慮維護或提高競爭力。比如，軍用信息技術往往領先於民用信息技術，一旦前者轉化為後者，將會極大地推動工業、服務業，特別是服務貿易的發展，但當國家安全的要求特別強烈時不僅限制軍民兩用信息技術出口，而且還限制這種轉化，最終可能損害國家經濟競爭力。

上面的分析是建立在服務貿易自由化可以提高競爭力的假設基礎之上的，這種假設先後被邁克爾·波特等經濟學家從不同角度給予理論分析和數據論證。獲得低成本優勢和尋求產品差異性是服務貿易自由化提高廠商乃至國家經濟競爭力的基礎。在此基礎上，服務貿易給予廠商或國家競爭優勢的基本要素可分解為六個：①服務技術（高技術）要素；②服務資源要素；③服務管理要素；④服務市場要素；⑤服務資本（投資）要素；⑥服務產品要素。波特將上述六個要素與其提出的國家競爭優勢組合理論結合起來，認為生產需求條件、相關支持產業、企業戰略、結構和同業競爭、機會和政府構成一國競爭力的基本因素。

（二）國際服務貿易自由化對國家安全的影響

在服務貿易自由化的進程中，一個最為敏感的問題就是國家安全問題。國家安全涉及五種基本的國家利益，即政治利益、經濟利益、軍事利益、外交利益和文化利益。

國際服務貿易自由化比國際貨物貿易自由化更多地涉及國家安全問題。下面就從國際服務貿易自由化對發達國家安全和對發展中國家安全的影響進行分析。

1. 國際服務貿易自由化對發達國家安全的影響

對於發達國家，國際服務貿易自由化主要從以下幾個方面影響著國家安全：

（1）可能削弱、動搖或威脅國家現有的技術領先優勢，提高競爭對手的國家競爭實力。

（2）可能潛在地威脅國家的戰略利益，特別是潛在地威脅國家的長遠軍事利益。因為，服務優勢有助於國家在未來的信息戰中取得軍事上的比較優勢或絕對優勢。

（3）可能造成高科技的擴散而給國家安全造成潛在的威脅。因為服務貿易中包含大量的高技術要素或信息，一旦這些要素或信息擴散到其他國家或被恐怖組織掌握，則可能危及國家安全或民族利益。

（4）可能危及本國所在的國際政治與經濟聯盟的長遠利益。

基於這些理由，發達國家或技術領先國家認為有必要長期保持其在國際市場中的技術領先地位，以此獲得最大的國家政治、經濟和外交利益，並期望通過限制先進技術等服務的出口，以長期保持其對技術落後國家的信息優勢。於是，發達國家就出抬了各種限制先進技術服務出口的政策措施。

2. 國際服務貿易自由化對發展中國家安全的影響

對於廣大發展中國家，儘管他們迫切需要進口包含大量先進技術信息的現代服務，但又不能不考慮進口服務帶來的各種困難以及危及國家安全的負面影響。印度學者 V. 潘查姆斯基將服務貿易自由化對發展中國家的影響概括為以下九個方面：

（1）使發展中國家喪失其對經濟政策的自主選擇權。發展中國家目前許多通行的管制是為了加強對國內服務部門的控制、發展服務業以使出口多樣化。

（2）將進一步加深發展中國家對發達國家的經濟依賴，使其幾乎喪失執行符合本國利益的國內政策的空間。

（3）使發達國家金融機構憑藉其在金融服務和國際貨幣發行領域的優勢，削弱發展中國家政府在金融貨幣管理領域發揮的積極管理作用。

（4）由於發展中國家與發達國家在貨物與服務生產率的差距日益擴大，服務貿易自由化將使發展中國家在服務貿易領域依賴發達國家，並最終使發展中國家服務業的國際化程度變弱。

（5）發展中國家一旦放棄服務貿易的控制權，他們的新興服務業如銀行、保險、航運、電信和航空等將直接暴露於發達國家廠商的激烈競爭中。

（6）使作為最大服務進口者的發展中國家短期內可能以兩種方式影響其國際收支：①可能導致在國內市場上國內服務供應商被國外服務供應商所取代。②可能形成以進口服務替代國內服務使進口需求增加。

（7）可能從多方面影響國內就業。有研究表明，低收入國家服務部門使用的勞動力超過發達國家服務部門使用的勞動力的兩倍，服務貿易自由化對發展中國家就業的影響顯然要大大超過發達國家。

（8）信息服務跨國流動不但導致一種依賴，而且可能損害國家主權。信息服務貿

易自由化的嚴重影響有兩點：①信息服務業（包括信息傳輸網、網絡終端、計算機服務和信息基礎設施等）高度集中於發達國家，由於電信成本下降，許多發展中國家的公司將會發現，通過海外信息服務業有其自身的設計、計算和加工數據庫將更為經濟且方便，這種信息的大量外流造成國家信息資源嚴重損失。②信息服務貿易依賴性使發展中國家更容易受到發達國家的壓制，因為那些對於發展中國家經濟發展意義重大的核心信息資料，可能由於政治、經濟或其他原因而受到他國政府的控制。

（9）服務貿易自由化可能會損害發展中國家的國家利益和消費者利益。

然而，需要指出的是，以國家安全或其他理由對本國服務貿易進行出口控制或進口限制的保護政策，都將面臨一定的保護成本。所以，無論是發達國家還是發展中國家，都要面臨在國家利益、國家安全利益與服務貿易利益三者之間進行權衡取捨的問題。

總之，服務貿易自由化既對國家競爭力的提高發揮著越來越強烈和越來越廣泛的影響，又與一些敏感性問題如國家安全特別是經濟安全和文化安全密切相關。正因為如此，目前還沒有一個國家願意完全開放本國服務市場，也沒有一個國家傾向於執行嚴格的服務進口替代政策。

五、國際服務貿易自由化的政策取向

當今世界，不同類型的國家對國際服務貿易自由化的政策取向可分為以下兩種：

（一）發達國家國際服務貿易自由化的政策取向

發達國家對發展中國家開放本國服務市場的條件是以服務換商品，即發展中國家以開放本國服務市場為交換條件要求發達國家開放其商品市場，而對於同等發達國家或地區，則需要相互開放本國服務市場，這就是所謂的「服務貿易補償論」。發達國家自由化服務貿易政策主要體現在：①以開放本國商品市場為條件要求發展中國家開放本國服務市場。②對於同等發達程度的國家或地區，則需要相互開放本國市場。③以維護國家安全和競爭優勢為理由，對其服務出口採取管制措施。

此外，發達國家還以維護國家安全和競爭優勢為借口，強調有必要對本國服務出口採取管制政策。需要指出的是，發達國家強迫其他國家開放服務市場，以及限制本國涉及敏感性問題的服務出口，都是以他們自身的利益為出發點。對此發展中國家應採取相應的對策。

（二）發展中國家國際服務貿易自由化的政策取向

很明顯，不能簡單地就國際服務貿易自由化是否符合發展中國家的利益得出結論。然而，在服務貿易自由化的大趨勢下，發展中國家能否從中獲利，在很大程度上取決於自身的政策取向。

1. 發展中國家實施服務貿易自由化政策應考慮的因素

（1）提高生產性服務的競爭力

發展中國家的服務業立足點應當放在促進整個經濟發展上，現代服務貿易的核心是以信息技術服務為主體的生產性服務，信息化服務國際競爭力的提高則是與整個社

會生產力發展水平相聯繫的。即使是在發展中國家，服務貿易較強的國家也往往是貨物貿易中較強的國家。因此，發展中國家不能把服務業和物質生產割裂開來，應當特別重視生產性服務的發展，把服務業的發展與物質生產發展有機地結合起來，相互促進，相互支持，讓服務業在經濟發展中發揮積極作用。這樣一方面生產性服務的發展有助於提高商品出口的競爭力；另一方面生產性服務自身競爭力的提高又可以改善服務出口結構，減少對外國服務的依賴。

(2) 增強本國勞動力的素質

在知識經濟時代，比較勞動力的優勢不僅要看其價格，更要看其素質。發展中國家勞動力雖然成本低，但文化技術素質相對較低，多從事勞動密集型即低附加值服務；發達國家勞動力雖然成本較高，但從事的是高附加值的知識技術密集型服務，創造的價值高，所以發展中國家必須努力提高勞動力的素質。雖然首先發展勞動密集型服務是一般發展中國家進入國際服務市場的必經之路，但必須明確，發展勞動密集型服務不是目的而是手段，是為將來提高服務的技術層次累積資金創造條件。

(3) 提升服務的技術層次與水平

發展中國家應該在開放的基礎上提高服務的技術層次，充分發揮服務貿易作為技術轉讓的作用。在服務競爭自由化過程中，對發展中國家的經濟安全和國家主權衝擊最大的是通信、金融、計算機服務等高技術信息化領域。而發展中國家又最需要引進這類服務，培育自己的高技術服務業。發展中國家在建立高技術服務業的初期，採用吸引外國直接投資的方式引進高技術服務較為有利。而採用貿易形式引進高技術服務只能得到結果，不能引進生產過程，反而容易造成對進口的依賴，不利於發展中國家的高技術服務業從無到有的發展。當然，引進高技術服務業的直接投資又會涉及一系列有關國家主權和安全方面的問題，這就要求發展中國家採取適當的政策措施，趨利避害。

(4) 獲取國際服務貿易自由化談判的主動權

在服務貿易自由化的國際談判中，發展中國家處於被動地位。發展中國家應當在堅持差別待遇的原則基礎上對現有的服務貿易壁壘做出自己的分析，提出積極的建議。發展中國家在服務貿易自由化國際談判中的主要目標應該有兩個：一個是維護對本國服務業進行適度保護的權利；另一個是為提供本國服務業走向世界爭取有利的條件。

2. 發展中國家開放服務市場的步驟

(1) 逐步放鬆對國內服務市場的管制

對於大多數發展中國家來說，放鬆對本國服務市場的管制是服務貿易自由化的首要步驟。在該階段，發展中國家面臨的主要問題是，如何在放鬆管制與允許外國服務企業進入之間做出選擇。對於發展中國家來說，服務貿易自由化應是一個漸進的過程，不可操之過急，那些推進本國服務市場特別是金融服務市場自由化過快的國家勢必要接受開放過度所帶來的重大金融挑戰。

(2) 逐步開放本國商品貿易市場，降低商品關稅水平

開放本國商品貿易市場是開放服務市場的充要條件。其原因是，如果本國商品貿易被關稅扭曲，允許本國服務貿易自由化將比在閉關自守情形下的損失更大，而且小

國的損失比大國更大。以信息服務貿易為例，現代信息服務貿易自由化就應與現代信息產品貿易自由化相適應。發達國家已大幅削減其在信息產品上的關稅水平，部分新興工業化國家和地區也對信息產品貿易採取了低關稅政策，為這些國家和地區推行信息服務貿易自由化做好了準備。然而，大多數發展中國家在信息產品上的關稅水平依然很高，如果要求這些發展中國家也像發達國家或部分新興工業化國家和地區那樣開放本國信息服務市場，其結果對發展中國家來說將是災難性的，至少本國因此而獲得的福利收益不會比不這樣做更好。這都表明，發展中國家甚至多數新興工業化國家和地區在服務貿易自由化方面還要走很長的路。

（3）逐步開放服務產品市場，減少服務產品領域非關稅壁壘

理論研究表明，一國開放服務產品市場與開放服務要素市場的不同順序將會給國家帶來不同的福利影響，同時，不同順序的政策選擇帶來的收益又會因不同的環境限制而有所不同。在服務貿易領域，由於服務對於國家安全的重要性，將之放在商品市場的開放之後是合適和穩健的政策選擇。發達國家也沒有完全對外國服務提供者開放。

（4）逐步開放服務要素市場，減少貿易壁壘

服務要素主要包括技術、資本和管理等。一旦發展中國家開放本國服務要素市場，就離實現服務貿易自由化的目標不遠了，開放服務要素市場意味著國內服務競爭力的增強。即使發達國家也沒有完全開放本國服務要素市場，限制勞動力跨國提供服務的措施依然大量存在，在歐盟成員國中尤其如此。逐步減少或拆除服務產品即服務載體貿易上的各種壁壘，是發展中國家服務貿易自由化進程中的一項重要內容。

（5）服務貿易自由化需要逐步推進

發展中國家的服務貿易自由化進程需要逐步推進，才能享有較大的政策操作空間。只要所採取的政策措施得當，發展中國家在服務貿易自由化中獲得的收益就有可能超過損失。

總之，發達國家採取提高競爭力的放鬆出口管制政策，發展中國家採取放寬進口限制的漸進式的自由化政策，構成國際服務貿易自由化進程的第一步。出於國家安全和競爭力的考慮，服務貿易既不可能出現古典式的純粹自由貿易，也不可能出現如傳統的工業進口替代那樣的保護貿易，有管理的服務自由貿易最有可能成為各國發展的預定目標，但這些也需要經歷一個漫長的過程。

第三節　國際服務貿易保護政策

雖然服務貿易自由化能夠給貿易參加國帶來種種好處，然而在現實經濟中，服務的國際貿易與商品的國際貿易相比存在著更多的障礙，服務業也因此成為各國國內受保護程度最高的行業。與貨物貿易有所不同的是，由於服務產品的非儲存性、產銷不可分離性及部門的敏感性等特點，服務貿易領域中保護貿易政策實施的範圍更為廣泛、影響更為深遠、形式更為隱蔽、手段也更為多樣化。

一、實施國際服務貿易保護的原因

各國之所以採取服務貿易保護措施，主要是出於以下幾個方面的原因：

（一）減輕國內就業壓力

服務業是吸納就業人數最多的產業，所以，增加本國國民的就業機會、充分保護國內勞動力市場，對於維護一國經濟和政局的穩定具有直接的影響。如果一國開放國內勞動力市場，會吸引境外移民的湧入，尤其是發展中國家的廉價勞動力必定會給工業化國家某些產業部門的就業工人造成巨大的壓力，從而減少本國國民的就業機會。

（二）保護國內幼稚服務業的建立和發展

發展中國家的銀行、保險業以及發達國家的新興服務行業屬於保護傾向較高的行業。發達國家和發展中國家都有著相應的擔心，其中，發達國家擔心來自集團內部的競爭會導致本國優勢的喪失；發展中國家在認識到服務貿易對於促進其經濟發展重要性的同時，主要擔心開放服務市場後，來自發達國家的衝擊會阻礙民族服務業的發展，更加弱化國民經濟中的薄弱環節，造成對外國服務的依賴以及本國服務的更加落後。

（三）維護本國消費者利益

為防止外國企業在本國市場上壟斷價格，對本國消費者給予不公平待遇，可以對外國企業在本國的活動實施各種強制性的檢查和監督措施。

（四）維持國際收支平衡

一國的國際收支平衡反應著其對外貿易經濟關係的利益和穩定，加強對金融市場的國家干預可以維護國內的金融秩序。所以，各國在制定服務貿易開放政策時，都會對此給予充分的重視。

（五）保護本國民族文化和社會利益

對於關乎一個國家民族文化和社會利益的服務行業，例如衛星電視、電影和廣告業等，該國會不同程度地實施嚴格的管制。

（六）維護國家主權和國家安全

對於關係到國計民生的重要服務行業，如郵電、通信等，一般都禁止或限制外國企業參與競爭。這是出於對整個國家對外關係戰略的考慮。

由於存在較大的利益分歧，發達國家與發達國家之間、發達國家與發展中國家之間對服務貿易的開放領域爭論很大，矛盾也很尖銳，目前只能依靠雙邊或多邊貿易談判來達成妥協。國際服務貿易與國際貨物貿易干預的方式也不同，貨物貿易壁壘同時使用關稅與非關稅壁壘，而關稅壁壘不適用於服務貿易，只能以國內立法或政策為主的非關稅壁壘形式實施。

二、國際服務貿易壁壘

(一) 國際服務貿易壁壘的內涵和目的

1. 國際服務貿易壁壘的內涵

國際服務貿易壁壘一般是指一國政府對外國服務生產者或提供者的服務提供或出售所設置的有障礙作用的政策措施，即凡直接或間接地使外國服務生產者或提供者增加生產成本或銷售成本的政策措施，都有可能被外國服務廠商視為國際服務貿易壁壘。國際服務貿易壁壘也包括出口限制。

在該定義中，國際服務貿易壁壘僅僅對國外的服務生產者增加負擔，並且「壁壘」一詞是指貿易政策中貿易保護主義措施的體現。服務貿易壁壘可以採取如同商品貿易中的數量限制的形式控制外國公司提供的服務，甚至禁止外國公司提供某些領域的服務。服務貿易壁壘也可以是限制外國公司的經營業務範圍，要求服務提供的數量及質量。同樣，政府對信息、資本、人員以及攜帶信息的商品移動所實施的限制措施也是一種服務貿易壁壘，因為它為國外服務生產者設置了一種障礙，並達到了限制服務貿易的目的。

需要注意的是，並不是一切限制服務進口的措施都是服務貿易壁壘。雖然它對國內和國外的服務生產者實施不同的規章制度來區別管理，但是，實施這種有區別的規章制度來進行管理的目的不是歧視國外的服務，而是為了達到國內的政治經濟目標。相反，在某些情況下，對外國和本國廠商採取相同的法規，但對外國廠商卻具有高度的歧視性，這種措施也應被視為服務壁壘。另外，還要注意的是投資壁壘通常在一定程度上也是服務貿易壁壘，因為投資和服務是密不可分的，投資壁壘自然而然地將對服務貿易產生限製作用。

2. 國際服務貿易壁壘的目的

設置國際服務貿易壁壘的目的通常有兩個：一是扶植本國服務部門，增強其競爭力；二是抵禦外國服務的進入，削弱外國服務的競爭力，保護本國服務市場。

(二) 國際服務貿易壁壘政策措施的實施

涉及國際服務貿易壁壘政策措施的實施通常有兩種情況：一種是為了直接限制國外企業進入國內服務領域而頒布的政策與法規，如限制外國銀行在國內的業務範圍；另一種是為了國內其他政治、經濟目標而頒布的政策與法規，這些政策與法規在實施過程中，間接地限制了國際服務貿易，如一國嚴格的出入境管理規定。任何政策與法規都有兩面性，對扶持和發展本國服務業有效的政策，卻可能對國民經濟其他行業的發展造成傷害，如對國外金融機構介入的限制，將使本國外資利用和國際經濟合作發展方面受到影響。一些為協調國內政治和經濟目標的政策措施，有時卻對本國服務業發展帶來不良的影響，如嚴格的出入境管理規定可能影響國際旅遊業的發展。

(三) 國際服務貿易壁壘的特點

1. 涉及國際服務貿易壁壘的政策以國內政策為主

由於服務貿易要涉及人員過境，並在一國境內發生，因此，服務貿易的政策也以

國內政策為主，有較多關於「人」（包括自然人與法人）的資格與活動的限制規定，其中包括有關接受外國直接投資的政策、移民政策以及國家電信服務方面的管理法規等。

2. 國際服務貿易壁壘涉及面廣泛，協調難度大

服務貿易包括150多個具體的服務行業，涉及第三產業的各個層次。並且，對於服務貿易中的每一個具體項目，都可能存在各國的發展水平不一、所實行的制度規則不同、對外國進入的開放程度與限制措施各異的情況，又由於存在著政策透明度要求，有可能違反各國的主權與安全原則，以及各國國內規章制度缺乏可比性，所以致使協調統一各國服務貿易政策制度的難度大。

3. 國際服務貿易壁壘的隱蔽性強

由於服務貿易的標的——服務比較複雜，各國對本國服務業的保護無法採取關稅壁壘的方式，因此只能採取在市場准入方面予以限制或在進入市場後不給予國民待遇等非關稅壁壘方式。非關稅壁壘相對關稅壁壘來說具有較大的不透明性，這使得國際服務貿易壁壘也具有很強的隱蔽性，從而使得很難在帶有歧視性的貿易壁壘與對服務業的政策管理措施之間做出明確認定。

4. 國際服務貿易壁壘的保護性強

由於各國（尤其是發展中國家和發達國家之間）服務業的發展程度存在較大的差別，同時，服務業涉及一國的國家經濟安全和政治利益，所以各國設置的服務貿易壁壘的保護性普遍較強。在高強度的保護措施下，外國服務提供者或許不能進入本國市場，或許雖然能夠進入本國市場，但是仍在國內立法方面設置重重壁壘，以提高服務生產者提供服務的成本，削弱其競爭力，直至其自動退出本國市場。

5. 國際服務貿易壁壘的靈活性強

由於服務貿易壁壘具有很強的隱蔽性，其可以表現為一國的法律性措施，也可以表現為一國的政策性措施或行政性措施，或表現為一國的消極怠慢行為。這些措施既可以針對外國服務對本國的市場准入，也可以針對外國服務進入本國市場後應採取的經營管理形式和方法，因此選擇性很廣。一國可根據自己的需要，靈活選擇使用適當的壁壘形式。比如，對於外國的信息服務，一國既可以不允許其進入本國市場，也可以在其進入本國市場後，要求其必須接受本國對其信息服務內容的審查，並必須使用本國的傳輸服務等。

6. 國際服務貿易壁壘的互動性強

在國際服務貿易所涉及的服務各要素中，只要對其中的一種要素設置障礙，就可能會影響其他要素的流動，進而影響到整個服務貿易。比如，由於服務投資要靠人來管理和經營，所以，如果只允許資本流動，但不允許有關經營管理人員進入東道國，就會使整個投資所追求的效果無法實現；相反的情況是，如果只允許自然人流動，而不允許資本流動，就無法實現在東道國的規模化服務貿易，並給人員提供服務帶來場地、設施、媒介等方面的困難。如果限制信息的流動，就會使大量的依賴於信息傳遞的服務無法實現，這時，即使人員、資本、貨物能夠流動，但這種流動已不具有服務貿易的意義。

7. 國際服務貿易壁壘與投資壁壘聯繫密切

由於消費的當地化傾向，服務貿易與投資通常是密不可分的，因而服務貿易壁壘也往往與投資壁壘交織在一起並通過投資壁壘實現。無論是發達國家還是發展中國家，服務業的投資活動都受到比其他產業更嚴格的限制。服務業的直接投資不僅受制於東道國的投資政策，而且還受到國家安全戰略乃至社會文化政策的約束。各種投資的壁壘在一定程度上就是服務貿易壁壘。

8. 國際服務貿易壁壘強調國家的安全與主權利益

儘管服務貿易已被納入世界貿易組織的法制框架，但要在敏感的服務貿易政策問題上取得突破仍困難重重。實踐中很多服務貿易的壁壘都是以維護國家主權與安全的名義制定的，真實的目的與作用卻是保護本國的服務市場及相關產業的發展。所以，除了商業貿易的利益外，國際服務貿易壁壘還強調以國家的安全與主權利益等作為保護的目標。

（四）國際服務貿易壁壘與貨物貿易壁壘的比較

1. 國際服務貿易壁壘與貨物貿易壁壘的比較

由於服務產品的無形性和異質性，服務貿易壁壘與貨物貿易壁壘相比要複雜得多。兩者之間的區別主要體現在以下幾個方面：

（1）貨物貿易壁壘是邊境壁壘，服務貿易壁壘則超越了邊境措施，大部分屬於國內管制措施。這些國內管制措施涉及的範圍十分廣泛，從競爭政策到資格認證，從服務本身到勞動、資本等要素流動，都可能構成服務貿易壁壘。服務貿易壁壘的超邊境性並不意味著海關對於服務貿易沒有作用，相反海關在服務貿易監管方面有著不可低估的影響。比如，國際運輸服務本身需要經過海關，直接受到海關監管制度的制約。

（2）貨物貿易壁壘只是針對貨物本身，與貨物生產沒有關係，服務貿易壁壘則主要針對服務提供者和服務消費者。

（3）某些服務貿易壁壘和貨物貿易壁壘相似，如禁止外國廠商提供本國的一些法律、保險、教育、調查和投資諮詢、基礎電信、運輸等服務，外國廠商在本國公司中的股份限制，不允許某些國外專業服務人員的進入等，都可看成是限額類數量型壁壘。而在自然人移動服務貿易中，對外國服務人員收取的護照和工作許可證費、出入費、歧視性的機場和港口停靠費等都可以看成是關稅型壁壘。對外國專業服務人員的資格認證、對運輸和旅遊服務者的環境標準、生態標籤制度等都可看成是技術型貿易壁壘。當然在服務貿易壁壘中，還有一些特殊的措施，如對外國服務者進入本國電信、空運、廣告、保險和其他分銷、配送網絡的真實性限制等都是貨物貿易壁壘沒有的。

2. 國際服務貿易壁壘與服務管制措施的比較

兩者之間的區別主要體現在以下兩個方面：

（1）兩者的目的不同。服務貿易壁壘的目的是保護本國生產者的利益，而服務管制措施是保護消費者的利益及公共利益。

（2）不適度、不透明、低效率的服務管制措施會演化成服務貿易壁壘。適度的管制有利於糾正市場失靈導致的環境、公平以及社會等問題。如，對網絡服務業（電信、

電力等自然壟斷行業）的適度管制會促進競爭，限制市場壟斷力量，有利於保證服務價格的競爭性；專業服務部門的管制有利於保證專業的服務質量；交通服務的管制有利於保證運輸安全；等等。然而，過度的、不足的、不透明的、低效率的服務管制措施將會演化成服務貿易壁壘，如不全面的知識產權保護制度、過度的資格審查要求、模糊雜亂的申請程序、拖拉的辦事流程等都會阻礙國際服務貿易的順利實施。

三、國際服務貿易壁壘的種類

目前，國際服務貿易的壁壘已多達2,000種。與貨物貿易壁壘相似，服務貿易壁壘也大致劃分為關稅與非關稅壁壘兩大類；與貨物貿易不同的是，非關稅壁壘在服務貿易理論分析中佔有更加重要的位置。有關服務貿易壁壘分類的討論較多，下面主要介紹常見的五種分類。

（一）赫克曼和布雷加的分類

赫克曼和布雷加認為，由於服務生產和消費的同時性，如關稅這樣的邊境措施將很難適用，因為海關無法觀察到服務的跨境流動。所以，採取的限制性措施將旨在限制外國服務以及服務提供者的進入，他們將服務貿易壁壘分為以下四類：

1. 數量限制性措施或政策

數量限制性措施或政策包括配額、當地成分和禁令，這些措施通常針對服務提供者。比如規範國際航空運輸服務的雙邊協議通常是互惠的和針對特定公司的；海運分攤協議也通常是互惠的和針對特定公司的。很多國家都有一些直接針對如國內運輸、基礎電信、保險、教育、法律、投資諮詢、調查等服務的外國提供者限制措施。對跨境數據流的限制也是非常普遍的，它將阻礙外國服務提供者的市場准入。

2. 基於價格的限制性措施

基於價格的限制性措施包括簽證費、進出口稅、歧視性的航班著陸費和港口稅。如果服務被物化當中（比如，電影影片、電視節目、計算機軟件等），或者貨物是被用來生產服務的（比如，計算機、電信設備、廣告材料等），那麼，針對這些貨物的關稅也將構成非常重要的壁壘。另外，很多服務部門受制於政府授權或者直接進行的價格控制，比如，空運服務、金融服務、電信服務等。諸如建築、通信以及公路和鐵路運輸等服務部門的政府補貼也是很常見的。

3. 許可證或資質要求

許可證或資質要求主要針對外國專業性質或商務性質服務的提供者，包括各類標準、許可證、採購等。比如，環境標準也會影響服務提供者，尤其是運輸和旅遊服務。政府採購政策也往往偏向國內服務提供者，而不是外國提供者，這如同貨物貿易領域。

4. 進入分配與通信網絡或系統的歧視性限制

進入分配與通信網絡或系統的歧視性限制廣泛存在於諸如電信、空運、保險、廣告及經銷商網絡服務部門。

（二）鮑德文和貝爾的分類

鮑德文將主要貿易壁壘分為12類，美國經濟學家貝爾將其中的11種應用於服務

業，並將這 11 種壁壘分為兩大類。

1. 投資/所有權問題

第一類是投資/所有權問題，其主要包括以下幾種：

（1）限制利潤服務費和版稅匯回母國。

（2）限制外國分支機構的股權全部或部分當地人持有或控制，這基本上等同於完全禁止外國公司進入當地市場。

（3）勞工的限制，如要求雇用當地勞工，專業人員需經認證以及取得簽證和工作許可證等。

（4）歧視性稅收，如額外地對外國公司的收入、利潤或版稅徵收不平等的稅賦等。

（5）對知識產權、商標、版權和技術轉移等信息貿易活動缺乏足夠的保護。

2. 貿易/投資問題

第二類是貿易/投資問題，其主要包括以下幾種：

（1）政府補貼當地企業並協助它們參與當地或第三國市場的競爭。

（2）政府控制的機構頻繁地執行一些非盈利性目標，以限制外國生產者的競爭優勢。

（3）繁瑣或歧視性的許可證規定、收費或稅賦。

（4）對外國企業某些必要的進口物品徵收過高的關稅。

（5）不按國際標準和慣例定義服務部門與產品。

（6）限制性或歧視性政府採購規定。

(三) 根據《服務貿易總協定》進行的分類

按照 WTO《服務貿易總協定》的具體承諾，將服務貿易壁壘劃分為影響市場准入措施和影響國民待遇措施兩類。雖然還存在某些無法歸入以上兩大類的其他措施，但大家普遍認為應集中討論市場准入和影響國民待遇問題。

影響市場准入措施是指各成員利用數量配額等手段，對進入本國服務業市場的外國服務或者外國服務提供者採取管制的限制措施。影響國民待遇的措施是指通過制定和實施相對歧視外國服務和服務提供者的差別待遇，創造有利於國內服務產品和服務提供者環境的措施。後者的作用路徑或者是通過增加外國服務提供者進入本國市場的成本，或者是直接或間接為國內服務提供者提供支持，加強國內服務產品和服務提供者的競爭優勢，相對削弱外國服務和服務提供者的競爭優勢，達到保護和發展本國服務業及對外服務貿易的目的，如拒絕外國航空公司使用本國航班訂票系統或對其收取昂貴的使用費等。

將服務貿易壁壘以影響市場准入和國民待遇為原則進行劃分也是較為有效的分類方法，原因有兩點：一方面，便於對貿易自由化進行理論分析，所有的國際貿易理論一般從外國廠商的市場准入和直接投資環境兩個視角分析貿易自由化的影響；另一方面，便於分析服務貿易自由化的政策手段。

(四) 根據服務貿易壁壘限制的對象分類

這種分類方法是把服務領域的貿易和投資、服務交易模式與影響服務提供和消費

壁壘結合起來加以考慮，從而將服務貿易壁壘分為服務產品移動壁壘、資本移動壁壘、人員移動壁壘和商業存在（或開業權）壁壘四種形式（詳見表4.1）。

表4.1　　　　　　　　　根據限制對象對服務貿易壁壘的分類

壁壘	服務領域的貿易與投資			
^	貿易		投資	
^	跨境	國內	國外收入	第三國
服務產品移動壁壘	市場准入、當地採購、遠程信息處理與遠程通信業務、政府行為（包括補貼、傾銷、採購、慣例、規章、壟斷）、技術標準、收費與稅收、知識產權	遠程信息處理與遠程通信業務（消費者所定居的國家）	市場准入、當地採購、遠程信息處理與遠程通信業務、政府行為、技術標準、收費與稅收、知識產權	市場准入、當地採購、遠程信息處理與遠程通信業務、政府行為、技術標準
資本移動壁壘	貨幣限制	貨幣限制	貨幣限制、利潤匯回	貨幣限制、利潤匯回
人員移動壁壘	工作許可、承認與許可證要求、經濟及勞動力市場需求測試、國籍和居住條件、工資評價要求	簽證、啟程稅	工作許可、職工安置與管理限制	工作許可、簽證、啟程稅
商業存在壁壘			創業權、對生產投入的獲取	創業權、對生產投入的獲取

資料來源：李楊，蔡春林．國際服務貿易［M］．北京：人民郵電出版社，2011．

（五）根據服務貿易壁壘限制的程度分類

　　2001年經濟合作與發展組織對《服務貿易總協定》規定的四種服務貿易的提供方式，根據各種措施對服務和服務提供者的限制程度，將服務貿易壁壘分為影響很小或沒有限制、有限製作用和禁止或高度限制三種類型（詳見表4.2）。這種分類僅僅是不同服務貿易措施對市場開放影響的相對比較。依據具體的使用情況和適用的具體部門，這些措施可能會具有不同的限制程度。

表4.2　　　　　　　　　根據限制程度對服務貿易業壁壘的分類

交易模式	影響很小或沒有限製作用	有限製作用	禁止或高度限製作用
跨境交付	服務提供和營銷的當地註冊要求；雇傭當地代理和維持當地專業地址	對營銷和提供服務的授權、許可和允許要求；要求使用壟斷和特定說明的網絡渠道；資本、支付的跨境轉移和為此類交易使用信用卡需經授權許可	完全商業存在要求，要求商業存在但授予特定品名的實體，為維持當地提供者的服務提供優勢而設立的當地合作要求；禁止資本、支付的跨境轉移和為此類交易使用信用卡

表4.2(續)

交易模式	影響很小或沒有限製作用	有限製作用	禁止或高度限製作用
境外消費	以透明、無歧視、易獲得的方式要求營銷服務的離岸服務提供者當地註冊。	僅有通過指定的當地合作者才能被許可；消費者僅能使用壟斷或特定說明的網絡渠道；資本、支付的跨境轉移和為此類交易使用信用卡需經授權許可。	僅允許通過在本國具有商業存在的公司或特定「品名」實體；禁止資本、支付的跨境轉移和為此類交易使用信用卡需經授權許可。
商業存在	投資許可方面：不要求外國投資事前通知、甄別、授權或註冊；對外國和本國投資者統一的通知要求；通知或報告投資意圖後自動同意外國投資；出於國家安全和國家利益要求對外國投資的自動甄別；需經基於政策指導原則和整體國家利益考慮的同意，但無需經過經濟需求測試或當地參與要求。外國公司法律形式方面：允許設立子公司、分公司或代表處。國籍/居留權要求方面：指定為外國公司當地代理的自然人必須為永久居民。	投資許可方面：經營範圍受到限制，且小於當地公司；基於經濟需求測試和淨國家利益的考慮，外國投資需經審批同意，包括對外國公司有關當地就業、技術轉移、持續投資等一般或特定，指示性或強制要求；外國完全或控股所用權需經審批同意。外國公司法律形式方面：允許設立公司、私人有限公司和子公司，但不允許直接設立外國公司的分公司；對設立分公司存在數量配額和地理位置要求；僅允許獨資或合夥經營。國籍/居留權要求方面：要求首席執行官為東道國公民或居民；要求超過50%的董事為東道國公民或居民。	投資許可方面：個案審批同意，外國投資最高額隨部門不同或在部門內部變化，且缺少透明和持續的應用審核標準；不允許外商控股；不允許收購現有企業全部或部分股份，限制建立新的業務；經營許可數量配額；存在壟斷或排他性服務提供者以致不允許外國投資建立競爭性公司；僅有公民或永久居民涉及某些部門或業務，收購國有企業或負責政府合同。外國公司法律形式方面：僅允許設立合資企業或代表處；僅允許設立合資有限公司；僅允許設立基於促銷或為總部從事研究工作的目的而設立的代表處；僅允許設立一種法律形式的企業。國籍/居留權要求方面：要求所有董事為東道國居民；要求超過申領經營許可前需擁有居留權，但沒有許可不允許居留。
自然人流動		僅有通過當地驗證，才能被視為專業人員或專家，但外國人參加驗證受到限制；僅有完成或參加在東道國的進一步培訓才能被視為專業人員或專家；公司內部的人員調動的審批同意需經通常的經濟需求測試；需通過專業人員或專家經驗或資格的當地認證，但這些標準模糊，不透明，或任意使用帶有歧視性；要求一定比例的外國雇員需配有當地替工以培訓或技能轉移；滿足一定業績要求才能調動公司內部人員；外國公民在高級職位的數量限制和東道國公民相對外國公民在每種職位上的特定數量要求。	僅允許公司內部人員調動，且一次運作僅能有兩位調動者，義務培訓當地員工。

資料來源：李楊，蔡春林. 國際服務貿易 [M]. 北京：人民郵電出版社，2011.

總之，以上從五個不同的角度分析了國際服務貿易壁壘的分類，為進一步瞭解服

務貿易壁壘主要種類及其在各行業的分佈情況，下面兩個表（表 4.3、表 4.4）列出了常見的服務貿易壁壘種類及其內容。

表 4.3　　　　　　　　　　　國際服務貿易壁壘簡介表

	運輸 空運	運輸 水運	電信	數據處理	銀行	保險	工程建築	廣告	影視	會計	法律	軟件	旅店
數量/質量限制	√					√		√	√				
補貼	√		√	√			√		√				
政府採購	√												
技術標準	√		√										
進口許可		√		√	√				√				
海關估價				√	√	√					√		
貨幣控制及交易限制			√		√	√		√					
特殊就業條件										√			√
開業權限制			√		√				√				
歧視性稅收								√				√	
股權限制						√		√				√	

註：打「√」處表示該項服務貿易壁壘存在於該行業中。
資料來源：王佃凱. 國際服務貿易 [M]. 北京：首都經濟貿易大學出版社，2015.

表 4.4　　　　　　　　　　　常見的國際服務貿易壁壘

行業	常見壁壘
航空業	主要涉及國家壟斷和補貼問題。世界各國政府一般都給本國航空公司提供優惠待遇，如空運的貨源和航線保留給國內航空公司、為本國飛機提供機場的優先使用權、要求國內用戶接受本國航空公司的服務、對國內航空公司給予稅收優惠等。目前，國際的航空服務貿易都是通過對等原則的雙邊協議進行的。
旅遊業	與航空客運關係密切，諸如出入境限制、外匯管制、旅遊設施所有權、開辦旅行社和旅遊購物等，都存在貿易壁壘問題。
海運業	主要涉及特許經營與壟斷。如為本國海運公司保留貨源、傾銷性運價等問題。
銀行與保險	主要是開業權和國民待遇問題。對於開業權，許多國家禁止外國銀行在本國設立任何形式的機構，有些國家雖然允許設立分支機構，但這樣的分支機構必須與母行中斷業務上的直接聯繫。對外國銀行國民待遇表現在僅提供低儲蓄地區（開業）、高稅收率和限制財產經營範圍等方面。對於外國保險公司，一般還要求絕對持股權以及禁止經營某些保險業務。
廣告業	對外來廣告企業要求本國參股權，以及政府在廣告業的競爭中偏袒本國企業是普遍現象，如外國廣告企業設立電視臺經營電視廣告是受嚴格限制的。另外，即使這種限制對國內企業一視同仁，但限制的目的也不是保護廣告業，而是排斥外國電視和廣播。

表4.4(續)

行業	常見壁壘
工程建築	主要是開業權、移民限制和國民待遇問題。此類服務業是發展中國家的優勢所在，對此，一些發達國家都不願意提供開業權。幾乎所有的國家都禁止外國公司承建某些工程，而且在工程招標中偏袒本國公司。
諮詢服務業	許多國家對設在本國的外國諮詢機構都要求參與權，而且諮詢程序上的不透明也阻礙外國機構的活動。
教育服務	教育服務與思想意識的傳播關係密切，移民限制和歧視外國文憑是國際交流教育服務的主要障礙。
醫療服務	主要問題是歧視外國醫生的開業資格和對外國醫療設備的進口設立技術障礙
電信和信息	該行業常遇到國家壟斷和控制。另外還有知識產權保護、幼稚工業保護、技術標準和不公平稅收等。
影視服務業	許多國家對本國影視直接撥款或通過稅收優惠進行補貼，對外國影視業則通過要求參與權、版權保護、進口的國際壟斷、限制播放等加以抵制。
零售商業	主要涉及各國國內零售規則的透明度不夠，不動產所有權限制、外國雇員的移民限制、利潤返匯限制等。

資料來源：王佃凱. 國際服務貿易 [M]. 北京：首都經濟貿易大學出版社，2015.

四、國際服務貿易政策保護程度的衡量

目前，衡量國際服務貿易政策保護程度的指標主要有三種：名義保護率、有效保護率和生產者補貼等值。

(一) 名義保護率

名義保護率（NRP）是衡量貿易政策保護程度最普遍使用的指標。它通過測算國際市場價格與國內市場價格之間的差額，衡量保護政策的影響。世界銀行將名義保護率定義為：由於保護引起的國內市場價格超過國際市場價格的部分與國際市場價格的百分比。用公式表示為：

NRP =（國內市場價格-國際市場價格）÷國際市場價格×100%

例如，一國通過提高國內信息網絡上網費用達到限制外國信息服務向其出口，保護本國進口替代信息服務廠商的目的。國內網絡使用費高出國際網絡市場價格的部分，相當於政府對消費者購買國外信息服務徵收的關稅。假定國內市場網絡費率為1分/千字節，國際市場網絡費率為0.2分/千字節，那麼，該國信息服務市場的名義保護率為400%。

若一國對某種商品僅僅採取管制措施，那麼，名義保護率的測量方法在評估貿易政策對產出水平的影響方面是有效的。但在服務貿易領域，由於各國服務價格的差異往往不僅是由關稅壁壘（與服務相關的物質產品）引起的，還與要素稟賦、技術差異、規模經濟和不完全競爭等因素密切相關，服務貿易大多使用非關稅手段進行保護，這就限制了 NRP 在衡量服務貿易保護程度方面的作用。

（二）有效保護率

「有效保護」概念最初是由澳大利亞經濟學家 M. 科登和加拿大經濟學家 H. 約翰遜提出來的。他們將有效保護定義為包括一國工業的投入品進口與最終品進口兩者在內的整個工業結構的保護程度。假如這一結構性保護的結果為正，那麼，其關稅保護是有效的；反之，則是無效的。由此可見，一國的關稅政策是否有效，不但要看其最終產品受保護的程度，而且還要看受保護的那個產業的進口中間產品是否也受到了一定的保護，從而使得該產業的實際保護為正。這也說明，許多政策不但影響產出價格，而且還影響投入價格。有效的關稅保護取決於一個產業所面對的實際關稅，而實際關稅則是由中間產品即投入品與最終品即產出的關稅共同決定的。有效保護率（ERP）就是用來衡量投入和產出政策對價值增值的共同影響的指標。用公式表示為：

ERP＝（國內加工增值－國際加工增值）÷國際加工增值×100%

或

ERP＝（最終品名義保護率－中間品價格÷最終品價格×中間品名義保護率）÷（1－中間品價格÷最終品價格）×100%

由上式可以看出，計算服務貿易的有效保護率，需要獲取有關服務業的投入—產出系數等信息資料，這些詳細的信息資料往往難以獲得。另外，有效保護率並沒有反應導致產出扭曲的所有政策的效果，所以影響生產要素價格的因素可能在價值增值中沒有得到反應，因而沒有被包括在實際被忽略的計算中。同時，在衡量商品貿易保護程度中，對於國內資源成本的計算也得到了廣泛應用，但在服務貿易領域，因為國內資源成本的計算需要大量的與要素市場政策和要素產出系數有關的技術信息，顯然這一計算是不可行的，也是不現實的。

（三）生產者補貼等值

生產者補貼等值或生產者補貼等值系數方法最早被經濟合作與發展組織用於對其成員方農業政策和農產品貿易的分析報告中。隨著這一衡量方法在許多國家的運用過程中被改進、提高，尤其是在「烏拉圭回合」多邊貿易談判中被廣泛接受後，該方法日益受到重視，並且不斷被完善。

生產者補貼等值是用來測算關稅和非關稅壁壘，以及其他與分析相關的政策變量的保護程度的一種測度指標。它是對政府各種政策（包括支持、稅收和補貼等）的總體效應進行評估，通常可用兩種方法獲得生產者補貼等值：一種是通過觀察政策的預期效果；另一種是通過觀察政策措施引起的國內價格的變動。

生產者補貼等值方法是通過比較國內價格與國外價格的差異來考察一攬子政策的淨效果的，考慮貿易政策的總體影響，而不僅僅考察單個政策的效果，它測算的是政策給予生產者的價值轉移量或政府政策對生產者收益的貢獻。在不同的時期、不同的國家，甚至不同的領域，生產者補貼等值都是不同的。但是，補貼行為被視為不公平競爭，按 WTO 規定，進口國可以對受到補貼的進口商品徵收反補貼稅，其稅額不高於補貼的金額。這樣，出口國不僅達不到鼓勵出口的目的，而且還會將本國納稅人的錢白白拱手讓給進口商。

五、國際服務貿易保護政策的效應

國際服務貿易保護是由關稅和非關稅壁壘共同構成的，在此從這兩個方面對比分析國際服務貿易保護政策的效應。

(一) 關稅、補貼和配額

在商品貿易中，關稅、出口補貼和進口配額（又稱進口限額）的區別是這樣的：關稅能給政府帶來關稅收入，出口補貼卻要增加政府的支出。另外，從時間角度來看，每一屆政府的任期都是有限的，因此它們總是更樂意選擇可以增加即期政府收益的關稅政策，把只能在將來才會有收益的出口補貼政策置於其政策籃子的最底層。關稅一般優於進口配額。如果一國要使用進口配額政策，那麼為了減少這一保護政策的經濟扭曲程度，就應堅定不移地實施進口許可證的拍賣制度，以防止尋租行為的發生。

在服務貿易領域，情況有些不同。從服務進口國角度來看，作為一種擴大進口競爭產業產出規模的手段，對服務業產出的補貼一般優於關稅。因為，一般認為，在服務領域為本國廠商提供成本優勢的政策將優於外國廠商面對成本劣勢的政策。關於關稅與配額的關係，儘管評估各種數量限制措施非常困難，我們依然可以找出決定其社會成本的兩個主要變量，即租金目標和受影響產業的競爭態勢。如果國內廠商獲取配額租金，且所有受影響的市場完全競爭，那麼，關稅和配額在靜態和效率意義上相同。如果配額租金流向外國廠商，那麼，與關稅相比，配額在進口競爭產業中的成本則是十分高昂的。據此可以得出上面三種措施的經濟成本效應的結論：

配額 ≤ 關稅 < 對產出的補貼

(二) 進口限制、開業障礙（開業權）和管制

1. 進口限制

目前尚難找到限制服務貿易的典型案例，但在實際經濟中卻存在著這樣的大量事實。可以認為，如果政策目標是使本國進口競爭產業的規模大於沒有實施任何政策時的規模，那麼，最低成本的方法就是給國內服務生產者以補貼。美國政府對本國服務供應商提供的各種行業性補貼或政策性補貼，使其服務廠商具備強大的成本競爭優勢，這足以說明補貼可以很好地達到限制服務進口的目的。由於部門利益，與執行對本國廠商直接補貼的政策相比，許多財政部門更願意看到政府執行對外國廠商和本國消費者徵稅的政策，然而這又不利於本國總體福利的提高，因為前面已述及，在徵稅與補貼之間，選擇後者更有利於本國服務廠商的競爭。

2. 開業障礙（開業權）

開業權常常涉及政治上的敏感問題，但從經濟角度來看，則是一種簡單的服務銷售的進口選擇方式。通過開業實體，每位生產者將服務進口問題轉變為服務銷售問題。如果要達到支持本國進口競爭產業的政策目標，最優方式則是對這些產業進行補貼，次優方式是對當地開業或通過貿易提高服務的外國服務提供者徵稅，從而妨礙外國服務提供者的競爭效率（這類措施往往不會給政府帶來財政收益）。對開業權的禁令和數量限制，無論從經濟效益角度，還是從財政收益角度，都將難以長期維持下去。

3. 管制

政府管制能夠使國內服務消費者獲得公平的經濟利益，或在一定程度上保護消費者利益免受國內服務廠商低質量服務的侵害。理論和實踐都表明，這種原本為了保護本國服務消費者（即改善了消費者的逆向選擇境況），限制本國服務提供者道德風險的措施，客觀上對外國服務提供者的競爭起到了抑製作用。因此，政府必須明確，選擇管制目標不僅是基於服務消費者的利益，而且也是基於服務提供者的利益。據此可以得出上面三種措施的規模擴大效應的結論：

開業障礙 ≤ 進口限制 < 管制

思考題

1. 國際服務貿易政策目標的影響因素有哪些？
2. 簡述國際服務貿易自由化對國家安全的影響。
3. 發展中國家開放服務市場的步驟有哪些？
4. 簡述國際服務貿易壁壘的特點。
5. 簡述國際服務貿易壁壘的種類。
6. 國際服務貿易政策保護程度的衡量指標有哪些？

第五章　國際服務貿易規則體系

　　國際服務貿易規則體系具體來說包括多邊服務貿易協定以及區域性的服務貿易協定，其都對服務貿易的自由化做出了巨大的貢獻。本章將對國際服務貿易進行評述，重點介紹《服務貿易總協定》（GATS）的談判過程、意義、內容、缺陷以及後續的談判，並對一些在國際範圍內影響深遠的區域性服務貿易協定進行介紹，最後對與中國密切相關的一些服務貿易協定進行不同程度的評析。

第一節　服務貿易總協定

一、《服務貿易總協定》概述

（一）服務貿易談判的過程

　　「烏拉圭回合」服務貿易談判大體上經歷了四個階段：
　　1. 第一階段：埃斯特角部長會議——發達國家、發展中國家立場的對立（1986年10月27日—1988年11月）
　　該階段的談判主要圍繞以下五個方面：服務貿易的定義和統計問題；服務貿易原則和規則的不同；服務貿易多邊框架的範圍；現行國際紀律與安排以及促進或限制服務貿易發展的措施和做法。這一階段發達國家與發展中國家的分歧極大，以美國為代表的發達國家堅持較為廣泛的定義，其希望將所有涉及不同國民或國土的服務活動都納入國際服務貿易的範疇，而發展中國家則要求對國際服務貿易作較為狹窄的定義，即「居民與非居民進行的跨國境的服務購銷活動」，這個定義將跨國公司的內部交易和諸如金融、保險、諮詢和法律服務等排除在外。最終多邊貿易談判採納了歐共體的折中意見，即不預先確定談判的範圍，而是根據談判的需要來對國際服務貿易做出不同的定義。
　　2. 第二階段：布魯塞爾部長會議（1988年12月—1990年6月）
　　1988年12月，在加拿大的蒙特利爾舉行了中期評審會議，這次會議的重點集中在透明度、逐步自由化、國民待遇、最惠國待遇、市場准入、發展中國家的進一步參與、例外和保障條款以及國內規章等原則在服務部門的運用方面。此後的工作主要集中在通信、建築、交通運輸、旅遊、金融和專業服務各具體部門的談判上。在蒙特利爾中期審議會議上，各國部長審議了服務貿易談判取得的進展，決定著手討論服務貿易的定義。會議決定了在以後的談判中討論服務貿易框架協定的有關概念、原則和規則。

會議還要求談判組在1989年年底就服務貿易框架協定的草案達成初步協議。具有代表性的方案主要有美國、歐共體、拉美十一國和亞非七國的提案。其中1990年5月4日，中國、印度、喀麥隆、埃及、肯尼亞、尼日利亞和坦桑尼亞7個亞非國家向貿易談判組聯合提交了《服務貿易多邊框架原則與規則》提案，對最惠國待遇、透明度、發展中國家的更多參與等一般義務與市場准入、國民待遇等作了區分。後來《服務貿易總協定》的文本結構採納了「亞非提案」的主張，對發展中國家作出了很多保留和例外，這在很大程度上反應了發展中國家的利益和要求。

3. 第三階段：鄧克爾調解方案（1990年7月—1991年12月）

1990年7月，服務貿易談判組舉行高級官員會議，各方代表對於國民待遇、最惠國待遇等原則在服務貿易的適用領域已經基本達成了共識，但是，在各國開放和不開放服務部門的列舉方式上出現了分歧，一類是主張先確定一系列嚴格遵守的多邊原則以確保「過境承諾」，其中包括國民待遇等，允許對某些部門有所保留，即所謂的「否定清單」，而對否定開放的部門則極少保留，要對其他國家開放。另一類則主張在確立多邊原則和一般義務的前提下，就各具體部門進行談判，以部門協定的形式推進本部門的服務貿易自由化進程，沒有達成一致的部門，則暫時不實行貿易自由化，這種類型是「肯定清單」。發展中國家提出這種「肯定清單」的方式對於服務業相對落後的國家來說會更加靈活，因為服務貿易範圍廣泛且不斷擴大，發展中國家難以預先將本國不能開放的部門全部列舉出來，如果採用「否定清單」方式將會帶來難以預料的後果。最後的GATS採取了「肯定清單」的方式，這既是發展中國家的重大勝利，也是由於其方案具有較強的現實可操作性。基於發達國家與發展中國家利益的矛盾和衝突，談判異常的艱難，然而，經過反覆的談判，服務貿易框架協議草案終於提交給1990年12月在布魯塞爾舉行的部長級會議。服務貿易談判組修訂了《服務貿易總協定多邊框架協議草案》文本。1991年4月8日開始著重討論：協定的框架、初步承諾表和部門附件。有關協定的攀談主要集中於最惠國待遇條款，最終確定了各締約方可將選擇的部門從最惠國待遇適用範圍中免除的程度。經過了進一步的談判，1991年12月20日關稅與貿易總協定總干事提交一份《實施烏拉圭回合多邊貿易談判成果的最終（草案）》，即著名的《鄧克爾方案》，該草案包括6個部分、35個條款和5個附錄，確定了基本的結構。

4. 第四階段：「烏拉圭回合」談判的終結（1992年1月—1994年4月）

1992年1月13日烏拉圭回合多邊貿易談判委員會召開會議，決定以《鄧克爾方案》作為基礎進行談判，談判工作以組織關於各國初步承諾的雙邊談判為主要內容，初步承諾的談判在1992年取得了重大進展。從1992年1月開始，服務貿易談判共進行了六輪初步承諾雙邊談判，參與國達到幾十個。經過兩年的談判，到1993年12月烏拉圭回合非正式結束之際，各國均提出了自己的減讓表，準備附在《服務貿易總協定》後，作為「烏拉圭回合談判」成果的一部分。最後，各談判方終於在1994年4月15日於摩納哥馬拉喀什正式簽署了《服務貿易總協定》（General Agreement on Trade in Services, GATS）。該文本在總體結構和主要內容上對框架協議草案並無重大變更，只在部分具體規範上有所調整。該協定作為烏拉圭回合一攬子協議的組成部分和世界貿

易組織對國際貿易秩序的管轄依據之一，於 1995 年 1 月 1 日與世界貿易組織同時生效。

(二)《服務貿易總協定》的意義

GATS 的生效，是 GATT 成立以來在推動世界貿易自由化發展問題上的一個重大突破，其通過各種規制措施形成了一套有效的運作機制，對掃除國際服務貿易壁壘，推動國際貿易自由化起著相當大的作用。

1. 為各締約國發展國際服務貿易提供了共同遵守的國際規則

長期以來，雖然國際服務貿易比國際商品貿易發展迅速，但卻一直缺乏一套像促進商品貿易那樣的關貿總協定來確定參與國際服務貿易的國家或地區共同遵守的國際規則，當然也缺乏針對性的約束機制。在 GATS 之前，各國的服務貿易政策和規則的協調主要通過以下兩種方式：①雙邊或區域協調，許多國家通過雙邊的貿易協定在服務貿易上給予互惠待遇；②以行業協調為主，一些服務貿易規則的談判往往是在諸如國際電訊協會、國際民航組織、國際海事諮詢組織或者國際清算銀行等國際性行業組織的主持下進行的，這些方式雖然能夠起到一定的作用，然而對於國際服務貿易的發展的現實以及國際服務貿易全面自由化和流量的增長的作用無疑還是局限的。而《服務貿易總協定》的出現則為國際服務貿易的發展創立了各締約國都須遵守的國際準則。其制定的處理服務貿易的多邊原則和規則成為了促進所有貿易夥伴經濟增長的一種手段。

2. 促進國際服務貿易的自由化，推動國際服務貿易的全面增長

服務本身是一種商品，在這種無形商品的流通過程中，由於各國勞動力所具有的技術、知識水平的差異，使得他們所提供的同樣的服務或服務化的商品之間存在著類似有形商品貿易中的比較優勢。因此，使得各國的服務在國際服務市場上的競爭力不同，因此，使得各國在服務貿易中必將根據自己的情況採取一系列的政策來保護各自的服務市場。雖然國際服務貿易不像國際商品貿易存在著關稅壁壘，但卻有著比商品市場更複雜多樣的、名目繁多的各種非關稅壁壘，這些都對服務貿易自由化形成了重大的阻礙。《服務貿易總協定》的出現就是為了使得各國在遵守一般義務和原則的前提下，做出開放本國各個服務部門的具體承諾，然後在框架協議生效後，就上述的具體承諾舉行多邊談判，以逐步實現服務貿易的自由化。《服務貿易總協定》一定也會通過最惠國待遇、各國服務貿易政策透明度、市場准入和國民待遇、發展中國家更多的參與、逐步自由化以及其他一系列義務、規則在最大程度上促進國際服務貿易的自由化以及國際服務貿易額的較快增長。

3. 在推動國際服務貿易發展的同時，促進了商品貿易的發展

由於國際服務貿易同世界產業結構的發展緊密聯繫，因此服務貿易的自由化在促進服務貿易發展的同時，也會推動與服務貿易相關的商品貿易的發展，特別是資本、技術密集型服務的貿易，往往伴隨著相應的硬件設備的商品貿易的擴大，航空運輸服務的擴大會促進飛機製造業的發展，陸路、水運服務的發展必然也會引起相關產業的發展，銀行金融服務的發展，也必將使得銀行系統的傳真通信及資金調撥網絡的硬件貿易增長。同時，由於發達國家在服務貿易項目存在顯著的比較優勢，為了更有效地

發揮自己在該領域的優勢,這些成員很可能會在貨物貿易方面對發展中國家做出更多的讓步,以換取後者在國際服務貿易領域的讓步,這樣也會促進貨物貿易的發展。

4. 對不同國家、不同類型的服務貿易產生了不同的推動作用

由於各國經濟發展層次不同,各國的服務業發展也參差不齊,因此服務貿易總協定的簽署將會使得不同國家、不同類型的服務貿易產生不均衡的增長。由於發達國家在國際服務貿易中佔有絕對的主導地位,因此,服務貿易總協定必將對其產生巨大的推動作用,並加快其增長速度。相反,發展中國家雖然處於相對劣勢地位,與發達國家相比受益較少,但對於發展中國家來說有一定優勢的服務領域,如海運、勞務輸出、工程建築承包等,服務貿易總協定也會促進其增長。

5. 對發展中國家的重要作用

服務貿易總協定對發展中國家做出了許多保留與例外,特別是允許他們在國民待遇、最惠國待遇、透明度、市場准入等方面逐步自由化,並在對發展中國家經濟技術援助方面,予以很大的優惠。所以發展中國家可以充分利用這些機會加大本國具有優勢的服務業的出口。同時,服務貿易總協定的實施,雖然要求發展中國家為服務貿易的自由化作出貢獻,對本國的服務業市場適度開放,但也允許發展中國家在特定的條件下採取適當的措施來保護其落後的服務業。這樣,發展中國家既可以為保護國內幼稚服務業或民族服務業的發展而採取很多限制服務進口的措施和規定,也可以在適度的開放過程中,學習發達國家在服務業方面先進的技術和經營管理方式,並可以在開放過程中,使本國相應的服務業與發達國家的進行競爭,使其在競爭中得到發展。

二、《服務貿易總協定》內容

(一)《服務貿易總協定》的框架內容

《服務貿易總協定》主要由四大部分組成。第一大部分為適用於所有成員的基本義務的框架協定,即《服務貿易總協定》條款,該部分分序言和六個部分(共29條)。其中第一部分(第一條):範圍和定義,確定了GATS的目標、宗旨及總原則。第二部分(第二至十五條):一般義務與原則,即規定了各成員的一般義務與原則,這是GATS的核心內容之一,各國一旦簽約,就必須普遍遵守這些條款的要求。具體包括:最惠國待遇、透明度、發展中國家進一步參與、經濟一體化、國內規定、認可、壟斷和專營服務提供者、商業慣例、緊急保障措施、轉移和支付、確保國際收支平衡的限制措施、政府採購、普遍例外和補貼。第三部分(第十八條):承擔特定義務,規定了各成員服務部門開放的特定義務,具體包括市場准入、國民待遇和附加承擔義務。第四部分(第十九至二十一條):逐步自由化,規定各成員尤其是發展中國家服務貿易逐步自由化的原則和權利,具體包括具體承諾的談判、具體承諾的細目表和細目表的修改。第五部分(第二十二至二十六條):制度條款,規定了GATS的爭端解決機制及組織機構,具體包括磋商、爭端解決和執行、服務貿易理事會、技術合作和與其他國際組織的關係等條款。第六部分(第二十七至二十八條):最終條款,規定了利益的否定和本協定的退出。第二大部分為根據《服務貿易總協定》第二十九條《服務貿易總協

定》組成部分的涉及各服務部門的特定問題和供應方式的附件以及第二條「豁免」的附件。第三大部分為根據《服務貿易總協定》第二十條的規定附在《服務貿易總協定》之後，並成為《服務貿易總協定》重要組成部分的具體承諾表，第四大部分為部長會議決定和諒解。

(二)《服務貿易總協定》的具體內容

1. 序言

《服務貿易總協定》序言規定了服務貿易總協定（GATS）的宗旨、服務貿易自由化的途徑以及實現服務貿易自由化的總的原則。具體規定為：

（1）鑒於國際貿易對世界經濟發展日益增長的重要性，談判各方希望在透明度和逐步自由化的條件下，建立一個有關服務貿易的原則和規則的多邊框架，以促進貿易各方的經濟增長和發展中國家的經濟與社會發展。

（2）在尊重各國政策目標的前提下，本著在互利的基礎上提高各參與方利益的目的和確保各方權利和義務的宗旨，希望能通過多輪多邊談判以促進服務貿易自由化的早日實現。

（3）希望能通過增強其國內服務業能力、效率和競爭性來促進發展中國家在國際服務貿易中的更多參與和服務出口的增長。

（4）對最不發達國家在經濟、發展、貿易和財政需求方面的特殊困難予以充分的考慮。

該序言在承認了各國間經濟狀況發展差異的基礎上，對發展中國家的利益給予了充分的考慮，這是廣大的發展中國家努力積極爭取的結果，這也成為了 GATS 之所以廣受推崇的一大原因之一。

2. 主體部分

GATS 的主體部分共 6 個部分 28 個條款。

（1）服務貿易的範圍和定義

其說明了《服務貿易總協定》的適用範圍是「WTO 成員方所採取的影響服務貿易的各項措施」。這些措施根據《服務貿易總協定》第一條及第二十八條可知，「措施」是指一成員方以法律、法規、規則、程序、決定、行政活動以及其他形式所採取的措施，這些措施既包含中央政府採取的，也包括地方政府實施，也同時包括中央政府或者地方政府所授權的非政府團體所採取的措施。其次，說明了服務貿易的含義。《服務貿易總協定》認為「服務貿易」是指：

①從一成員境內向另一成員境內提供服務，該種服務貿易形式即跨境的交付方式，其特點是該類服務貿易的服務提供者和消費者是不同的兩個國家，比如存在著的遠洋及民航運輸就屬於該種形式。

②在一成員境內向另一成員的服務消費者提供服務，該種服務貿易形式為境外消費，特點是一國的服務提供者在本國內為外國自然人或者法人提供服務，比如存在著的醫療、教育和旅遊等就屬於這種方式。

③一成員的服務提供者，在任何其他成員境內通過商業存在提供服務，該種服務

貿易方式為商業存在，比如某自然人或法人去其他國家開設保險、銀行、律師事務所以及會計師事務所等。

④一成員的服務提供者在另一成員領土內通過自然人存在提供服務，該種服務貿易方式為自然人流動，比如某些專家到國外去提供技術指導類的服務。

（2）一般義務與原則

① 最惠國待遇

《服務貿易總協定》的最惠國待遇應是無條件的最惠國待遇，指每一方給予任何其他成員方的服務或服務提供者的待遇，應立即無條件地以不低於這樣的待遇方式給予任何其他成員方相同的服務或服務提供者。但 GATS 也同時規定該條不適用於有關稅收、投資保護和司法或管理協助的國際間的協議，GATS 第二條第二款規定了最惠國待遇的具體例外情況，具體可見附錄。

②透明度

《服務貿易總協定》在第三條中規定：「任何成員除非在緊急情況下應立即並最遲在其生效前，公布所有有關或影響本協定執行的相關措施。本協定成員也應公布其簽署參加的有關或影響服務貿易的國際協定。」

同樣地，透明度也有例外的附則，即「對於任何一成員方，那些一旦公布即妨礙執法或違背公共利益或損害特定公私企業合法商業利益的機密信息可以不公示」。

③發展中國家的更多參與

發展中國家整體的服務業發展水平較低，與發達國家在服務貿易領域存在著現實的較大的差距，因此，考慮到這種差距，GATS 制定了一系列保證發展中國家能夠參與到國際服務貿易當中的一些條款：①各成員方可以通過商業性的技術轉讓來提高發展中國家服務業的生產效率等；應對發展中國家有競爭力的服務類型或行業放寬市場准入的條件；應對發展中國家較弱的環節如信息網絡等提供幫助。②發達國家應在《服務貿易總協定》生效後的兩年內建立「聯繫點」以使發展中國家更加能夠及時、有效地獲取各種服務市場准入的資料。③對於以上兩項內容，應該更加對於最不發達國家的成員方給予優惠。

④經濟一體化

「經濟一體化」主要涉及了經濟一體化協議的含義、要求、擴大以及修改的程序、審查和勞動力市場一體化協議等內容。這是由於當今世界不僅世界經濟一體化在不斷地加深，而且區域性的經濟一體化組織也越來越多，一方面其會促進區域間的交流，然而另一方面也會使得封閉的市場越來越多，這將對服務貿易的自由化相當不利，因此對其進行嚴格的監視與審議是必要的。

⑤國內規章

本條共有 6 款，首先尊重各成員方的國內規定，具體表現為其規定：首先，在已作出具體承諾的部門中，每一成員應保證所有影響服務貿易的普遍適用的措施以合理、客觀和公正的方式實施。其次，要求各方堅持使用或者建立起司法、仲裁、行政庭或程序，對影響服務貿易的迅速作出行政決定。還需要各成員的主管機關對需要得到批准的服務的申請在合理的時間內進行決定，並對這些需要得到批准的服務的相關資格

審查要求、程序、技術標準以及許可要求告知申請者，不得給申請人在申請過程中造成不必要的貿易壁壘，第五款是關於在上述指定的這些要求、標準生效之前，不得以一些具體方式來使具體承諾減損或者失效，最後一款是關於每一成員有規定適當程序來核驗其他成員專業人員能力權利的規定。

⑥承認

服務領域質量的好壞與服務提供者的學歷、職稱、專業技術等級、語言能力、相關經驗等息息相關，各成員國一般都會對這些任職的條件作一些限制，而這些限制，尤其是評定標準的不同或者相互之間的不認可就會大大地對服務貿易的自由化造成壁壘，因此，該協定要求各成員國可以通過協調或者其他方式實現的承認，或可依據與有關國家的協定或安排，或通過自動給予等方式來相互認可對方的各種任職條件，最終能夠合作按照一定的國際統一標準來執行。

⑦壟斷和專營服務提供者

各國服務貿易中均不同程度地存在某些部門的壟斷和專營現象，然而這卻對服務貿易自由化構成了很大的障礙。GATS 並不反對壟斷以及專營服務，但要求一個壟斷的服務提供者在有關市場上提供壟斷服務時，其行為不應違背最惠國待遇原則和服務貿易談判中所承諾的一些衣物，一旦違背，貿易的相對方可以向成員方提出給予制裁的請求。本條還對壟斷服務提供者的概念下了定義：一成員在形式上或事實上授權或設立少數幾個服務提供者，且實質性阻止這些服務提供者在其領土內相互競爭。

⑧商業慣例

本條規定首先承認了「服務提供者的某些商業慣例會抑制競爭，從而限制服務貿易」，接著提出了成員方應就該問題進行磋商以及信息交流，從而取消這些限制性的商業慣例。

⑨緊急保障措施

GATS 規定：要在非歧視原則的基礎上完成保障措施的多邊談判，而且該談判的結果不得遲於《世界貿易組織協定》生效之日起的一日期生效。這是由於在眾多的服務貿易部門很難制定相關的具體保障措施，其只能在實施的過程中逐步地充實，而且同時規定如果某一成員方在實施或者修改任何保障措施時，都應當及時地通知成員方全體，當各國在實施以國際收支平衡為由的保障措施時，應當與國際貨幣基金組織協商一致，並且當該國的國際收支一旦得到改善，這種相應的保障措施就應取消。

⑩支付和轉移

本條規定：除非存在 GATS 第十二條規定的情況，也就是除了出於保障國際收支的目的，一成員不得對與其具體承諾有關的經常項目交易的國際轉移和支付實施限制。但同時要求本協定的規定將不得與國際貨幣基金組織成員在《基金組織協定》中所享有的權利和承擔的義務相衝突。

⑪確保國際收支平衡的限制措施

GATS 在考慮到一些經濟發展水平較低的國家在國際收支方面可能會面臨到的壓力，因此規定：當一成員方在發生嚴重國際收支的財政困難或威脅時，可以對其已經做出具體承諾的服務貿易採取限制措施。但該條第二款相繼規定了這種措施是有限制

的，這些限制具體包括：不能在各成員方間造成歧視；應當與《國際貨幣基金組織協定》保持一致；應當避免對任何其他成員的商業、經濟和財政利益造成不必要的損害；不得超過一定的限度；這種限制也應是暫時的。還規定採取確保國際收支平衡的限制措施時應當同其他成員方相磋商。

⑫政府採購

本條規定 GATS 的第二條、第十六條和第十七條不適用於政府採購，也就是說為政府目的而購買服務的不受最惠國待遇、國民待遇和市場准入的規定，而且還規定了政府採購的定義；成員方政府機構為了政府使用而不是為了商業銷售或轉售而進行的服務採購。該條第二款規定了該政府採購問題的多邊談判需在《世界貿易組織協定》生效之日起的兩年內進行。

⑬一般例外

本條主要規定了各成員方可以在如下情況，免除協定中的義務，這些情況具體包括：為保護公共道德或維護公共秩序所必需的措施；為保護人類、動物或植物的生命或健康所必需的措施；為使與本協定的規定不相抵觸的法律或法規得到遵守所必需的措施，包括與下列內容有關的法律或法規：①防止欺騙和詐欺行為或處理服務合同違約而產生的影響；②保護與個人信息處理和傳播有關的個人隱私及保護個人記錄和帳戶的機密性；③安全，待遇方面的差別是為了避免雙重徵稅的協定，可以違背最惠國待遇原則與國民待遇原則。

⑭補貼

GATS 認識到各國的服務貿易，尤其是對發展中國家來說，存在著較普遍的補貼，這對服務貿易的自由化是極為不利的。因此其規定一方面各成員應進行多邊談判或者制定規則來減少這種阻礙，各成員應相互通報各自服務提供者的補貼問題來促成該種談判，還規定如果任何一方成員認為另一方成員的補貼已對自身造成威脅，那麼可以有就該事項進行磋商的權利；另一方面也允許發展中國家在處理該問題時留有一定自由的空間。

(3) 承擔特定義務

①市場准入

GATS 第十六條要求各成員方在該總協定確定的服務提供方式的市場准入時，給予其他成員的服務的待遇，不得低於其在具體的減讓表中所同意和表明的條款，同時還規定在對市場准入做出承諾的部門，不得採取如下措施除非在其減讓表中列明，這些措施包括：

(a) 無論以數量配額、壟斷、專營服務提供者的形式，還是以經濟需求測試要求的形式，限制服務提供者的數量；

(b) 以數量配額或要求經濟需求測試的方式，限制服務交易或資產的總金額；

(c) 以配額或要求經濟需求測試的方式，限制服務業務的總量；

(d) 以數量配額或要求經濟需求測試的方式，限制某一特定服務部門可雇傭的或一服務提供者可雇傭的、對一具體服務的提供所必需或直接有關的自然人的總數；

(e) 限制或要求一服務提供者通過特定類型的法律實體或合營企業提供服務的

措施；

（f）通過對外國持股的最高比例或單個或總體外國投資總額的限制來限制外國資本的參與。

②國民待遇

該條規定了國民待遇並非針對一方成員所有的部門，而僅僅涉及一方成員列入減讓表當中的部門，具體指：在這些具體部門中，每一成員應該在影響服務提供的所有措施方面給予別國的服務和服務提供者的待遇，不應當低於其所給予的國內服務或服務提供者的待遇。其次，規定了例外情況，也就是說如果給予的是形式上相同或不同待遇的，應當滿足該協定第五條的規定。最後還具體規定了不利待遇的含義。

(4) 逐步自由化

這部分共3條，具體包括對具體承諾的談判，具體承諾減讓表以及減讓表修改的程序。其具有「逐步」和「自由化」兩層意思，這點對於發展中國家和地區是極為有利的。

①具體承諾的談判

首先，該條第一款規定：各成員應在不遲於《世界貿易組織協定》生效之日起5年啟動新一輪的多邊談判並在此後時間裡定期進行連續回合的談判，以期逐步實現較高水平的自由化。其次，該條第二款的內容體現了GATS第四條關於「發展中國家進一步參與」的精神，其明確提出：自由化進程的進行應適當尊重各成員的國家政策目標及其總體和各部門的發展水平，對於發展中國家，其不應該被要求承擔與其發展目標和技術目標相抵觸的自由化方式，應根據其實際的市場競爭力和服務的出口水平來掌握，而不是由設定的通過假想而得出的機會來評價。最後，其第三款規定：對於每一回合，應制定談判準則和程序，在制定此類準則時，應參照本協定包括GATS第四條第一款的所列目標來對服務貿易總體及各部門進行評估。

②具體承諾細目表

該條第一款規定：每一成員應在減讓表中列出其根據本協定第三部分作出的具體承諾。對於作出此類承諾的部門，每一減讓表應列明：（a）市場准入的條款、限制和條件；（b）國民待遇的條件和資格；（c）與附加承諾有關的承諾；（d）在適當時，實施此類承諾的時限；（e）此類承諾生效的日期。該條最後一款還同時規定：具體承諾減讓表應附在本協定之後，並應成為本協定的組成部分。

③減讓表的修改

本條首先規定在減讓表中的任何承諾生效之日起3年期滿後的任何時間可以做出修改或者撤銷，而且此撤銷與修改的意向應當在不遲於實施修改或撤銷的預定的日期前三個月通知服務貿易理事會。其第二款規定了當這種修改和撤銷使得其他成員國的利益受到影響或傷害時，該成員可以請求與修改成員方進行談判，並在此基礎上本著最惠國待遇的原則作出對受到不利影響或傷害的成員國補償性調整的協議。該條第三款主要是關於上述所講的受不利影響或傷害的成員方未就補償調整協議在規定期限與修改成員一方達成協議時，有提交該事項仲裁的權利。第四款規定了修改方如未做出符合規定的補償調整時，不可修改與撤銷其承諾以及未遵守仲裁結果時的不利後果。

最後一款規定了有權利更正或修改減讓表制定程序的機構是服務貿易理事會。

(5) 組織機構條款

該部分共五條，具體包括磋商、爭端解決與執行、服務貿易理事會、技術合作以及與其他國際組織的關係。這部分主要是組織機構條款，主要規定了 GATS 的爭端解決機制。該部分第二十二條以及第二十三條是關於服務貿易引起爭端時所需要的爭端解決機制。第二十三條中第一款規定，本協定的任一成員認為依協定項下應得的利益另一成員沒能實現或未能履行應盡義務時，當受損害方在一段時間沒能達到滿意的結果時，可以將該爭端提交「爭端解決機構」。該條第二款指出，爭端解決機構在認為必要時，可以同該爭端有關的各方或關聯的任何政府間組織進行磋商，繼而可以授權損害方中止其義務或者具體的承諾。該條第三款指出了當按 GATS 第三部分的利益受到損害時，可以訴諸爭議解決諒解，按第二十一條達成補償性協議，如果不能達成滿意的協議，可以適用爭議解決諒解第二十二條的相關規定。

(6) 最終條款

本部分規定了 GATS 中利益的否定以及關於一些術語的定義。

3. 附錄

第二十九條聲明本協定的附件是本協定的有機組成部分。其內容包括：最惠國待遇豁免的附錄；提供服務的自然人流動的附錄；空中運輸服務的附錄；金融服務的附錄；金融服務的附錄二；海運服務談判的附錄；電信服務的附錄；基礎電信談判的附錄。《服務貿易總協定》的附錄有不同目的。通信與勞動力移動附件定義了供應服務的模式；金融服務的附件結合該部門的特點，比較謹慎地做出減讓安排，《金融服務附錄一》對金融服務的範圍和定義，有關金融服務的國內法規、認可以及爭端解決等實質性內容作了規定，《金融服務附錄二》主要對金融服務貿易談判的時間安排做出了規定；空運附件則規定了《芝加哥條約》中有關交通權利對最惠國待遇條款的免責。此外，在 GATS 和部長會議確定的原則基礎上，各成員在「烏拉圭回合」談判結束後，繼續進行各具體服務部門開放市場的談判，並達成了若干協定。雖然這些協定不作為一攬子協定的組成部分對各成員方自動生效，而需各成員方簽字承諾後才生效，但其推進了服務貿易的自由化。

三、《服務貿易總協定》的主要缺陷及後續談判

(一) GATS 的主要缺陷

1. 加劇發達國家與發展中國家服務業、服務貿易發展的不平衡

GATS 在帶來眾多好處的同時，也使得競爭力不同的各國服務業、服務貿易的發展速度存在不同。由於發達國家具有高新的技術、全新的服務行業，因此隨著《服務貿易總協定》的全面實施，發達國家必以其先進的技術、高素質的人力資源和良好的形象占據國外市場，使本國的服務出口大幅度的增長，而對於發展中國家來講，GATS 雖然會促進其傳統的服務業的發展，但也會對於其尚未成長起來的高新技術服務部門帶來一定的消極作用，並由此而影響其服務貿易的全面發展。

2. 減讓結果不盡如人意

服務貿易減讓的部門覆蓋率不高，單從市場准入方面來看，高收入國家的覆蓋率也都不超過 50%，發達國家承諾的部門大多是比較適宜開放的部門，而在娛樂服務、社會服務、健康服務、教育服務、研究與開發服務、運輸服務、郵政服務等方面的承諾較少，而這些發達國家承諾較少的領域往往是發展中國家有比較優勢的國際服務貿易領域。

3. 貿易規則的約束力不強

由於 GATS 中的國民待遇與市場准入都需要各成員依據自身的發展實力按照具體承諾表中所列明的服務部門和提供方式分別承諾，而不具有普遍的適用性。因此，這兩條不具有普遍適用性的原則，大大地降低了國際服務貿易多邊規則的約束力。另外，GATS 也沒有對各國國內政策作嚴格的限制，其允許在沒有歧視性待遇、不有損於經濟效益的前提下實施部門政策，這也對國際服務貿易的自由化造成了限制。

(二) GATS 的後續談判

1. 完善框架協議的談判

在 1994 年 4 月結束的「烏拉圭回合」中，各成員方對國際服務貿易的談判都是初步的。從 1995 年 1 月開始，在服務貿易理事會的指導下，各國政府通過在保障措施、補貼和政府採購等方面的談判來完善框架協議。

(1) 服務業緊急保障問題

對於該問題，各成員方的爭議頗多，首先是關於保障條款的作用問題，發展中國家認為保障條款將會激勵有關各方面做出更積極、更務實的有關服務貿易自由化的承諾，而持否定態度的成員方則認為，GATS 中已經包括了有效的保障措施，再確立保障條款將是一種貿易保護主義的體現。另外就是如何對實施保障措施的情況加以確定的問題。根據發展中國家的要求：因履行 GATS 所規定的開放義務而導致服務進口大量增加而使國內有關服務提供者要求採取保障行為以補救所遭受的侵害，即出現了第十四條的情況；政府為了達到某些政策目標，採取的維護國內服務業生存的行動，即對國內服務業保持最低控制的政府行為。

(2) 服務業補貼問題

「烏拉圭回合」談判後，關於服務補貼的討論主要集中在區分不同的服務業補貼，對於不同目的、不同方式的補貼要區別對待。另外，就是由於服務統計的搜集難度較大，而且對於各國在關於服務貿易的概念、部門分類及很多術語的解釋方面存在較大的差異，這使得對補貼的幅度很難進行衡量，這些都使得關於補貼規則的談判步履維艱。

(3) 政府採購問題

該問題主要集中在各成員方是否願意在服務的政府採購方面維持現狀。審議工作組還就以下問題展開了熱烈的討論：為何大部分國家和地區還未加入政府採購協議；工作組的工作職責和範圍；關於政府採購規定的多邊程序的進一步擴大；在更廣泛的基礎上建立程序規則的可能性；如何使 GATS 的透明度適用於服務貿易的政府採購措

施等。

　　2. GATS 的進一步談判

　　2000 年 6 月，世界貿易組織服務貿易理事會啟動了新一輪的談判，按照服務貿易理事會的安排，服務貿易多邊談判的議題主要集中在：服務貿易部門的進一步開放，這主要體現在各國的承諾出價上；GATS 本身協議的完善，主要集中在對於壟斷、反補貼、保障措施等具體規定的明確；服務的標準化，即對服務提供者和服務產品建立質量標準規範來約束服務貿易的行為。新一輪的談判的目的在於完善《服務貿易總協定》的各項規定，同時各國繼續對服務貿易自由化做出進一步的承諾。雖然經過了多年的談判，但是新一輪的談判並沒有取得實質性的進展，服務貿易自由化的進程進展緩慢。

第二節　區域服務貿易規則

　　在經濟全球化發展的同時，區域經濟一體化的程度也在不斷地加深。因此，除了 GATS 以外，區域性的服務貿易協議也對世界服務貿易的發展產生了巨大的影響。下面我們將重點介紹一些影響較大的區域服務貿易規則。

一、歐盟服務貿易規則

　　歐盟內部服務貿易一體化的歷史淵源可以追溯到 1957 年締結的《羅馬條約》。1957 年 3 月於羅馬簽署的《建立歐洲經濟共同體條約》（EEC，以下簡稱《羅馬條約》），以「各成員國之間廢除阻止人員、服務和資本的流通各種障礙」為其宗旨之一，其是歐共體規範區域內服務貿易最重要的法律文件。該協定的調整範圍雖然涉及大量的服務活動，但是，調整具體服務部門的規範並未在其第三章「服務」中加以規定，而是散見於其他各有關章節。例如，在運輸領域提供服務的自由受第四篇「運輸」規則的支配；而與資本流通相聯繫的銀行和保險業的自由化，則是在第四篇第四章「資本」中加以規定；此外，第八篇「社會政策、教育、職業培訓和青年」、第九篇「文化」、第十二篇「跨歐洲網絡」和第五部分關於「金融」的規定中均有所涉及。

　　從廣義上來看，《羅馬條約》提出的四大自由，除了商品外都與服務業相關。首先是關於人員的自由流動。歐盟內部統一市場的服務貿易協議以指令形式出現，取消了人員自由流動的障礙。《羅馬條約》第五十二條規定：「必須在過渡時期內逐步消除對某一成員方公民在另一成員方公民建立代理機構、分支機構及附屬機構的活動。」第四十八條規定：「在共同體內部，勞動者的自由往來最遲應在過渡時期結束時得以實現。」「它包括消除對成員方勞動者之間在就業、報酬及其他勞動條件方面基於國際的歧視。」其次，是有關金融服務的規定。歐盟 1999 年發起的金融服務行動計劃，對金融服務市場一體化所需要的法律與非法律措施以及相應的時間路線圖做出了規定。在銀行方面，制定了各成員國銀行監督制度，特別是協調營業許可條件，消除銀行服務活動和設立分支機構的內部障礙。在保險方面，也消除了各成員方之間保險服務開業權和經營權方面的限制。再次，在運輸服務業方面，《羅馬條約》第七十四至第八十四條就運輸方

面的歧視規定了一些明確的禁令。自 20 世紀 80 年代開始，歐盟逐漸形成了共同海運制度，通過多項法規和指令對承運人資格、貨運和客運的共同規則、船只安全、環境污染做出了國際標準的規定，制止海運和內河運輸的不正當競爭行為，保護成員國不受第三方不正當競爭行為的影響。各國航空公司在各成員國之間可以自由從事航空運輸業務，1992 年歐盟理事會還通過了關於汽車運送旅客的共同規則。最後，在電信服務業方面，歐洲委員會建議各成員國將電信也由國家壟斷逐步轉向以競爭為導向，並使政府和企業在電信管理功能上實行明確的分工。1988 年 1 月 1 日，歐盟 15 國更是宣布全部放開電信服務，實施電信服務貿易的自由化。

二、北美自由貿易區服務貿易規則

美國、加拿大和墨西哥三國簽署的《北美自由貿易協定》（North American Free Trade Agreement，NAFTA）於 1994 年 1 月 1 日起生效。NAFTA 是《美加自由貿易協定》的進一步擴大，突破了貿易自由化的傳統領域，納入到服務貿易領域，自由化步伐邁得更大，在一定程度上成為「烏拉圭回合」談判《服務貿易總協定》的範本。

《北美自由貿易區協定》涵蓋的服務部門相當廣泛，NAFTA 共有十九章，其中涉及服務貿易的內容就有八章，具體如下：第十二章「跨境服務貿易」覆蓋了絕大多數服務領域，涉及各成員國政府影響服務貿易的大部分措施（補貼和政府採購除外）；第十三章、第十四章分別就電訊服務、金融服務進行了專章規定；第九章「與標準有關的措施」、第十章「政府採購」、第十一章「投資」、第十五章「競爭政策、壟斷和國有企業」、第十六章「商人臨時入境」都有相關規定。此外，還有一些附錄，包括陸地運輸、專業服務和對協定的特殊保留和例外規定。

NAFTA 有關服務貿易規則的內容主要如下：在服務的範圍方面，該協定覆蓋的服務部門相當廣泛。第十二章「跨境服務貿易」建立了旨在實現跨境服務貿易自由化的規則和原則框架。其採用列舉「否定清單」的方式來規定其適用服務部門的範圍。該章明確規定不適用於下列的服務和活動：①金融服務、與能源或基礎石油化工有關的服務；②航空服務及其支持服務（除航空器維修服務和特種航空服務之外）；③跨境勞工貿易、政府採購、政府補貼、成員國政府所進行的與法律執行、收入保障、社會福利和國家安全有關的活動。在國民待遇和最惠國待遇方面，協定要求各成員在協定生效後，立即消除與國民待遇原則和最惠國待遇原則相違背的措施；在市場准入方面，第十二章「跨境服務貿易」還規定了「非歧視性數量限制」，即允許實行非歧視性的數量限制，但要求每一成員把在某一行業限制服務提供者的數量或活動的非歧視性措施列明，其他成員國均可要求對這些措施進行諮詢以及就這些限制性措施的自由化及取消進行談判；在透明度方面，協定規定：每一成員方須保證其與協定相關的法律、法規、程序及行政規章及時出版或以其他方式公布；對於壟斷性行業的服務提供者方面，協定規定：①不得採取與協定義務不一致的措施；②在購買或提供壟斷性服務時，必須僅依商業考慮行事；③對於其他締約方的服務提供者不得給予歧視；④不得濫用壟斷優勢直接或間接（通過其母公司、子公司或其他關聯企業）在非壟斷性市場上採取不正當的手段；在貿易爭端解決機制上，NAFTA 不僅包括成員國之間的貿易爭端，

而且還包括投資者或者服務提供者與成員國之間的貿易爭端。

三、與中國有關的服務貿易協議

(一) 中國-東盟服務貿易規則

　　2007年中國與東盟10國簽訂了《服務貿易協議》，成為了2010年正式實行的中國—東盟自由貿易區協議的一部分。其宣告了服務業的開放，使得服務貿易自由化進入了新的階段。該服務貿易協議是典型的發展中國家之間締結的服務貿易協議，其規範了中國與東盟服務貿易市場與服務貿易的有關問題，共33個條款和1個附件。關於服務貿易的相關定義和協議的管轄範圍，該協定均與《服務貿易總協定》相同，並將政府服務排除在協議範圍之外。在義務與規則方面，除了按照《服務貿易總協定》的模式規定了行為準則，而且對於柬埔寨、老撾、越南、緬甸規定了特殊的參與條款。該協定採取「肯定清單」的方式，中國以及東盟10國都相應地明確了具體開放的部門和措施。

(二) 中國—瑞士自貿區中的服務貿易安排

　　2013年7月6日中瑞雙方簽署《中國—瑞士自由貿易協定》，2014年7月1日正式實施，這是中國與歐洲大陸國家簽訂的首個自由貿易區。中瑞自由貿易區協定包括貨物貿易、原產地規則和實施程序、海關手續和貿易便利化、貿易壁壘、技術性貿易壁壘、衛生與植物衛生措施、服務貿易、投資促進、競爭、知識產權保護、環境問題、經濟技術合作、機制條款、正當解決和最後條款等十六章內容，以及關稅減讓表、產品特定原產地規則、原產地證書聲明、紡織品標籤、服務貿易及具體承諾減讓表等11個附件。其中，服務貿易是其中很重要的一章，瑞士作為國際貿易的金融中心，掌管全球三分之一的貿易及相關金融服務，因此，金融領域的合作將對雙方有著深遠的意義。

(三) 中國—韓國自貿區中的服務貿易安排

　　中韓自貿區於2012年5月啟動雙邊協定的談判，經過14輪的談判，於2014年11月結束談判，這是東亞地區最高水平的自貿區協議，於2015年12月20日正式生效。該協定除序言外共22章，中韓自貿協定範圍涵蓋貨物貿易、服務貿易、投資和規則共17個領域，包含了電子商務、競爭政策、政府採購、環境等「21世紀經貿議題」。在服務貿易領域，中韓雙方參照GATS條款，就適用範圍、市場准入、國民待遇、具體承諾減讓表、其他承諾、國內規制、透明度、支付與轉移、利益的拒絕給予、服務貿易委員會等相關義務要求做出了安排。

(四) 中國—澳大利亞自貿區中的服務貿易安排

　　2015年6月17日，中國商務部部長高虎城與澳大利亞貿易與投資部部長安德魯·羅布在澳大利亞堪培拉分別代表兩國政府正式簽署《中華人民共和國和澳大利亞政府自由貿易協定》。其包括正文部分和4個附件，正文部分除序言外共17章。中澳自貿協定是中國與西方主要發達國家簽署的高水平的自貿協定，雙方在服務領域達成的談

判成果主要體現在以下幾個方面：首個貿易夥伴以「負面清單」對中國服務貿易作出開放承諾的協定；雙方人員往來實現了重大突破；兩國還就金融、教育、法律和中醫等重點領域的合作達成了一系列重要的共識。

思考題

1. 請簡要闡釋《服務貿易總協定》的一般義務與原則。
2. 請簡要闡釋歐盟、北美自由貿易區各自的區域性服務貿易規則的相同點和不同點。
3. 請簡述「烏拉圭回合」服務貿易談判的歷程。
4. 請簡要闡釋新一輪服務貿易談判的主要內容。
5. 請簡要闡釋《服務貿易總協定》的重大意義與主要缺陷。
6. 請簡要闡釋《服務貿易總協定》的基本框架。

第六章　國際服務貿易競爭力

第一節　競爭優勢理論在國際服務貿易中的應用

國際服務貿易競爭力指一個國家在世界市場上參與經濟競爭並不斷增加財富的能力。其含義包括四個方面的內容：國際競爭力的主體可以是國家、產業或企業；競爭的範圍是經濟領域，從產品競爭力來看既包括有形產品，也包括無形產品；競爭的空間是世界市場；國際競爭力涉及一個國家的諸多方面，如科技水平、基礎設施條件、政府行為、企業素質和勞動力的工作態度等。

一、國際服務貿易競爭力主要理論

進入20世紀中葉尤其是80年代以後，世界貿易形態已經不再滿足於生產要素的比較優勢理論了。比較優勢理論更適用於18世紀、19世紀和20世紀上半葉，因為當時產業結構粗糙，生產的形態以勞動密集型而非技術密集型為主。但是，隨著技術變遷和資源條件變化及經濟全球化導致了世界經濟出現了重大變革，基於生產要素的比較優勢理論的局限逐漸暴露出來。

1980年、1985年、1990年，美國著名管理學家邁克爾·波特分別發表了《競爭戰略》《競爭優勢》《國家競爭優勢》即「競爭三部曲」。其中，基於經典國際貿易的相關理論，在著作《國家競爭優勢》（1990年）中，邁克爾·波特提出了「鑽石模型」，用以解釋國家在國際市場上如何取得競爭優勢。

長久以來，一個國家如何在某個給定產業上獲得長久的國際貿易競爭力是學術界討論的焦點。邁克爾·波特用「鑽石模型」，回答了這個問題，即一個國家的國內經濟環境對企業競爭力的發掘有極大的影響，其中最重要的直觀因素有生產要素，需求因素，相關產業和輔助產業，企業戰略、組織結構和競爭狀態，機遇，以及政府行為。其中生產要素（包括人力資源、天然資源、知識資源、資本資源、基礎設施），需求因素（本國市場的需求為主導），相關產業和輔助產業（這些產業和相關上游產業是否存在國際競爭力），企業戰略、組織結構和競爭狀態，這四個因素是特定產業國際競爭力的決定因素，剩餘的兩個因素機遇和政府行為也會對產業的國際競爭力產生了非常大的影響力。因此，一個國家的眾多產業中，能夠脫穎而出的極具國際競爭力的產業必然是上述六個因素均占優勢的產業。邁克爾·波特的「鑽石模型」提供了產業國際競爭力的六個重要因素來源。

(一) 生產要素

　　赫克歇爾和俄林在「要素禀賦論」中指出生產要素（Factor of Production）是指生產活動所必須具備的主要因素或在生產中必須投入或使用的主要手段。這通常指土地、勞動和資本三要素，加上企業家的管理才能為四要素。要素價格則是指生產要素的使用費用或要素的報酬。例如，土地的租金，勞動的工資，資本的利息，管理的利潤等。邁克爾‧波特在競爭三部曲中對生產要素的定義要寬泛得多。他把生產要素分為基本要素和高等要素，基本要素包含了自然資源、氣候、地理位置、非熟練和半熟練勞動力等先天擁有或後期不需要花太大代價就觸手可及的要素。高等要素包括現代化的信息技術設施、專業化的人力資本、高精尖學科的研究所等需要通過長期投資和後天漫長時間研發形成的要素。

　　早期行業發展中，基本要素占據了企業競爭力的核心因素地位，但是隨著世界貿易的發展、科技技術的不斷創新，除了少數天然產品或農業為主的產業等，高等要素逐漸替代基本要素，成為企業國際競爭力的重要必備條件。鑒於基礎要素的重要性下降，高等要素的重要性隨之上升，國家要舉全國之力投入持久而大量的人力資本，完善政治、法律、文化等相關體系。高等要素的供給相對稀缺，同時也很難從公開市場中獲得，因此，發展高等要素，提高產業國際競爭力，是國家的當務之急。

　　邁克爾‧波特還把生產要素分為通用要素（不同行業通用的生產要素）和特殊要素（使用面相對較窄的人才、基建和冷門專業知識等）。相較於通用要素，特殊要素對提高國際競爭力更重要。

(二) 需求條件

　　需求條件是國內市場對某一產業提供的商品或服務的需求。企業基於國內市場需求而建立的生產方式、組織結構、市場營銷是否能順應國際市場，有利於國際競爭，是評判廠商是否具有國際競爭力的重要影響因素。本國需求條件是否有利於國際競爭，取決於這幾個方面：本國需求的結構、本國需求的規模、本國需求的成長速度、本國需求的質量、本國需求的國際化。

　　本國需求的結構：本國需求結構的合理性決定了本國產業結構的合理性。一個國家的需求結構的合理性甚至能決定一個國家經濟機構的合理性。在合理需求結構下孕育而生的企業，更易於擁有競爭優勢。

　　本國需求的規模：本國需求的規模大小能影響到企業的國際競爭力。例如，如果國內市場的需求旺盛，則有利於企業保持競爭，形成規模效益，而規模效益帶來的成本下降，則提升了企業的國際競爭力。

　　本國需求的成長速度：本國對某種產品的需求，如果快速飽和，將促使國內企業持續創新，來保持產品差異化帶來的優勢地位。這也給企業帶來了競爭優勢。

　　本國需求的質量：國內市場需求的質量可以從三個層面來看，一是細分需求，二是挑剔需求，三是超前需求。如果從全球的細分市場來看，本國企業提供的商品所占份額較大，則該企業的商品具備國際競爭力；如果本國的企業經常面對的是挑剔的消費者，則這種壓力下迫使企業創新產品、提高商品和服務的質量；如果本國的需求具

有前瞻性，則為這種需求服務的廠商也發掘了先機，走在了世界前列，它所掌握的生產方式和市場營銷等都使得企業在未來開拓外國市場時占據了競爭優勢。

本國需求的國際化：一個國家的開放程度越大，則一個國家國民對具有別國消費習慣的商品的接納度也越高，廠商為了迎合這種需求特徵而生產的商品，在國際上的接納度也越高。換言之，本國需求越國際化，企業的商品國際化特質越明顯，企業的國際競爭力越強。

(三) 相關產業和輔助產業

一國在國際市場具有競爭力的優勢產業往往是由很多相關產業組成的一個產業群，如德國的紡織服裝業包括高質量的棉花業、合成纖維業、紡織機針製造業和一系列紡織機械製造業。相關產業和輔助產業之所以能夠提高產業的國際競爭力，主要來自於企業的上游產業在設備和零部件方面的扶持和相似企業在生產合作、信息共享等方面的支持。又如瑞士製藥業的競爭力來源於其過去染料工業的競爭優勢；美國在PC和其他技術先進的電子產品方面的競爭優勢受到其半導體工業的競爭優勢的有力支持。這些縱向和橫向的支持帶來了互相促進、擴大優勢的作用，甚至表現為優勢產業群。其具體過程為具有國際競爭力的供應商提供上游產品和中間產品從而帶動下游產業的競爭力提高。關聯產業因為相同的技術和供貨，容易共享信息促進合作，還帶來技術外溢的效果，生產效率提高，從而國家生產體系和營銷體系鏈的升級。另外，當一種產業的國際競爭力提升時，它的「互補」產業也相應地提高了競爭力。因為互補產品，往往具有捆綁消費的特質。

(四) 企業戰略、組織結構和競爭狀態

企業戰略、組織結構和競爭狀態包括企業的經營理念、經營目標、工作動機、同業競爭對手的經營狀況等方面。不同國家和不同行業的戰略、結構、狀態差異很大。但是其中能真正帶來企業國際競爭力的，還是企業的戰略發展目標，這往往不容易被模仿，當外部環境發生改變後，戰略發展的變化促使企業適應外部環境的變化。

上述的四個關鍵要素相互配合、相互作用，才能共同提升產業的國際競爭力。

(五) 機遇因素

機遇因素，包括不可預測的突發事件，重要發明，技術突破，生產要素供求狀況的重大變動（如石油危機），戰爭等。為弱勢企業創造了後來居上的可能性，當然也可能使本來具備競爭力的產業一蹶不振。

(六) 政府政策

政府在市場中的干擾行為，可以直接影響產業發生變化。政府政策具體落實在補貼、生產標準、競爭條例等方面，從而達到影響企業競爭優勢的目的。但是，必須明確的是，政府本身不可能直接為企業創造競爭優勢。

二、競爭優勢理論的拓展

邁克爾‧波特提出的影響產業國際競爭力的六個重要因素來源，直接驗證了國際

服務貿易自由化與國際服務貿易競爭力的關係。國際服務貿易自由化可以帶來成本優勢和產品差異化，從而提高企業甚至國家的競爭力。由此，服務貿易支持企業甚至國家的競爭力的基本要素可以分為六大類：服務資源要素、服務市場要素、服務技術（高技術）要素、服務資本（投資）要素、服務管理要素、服務產品要素。

服務資源要素：昂貴的初始投資創造出服務交易對象，如數據庫、網絡信息、軟件、音像製品、專利技術、文藝作品或其他知識產權產品等，構成了企業服務資源的基本要素之一。相比於自身開發服務資源，服務貿易使企業能夠獲得相對成本較低的服務資源從而占據競爭優勢，取得競爭力。

服務市場要素：服務貿易為國內企業提供了一條國際化的路徑，即使用國際服務市場的可能性。一來，外國服務產品和企業要進入本國的市場，則競爭加劇，使得國內服務價格下降和質量提升；二來，服務貿易的程度加深，使得對外出口的國內服務商也得到了低成本參與國際競爭的優勢，提高了本國服務企業的國際競爭力。

服務技術（高技術）要素：服務貿易溢出效應使本國企業能獲得最新的技術和信息以獲得成本優勢和產品優勢，提高了本國企業的競爭力。

服務資本（投資）要素：服務貿易經常與對外直接投資相關聯。服務貿易帶來外國直接投資（FDI），而外國資本的持續流入也產生大量的各種跨國服務需求。這種需求是世界經濟全球化發展的直接結果，其具體形式直接表現為跨國公司的內部貿易和產業內貿易的需求。因此，本國的服務企業將得到這些跨國企業需求方的服務支持。

服務管理要素：當前的服務類產品多數屬於技術密集型或者管理密集型。服務貿易過程，實施了服務管理的過程，也提高了服務管理技術的資料。綜合而言，服務貿易能提升企業的服務管理效率。

服務產品要素：服務貿易內含的服務技術、資源管理、市場和投資諸多要素有形或者無形的跨越國界的流動，必然促進服務產品的生產和銷售，從而促進企業產業結構升級和規模的擴大，提高服務企業的競爭力。

事實上，在邁克爾·波特的「鑽石模型」發展演變的過程中，他也指出，國家經濟競爭力發展可分為四個階段，即生產要素導向階段、投資導向階段、創新導向階段和富裕導向階段。其中前三個階段是國家競爭優勢發展的主要力量，通常會帶來經濟上的繁榮，第四個階段則是經濟上的轉折點，有可能因此而走向下坡。

第一，生產要素導向階段。在經濟發展的最初階段，幾乎所有的成功產業都是依賴基本生產要素。這些基本生產要素可能是天然資源，或是適合作物生長的自然環境，或是不匱乏且又廉價的一般勞工。這個階段中的鑽研體系，只有生產要素具有優勢。在這種條件下，只有具備相關資源的企業才有資格進軍國際市場。

第二，投資導向階段。在這一階段中，國家競爭優勢的確立以國家和企業的投資意願和投資能力為基礎，並且越來越多的產業開始擁有不同程度的國際競爭力。企業有能力對引進的技術實行消化、吸收和升級，是一國達到投資導向階段的關鍵所在，也是區別要素導向階段與投資導向階段的標誌。

第三，創新導向階段。在這一階段，企業在應用並改進技術的基礎上，開始具備獨立的技術開發能力。技術創新成為提高國家競爭力的主要因素。處於創新導向階段

的產業，在生產技術、營銷能力等方面居領先地位。有利的需求條件、供給基礎及本國相關產業的發展，使企業有能力進行不斷的技術創新。在重要的產業群中開始出現世界水平的輔助行業，相關產業的競爭力也不斷提高。

第四，富裕導向階段。在這一階段，國家競爭優勢的基礎是已有的財富。企業進行實業投資的動機逐漸減弱，金融投資的比重開始上升。部分企業試圖通過影響和操縱國家政策來維持原有的地位。大量的企業兼併和收購現象是進入富裕導向階段的重要跡象，反應了各行業希望減少內部競爭以增強穩定性的願望。

三、比較優勢理論與競爭優勢理論的聯繫與區別

(一) 比較優勢理論

1817 年，大衛·李嘉圖發表了《政治經濟學及賦稅原理》一書，首次提出了比較優勢的概念，並發展了比較優勢原理。李嘉圖的比較優勢理論是以一系列的假定為前提的：只考慮兩種產品和兩個國家；堅持勞動價值論，並假設所有的勞動都同質；生產是在成本不變的情況下進行的，即單位產品生產成本不因產量的增加而變化，也就是說不考慮規模效益；沒有運輸費用；包括勞動在內的生產要素都是被充分使用的，它們在國內完全自由流動，但在國際間不能流動；生產要素能自由地進出市場，從不占優勢的行業自由地進入具有優勢的行業，產品市場也是完全競爭的。

在 20 世紀初，H-O 的要素禀賦理論強調了自然資源禀賦對比較優勢的影響。H-O 模型的分析也是基於一系列簡化的假設：世界經濟中只有兩個國家，兩種同質的商品和兩種同質的生產要素，各國擁有的生產要素的初始水平是給定的，各不相同；兩國的生產函數相同；不存在規模經濟；兩中商品生產具有不同的要素密集度，各種商品的要素密集度不隨要素相對價格的變化而變化；市場結構是完全競爭的；要素在各國國內都可以完全流動，但不能在國家之間流動；沒有運輸成本；要素禀賦量是既定的，且可以充分使用。

20 世紀 70 年代後期，新貿易理論在 H-O 理論框架上引入人力資源、技術等高級要素，擴展了比較優勢理論的內容。

(二) 邁克爾·波特的競爭優勢理論

比較優勢理論是傳統國際貿易理論的基石。美國哈佛大學商學院的波特教授在 20 世紀 80 年代發表了其著名的競爭三部曲，即《競爭戰略》（1980 年）、《競爭優勢》（1985 年）、《國家競爭優勢》（1990 年），系統地提出了自己的競爭優勢理論。

《國家競爭優勢》一書在總結傳統的國際貿易理論的基礎上，提出瞭解釋國家在國際市場上取得競爭優勢的「鑽石模型」。波特提出國家競爭優勢理論是有著深刻的時代背景。20 世紀 80 年代美國的一些傳統支柱產業，如汽車製造業的競爭力被日本和西歐國家所超過；一些新興產業也受到這些國家的強大競爭壓力。如何提高國際競爭力是當時美國學術界、產業界、政府部門需要解決的一個緊迫問題。1983 年，里根總統設立產業競爭力委員會。波特就是這個委員會的成員之一。此外，經濟全球化進程的加快，使國際競爭日趨激烈，獲取競爭優勢成為一個現實需求。波特的理論反應了時

代的需要，他的理論對 20 世紀 90 年代的美國對外貿易政策產生了重大影響。1993 年，克林頓總統在其上任伊始，就宣稱他的經濟政策的目標是幫助美國在新的全球經濟中「競爭取勝」。

(三) 比較優勢理論與競爭優勢理論的聯繫與區別

比較優勢理論與競爭優勢理論二者之間既有一定的聯繫，又存在一定的區別。

比較優勢理論與競爭優勢理論的聯繫：

(1) 比較優勢和競爭優勢是相互依存的。比較優勢和競爭優勢相互依存，都是生產力的國際比較，比較優勢認為一國競爭力來源於各種生產要素的比較利益，而競爭優勢認為一國競爭力來源於產業或企業內部的效率與創新。二者並不排斥，是一種互補關係。

(2) 比較優勢是競爭優勢的基礎。一國具有比較優勢的產業往往易於形成較強的國際競爭優勢，換句話說，比較優勢可以成為競爭優勢的內在因素，促進特定產業國際競爭力的提高。同時，一國產業的比較優勢要通過競爭優勢才能體現出來，即使是具有比較優勢的產業，如果缺乏國際競爭力，也無法實現其比較優勢。相應地，非常缺乏比較優勢的產業，往往較難形成和保持競爭優勢。

(3) 競爭優勢是比較優勢的拓展和深化。在一國經濟發展中，比較優勢與競爭優勢同時發揮作用。在一國的產業發展中，一旦發生對外經濟關係，比較優勢與競爭優勢就會同時發生作用。任何國家都不可能在所有產業中都具有競爭優勢，競爭優勢不能完全消除和替代比較優勢。競爭優勢理論在研究方法上突破了比較優勢理論的分析範式，從全新的視角演繹了競爭力理論的研究。但在其內容和邏輯上並不是對比較優勢的否定，而是對比較優勢理論的豐富和深化。

(4) 競爭優勢是比較優勢發展的必然要求。競爭優勢的取得需要根據經濟環境和經濟發展的情況循序漸進地進行，比較優勢是競爭優勢的基礎，或者說，選擇已經具有比較優勢的產品或產業進一步拓展競爭優勢要比培育完全沒有比較優勢的產品或產業更可行，成本更低。因此，比較優勢與競爭優勢具有互補性，競爭優勢是比較優勢發展的必然要求。

(5) 內生比較優勢理論與競爭優勢理論所研究的一部分重要問題是相同的，如都關注知識與技術創新、規模經濟對貿易的影響。

比較優勢理論與競爭優勢理論的區別：

(1) 比較優勢理論與競爭優勢理論比較的範疇不同。比較優勢是經濟學範圍，側重於對「看不見的手」（價格機制）作用的研究；而競爭優勢是管理學範疇，側重於對企業、產業及政府等組織「看得見的手」作用的研究，強調的是非價格競爭和創新競爭。

(2) 比較優勢理論與競爭優勢理論比較的前提不同。前提條件不同。比較優勢理論的前提條件是完全競爭市場，不存在規模經濟。李嘉圖是在嚴格的假設條件下才得出比較利益的結論的，而 H-O 理論和動態比較優勢理論也是假設完全競爭的市場條件。這種理想的市場狀況與現實有很大的出入，在今日的國際市場上，除了少數的初

級品可以被近似地認為是完全競爭市場，很多產品市場都或多或少地存在壟斷。競爭優勢理論在假設條件方面就與現實較相符，充分考慮了需求條件、競爭狀況和相關產業的影響。

（3）比較優勢理論與競爭優勢理論比較的層面不同。前者側重於一個國家不同產業（產品）間的比較，體現的是各地區不同產業之間勞動生產率的比較和相對優勢。後者則是各國在同一產業上的較量，即競爭優勢可以用來解釋產業內貿易。

（4）比較優勢理論與競爭優勢理論強調的重點不同。前者更多地強調的是各國產業發展的潛在可能性，是一種潛在的競爭力。而後者更多地強調現實態勢，是現實競爭力。

（5）比較優勢理論與競爭優勢理論產生優勢的原因不同。比較優勢理論認為比較優勢主要取決於一國或自然或歷史的初始條件，最終歸結為一國的資源稟賦，是一種先天性條件，也是一種天然的競爭力。競爭優勢理論認為雖然競爭優勢與一國資源稟賦也有關，但主要取決於一國的創新機制，取決於企業的後天努力，與一國後天累積的因素有關。

（6）比較優勢理論與競爭優勢理論的實踐意義不同。前者的實踐意義主要是論證國家間產業分工與產業互補的合理性。後者則主要論證了國家間產業衝突和產業替代的因果關係。

（7）比較優勢理論與競爭優勢理論的立足角度不同。比較優勢理論從全球的角度考慮，認為一國只有按照成本原則分工，就會增加成本的福利，並提高世界範圍內的生產效率和資源配置水平，當然也有經濟學家提到比較優勢理論不僅僅是適用於國際間生產效率的比較，同樣適合一國不同區域間的比較。

（8）比較優勢理論與競爭優勢理論的適用國家的類型不同。比較優勢理論是所有類型國家經濟發展戰略的基礎，但相對來說比較優勢理論更適合發展中國家，而競爭優勢戰略更適合發達國家。競爭優勢的許多結論不適合解釋發展中國家的情況，它主要是根據發達國家尤其是美、日的成長過程所總結出來的。

（9）比較優勢理論與競爭優勢理論對國內需求的認識不同。比較優勢理論是從供給的角度考慮的貿易理論，它忽略了國內需求對競爭優勢的影響。競爭優勢理論毫不含糊地指出國內需求同國家競爭優勢之間的因果關係，在「鑽石理論」模型中，需求因素是增強一個企業國際競爭力的四個主要因素之一。

（10）比較優勢理論與競爭優勢理論對一國應在國際貿易中所出口或進口的商品結構的解釋不同。按照比較優勢理論，資本充裕的國家應出口資本密集型的產品，勞動力充裕的國家應出口勞動密集型的產品，也就是說，貿易各國應出口本國具有比較優勢的產品。競爭優勢理論認為，具有比較優勢的產品不一定具有競爭優勢，而能夠出口到國際市場的產品一定是具有競爭優勢的產品。具有競爭優勢的產品不但要有成本優勢，還要有品牌、質量、壟斷力等其他優勢，比較優勢只是競爭優勢的一種，即成本優勢，競爭優勢才是一國出口商品的充分必要條件。

（11）比較優勢理論與競爭優勢理論提出的貿易政策不同。比較優勢理論認為，通過自由貿易，貿易各方都得到了貿易利益，世界的福利也得到了提高，因此世界各國

都應該實行自由貿易政策。競爭優勢理論的要旨在於，國家應該盡可能地為企業創造有利於企業提高其競爭力的環境。競爭優勢是創造出來的，而不是天生的，天生的稟賦僅僅是影響一國競爭優勢的要素條件中的低級要素，更重要的是培養高級要素和特定化要素，國家的職責就是利用國家機器來干預貿易，使本國企業擁有或保持其競爭力。

（12）比較優勢理論與競爭優勢理論的分析方法不同。比較優勢採用的是一般均衡、靜態均衡分析方法。競爭優勢採用的是一種非均衡的動態分析和局部分析方法。

（13）實踐證明兩者是相對獨立的。有比較優勢的產品不一定具有良好的市場業績，而不具備比較優勢的產品卻可後天累積獲得國際競爭力。

因此，對國際服務貿易競爭力的理論探討應從比較優勢出發，著眼於對競爭優勢的理解分析，從而突出服務相比於一般商品的動態優勢，形成真正的競爭力。

第二節　國際服務貿易競爭力指標

國際服務貿易競爭力指標有如下幾個：

一、服務貿易總量

服務貿易總量考察一國（或地區）的服務貿易進出口總額、服務出口額、服務進口額、在世界的排位等，根據以上數據計算歷年的增長率、順差逆差等。

二、國際市場佔有率

國際市場佔有率是指一國某類產品出口額占全世界該類產品出口總額的比重。某類產品的國際市場佔有率越高，則表明該類產品的國際競爭力越強，在競爭力比較中被廣泛的採用。公式如下：

$$MS_{ij} = X_{ij}/X_{wj}$$

式中：MS_{ij}——i 國 j 產品的國際市場佔有率；
　　　X_{ij}——i 國 j 產品的出口總額；
　　　X_{wj}——世界 j 產品的出口總額。

三、服務貿易對外開放度（對外依存度指標）

服務貿易對外開放度反應了一國貿易開放程度，是一個衡量一國某年進出口服務貿易總金額在該國當年 GDP 總額中占多大比重的概念。過高的服務貿易開放度說明一國對國外服務業市場的依賴程度高；過低的則相反。因此，服務貿易開放度又被稱為對外貿易依存度。

四、競爭優勢指數（TC 指數）

服務貿易競爭優勢指數（Trade competitive Power Index），即 TC 指數，是對一國

（或地區）服務貿易國際競爭力分析時較常使用的測度指標之一，它表示一國進出口貿易的差額占其進出口貿易總額的比重，表明該國是某類產品的淨出口國，還是淨進口國，以及淨進口或淨出口的相對規模，常用於測定一國某一產業的國際競爭力，也可以用來比較不同國家之間同種產品的競爭力。

服務貿易競爭優勢指數的基本公式：

$$TC = 出口（X）- 進口（M）/ 出口（X）+ 進口（M）$$

其中，進口和出口分別表示某一年度的進口額和出口額。

當用來衡量一國某產品的國際競爭力時，公式如下：

$$TC =（產品出口額-該類產品進口額）/（產品出口額+該類產品進口額）$$

該指標作為一個與貿易總額的相對值，剔除了經濟膨脹、通貨膨脹等宏觀方面波動的影響，即無論進出口的絕對量是多少，它均在±1之間。當結果趨於1時，表明該產品國際競爭力強；當結果趨於-1時，表明該產品的國際競爭力弱。數值如果等於-1意味著只有進口，而數值等於1意味著只有出口。

五、顯性比較優勢指數（RCA 指數）

$$RCA_{ij} = (X_{ij}/X_{it})/(X_{wj}/X_{wt})$$

式中：RCA_{ij}——i 國 j 產品的顯示比較優勢指數；

X_{ij}——表示 i 國 j 類產品的出口額；

X_{it}——表示 i 國全部產品的出口額；

X_{wj}——表示世界上第 j 種產品的出口總額；

X_{wt}——表示世界所有產品的出口總額。

或者，服務貿易 RCA 指數（Revealed Comparative advantages）也可以理解為，一國服務出口對該國貨物與服務總出口的占比和世界服務出口對世界貨物與服務總出口占比的比值。

一般來說，如果 RCA 指數大於 1，說明一國服務貿易具有顯性比較優勢；如果 RCA 指數小於 1，說明該國服務貿易沒有顯性比較優勢。一國 RCA 指數值越大，則該國的競爭優勢就越大。為更細緻評價貿易競爭力的強弱，可將 RCA 劃分為 5 個區間：

（1）當 RCA 指數大於 2.5 時，表明該國服務貿易具有極強的比較優勢。

（2）當 RCA 指數大於 1.25，但小於 2.5 時，表明該國服務貿易具有較強的比較優勢。

（3）當 RCA 指數大於 0.8，但小於 1.25 時，表明該國服務貿易具有微弱的比較優勢。

（4）當 RCA 指數大於 0.4，但小於 0.8 時，表明該國服務貿易具有較小的比較劣勢。

（5）當 RCA 指數大於 0，但小於 0.4 時，表明該國服務貿易具有較大的比較劣勢。

六、顯示性競爭比較優勢指數（CA 指數）

CA 指數是從出口的比較優勢中減去該產業進口的比較優勢，從而得到該國該產業

的真正競爭優勢。而 RCA 指數只考慮了一個產業出口所占的相對比例，並沒有考慮該產業進口的影響。

$$CA_{ij} = (X_{ij}/X_{it})/(X_{wj}/X_{wt}) - (M_{ij}/M_{it})/(M_{wj}/M_{wt})$$

服務貿易 CA 指數＝（一國服務出口/該國貨物與服務總出口）/（世界服務出口/世界貨物與服務總出口）－（一國服務進口/該國貨物與服務總進口）/（世界服務進口/世界貨物與服務總進口）

如果 CA 指數大於 0，服務貿易具有比較優勢；如果 CA 指數小於 0，服務貿易不具有比較優勢。該指數越高，該國服務貿易國際競爭力越強；反之，該指數越低，該國服務貿易國際競爭力越弱。

七、淨出口顯示性比較優勢指數（NRCA 指數）

為反應進口對出口競爭力的影響，1989 年貝拉·巴拉薩改良了顯示性比較優勢指數，用一國某一服務產業出口在總出口中的比例與該國該產業進口在總進口中的比例之差來表示該產業的貿易競爭優勢。

$$NRCA_i = X_i/X - M_i/M$$

服務貿易 NRCA 指數＝服務出口/貨物與服務總出口－服務進口/貨物與服務總進口

NRCA 指數剔除了產業內貿易或分工的影響，反應了進口和出口兩個方面的影響。因此用該指數判斷產業國際競爭力要比其他指數更能真實反應進出口情況。

如果 NRCA 指數大於 0，則表示該產業在國際競爭中存在競爭優勢；如果 NRCA 指數小於 0，則表示該產業在國際競爭中存在競爭劣勢；如果 NRCA 指數＝0，如果表示該產業貿易自我平衡。該指數值越高，國際競爭力越強；指數值越低，國際競爭力越弱。

第三節　不同國家的服務貿易情況

不同國家的服務貿易水平有很大的差異。本小節將重點介紹發達國家的服務貿易情況。

一、發達國家（經濟體）的服務貿易

（一）美國的服務貿易

美國是世界上服務業最發達的國家。目前，服務業為美國創造了大部分的 GDP，提供了逾八成的就業崗位。服務業的迅速發展促進了美國服務貿易規模的擴大。作為世界最大的服務貿易國，美國在金融、電信、交通運輸、旅遊、娛樂、諮詢、教育培訓、醫療保健等服務貿易領域都具有強大的競爭優勢。美國成為世界頭號服務貿易強國，不僅是其科技發展、產業結構升級的必然結果，其政府服務貿易的促進政策法規及其完善的管理體系也發揮了積極的作用。美國不僅設立了管理服務貿易的專門機構，

而且在聯邦政府與各州政府之間、政府部門與企業和民間組織之間、立法機構與管理部門之間均形成了有效的協調機制。

服務業對美國的產出及就業影響較大，20世紀90年代時，服務業收入可以占到美國GDP的七成，當年從事服務業的人口占總就業人口的八成。美國增長的就業機會大部分集中在服務領域。20世紀90年代美國服務業的年均名義增長率達6%，高於其他行業的年均增長率5.6%。但21世紀以來服務業增長速度放緩，有些年份低於製造業增長。

服務貿易在美國對外貿易中的重要性日益顯現。美國服務出口占總出口的比例平均維持在27%左右。服務進口則呈現相反的發展趨勢，服務進口占總進口的比例總體下降，反應出服務貿易對美國經濟的貢獻作用越來越大。

《幸福》雜誌曾評出的世界最大的500家服務業企業中三分之一為美國公司。這些數字表明美國的經濟類型已經從以煤炭、鋼鐵等製造業為主轉向以計算機軟件、生物工程技術開發等服務業為主。

美國十大服務業包括旅遊、運輸、金融、教育、商業服務、通信、設備安裝維修、娛樂業、信息和醫療保健。美國在這些方面保持絕對的領先優勢，具有很強的世界競爭力。以信息技術服務為例，20世紀90年代，美國電腦與信息服務（包括電腦軟件特許使用權）出口以23.7%的年均速度遞增。近年來，速度有所放緩。

美國服務貿易發展的特點是服務貿易發展平衡，經濟貢獻率高；信息技術的高速發展及電子商務的出現推動了服務貿易的發展；服務貿易順差有效彌補了貨物貿易逆差；服務業的各個部門發展態勢良好；服務貿易的出口方向主要是發達國家。

綜合來看，美國服務出口與國內服務業發展良性互動，支撐著國內經濟增長，擴大了國內就業，較大程度上彌補了商品貿易逆差；美國服務貿易之所以取得巨大成功，既得益於美國自身在知識、技術和資本密集型服務業創造和累積的比較優勢，又得益於經濟全球化的迅猛發展和以信息技術為代表的新技術革命的發展這一機遇；既得益於美國企業市場擴張的努力，又與美國政府政策的推動和「護航」分不開。

美國服務業的有關產業政策：服務業是美國經濟快速增長的一個部門，在美國的經濟發展中佔有極其重要的地位。美國在其亞太經合組織（APEC）1996年單邊行動計劃中指出，其服務業在貿易和投資方面是世界最開放的體制之一，在商業、音像、教育、環境、金融、保險、文化娛樂等部門幾乎沒有限制。旅遊部門不允許外國官方旅遊機構在美國進行商業活動，海運部門有法定外籍船員比例限制，空運服務要符合美國聯邦航空管理局的安全標準。1998年的單邊行動計劃仍重複了1996年的看法，美國是世界最開放的地區之一，金融服務業、通信服務業已經開放，希望通過談判開放APEC成員的民用航空業，而且將積極參加2000年開始的WTO多部門服務業談判。1999年，美國採取了相應的措施，取消了有線電視價格控制，同時承諾將在批發市場重組的基礎上，開放零售市場，方便消費者選擇，加強競爭。

在美國的服務業中，電信業是個正在蓬勃發展的產業，競爭程度高，並日趨激烈。基礎電信（如電話、電視機和無線電）的擁有率早已達到了飽和點，但現在仍在上升，儘管上升的速度比過去慢。現在美國的電信營業額約占世界的30%。美國在電信業方

面提供完全的市場准入和國民待遇，沒有任何的限制。《1996 電信法》表明美國開始放寬電信市場，這是美國自 1934 年對通信立法以來的第一次重大改革。改革的主要內容有：結束地方電話公司的壟斷地位，允許在地方電話服務中進行競爭，包括有線電視公司與傳統的電話公司進行競爭；允許電力公司和煤氣公司提供電話、有線電視及其他電信服務；對聯邦或地方上的單獨一方擁有或管理無線電視臺和電視臺的數目放寬限制；允許單獨一方擁有或管理廣播電網和有線電視網等。美國對於發展「全球信息基礎結構」提出了五項原則：鼓勵私營部門投資；促進競爭；對所有的信息提供者和使用者開放網絡；建立一個靈活管理的環境以便能適應迅速變化的技術和市場；確保國際性的服務。

美國政府對服務業的管理：美國的服務業有相當一部分是政府官辦或受政府管理的，據統計，美國聯邦政府、州政府、地方政府為其服務業提供的服務，占全美服務業總值的 20% 左右。所以美國政府對服務業的管理較之於其他產業更直接、更具體。

美國政府對服務業管理的範圍包括公用事業、運輸業、通信業、銀行業和保險業等。管理的目的是保護消費者利益和創造一個更有競爭力的服務業市場。管理的辦法是政府限制服務業的收費標準、限制企業准入和退出市場、限制商家的投資收益以及限制各類服務企業可以使用的業務協定。具體實施辦法是通過法規、法律文件和行政命令來強制實行。

政府對收費標準和市場准入的限制主要適用於運輸業和金融業；對投資收益的限制適用於壟斷性的電信、電力和煤氣等大公司。這樣做有利於打破壟斷，倡導有序競爭的局面。

美國政府在加強服務業管理的同時，至少還推行了 20 項計劃以幫助服務業提高國際競爭力。這些計劃包括商務部國際貿易管理局提供的服務業全面出口計劃、運輸部提供的遠洋航空計劃以及出面為服務企業簽訂的有關雙邊協議、政府多家機構為促進服務業發展所提供的信貸計劃等。服務企業也可獲得政府專業性的、具體部門的管理和服務。如銀行和證券公司可以通過財政部獲得與外國企業同等的競爭機會；旅遊公司可以通過國家旅遊管理局的協助，吸引國外旅遊者到美國旅行觀光；小型服務企業可以通過小企業管理局獲得直接貸款和貸款保護等等。

政府還通過制定政策和貿易法規為美國的服務業創造便利的條件。美國貿易代表辦公室負責協調美國政府內的服務貿易政策的制定，並與其他的機構一起談判有關服務的雙邊和多邊貿易協定。國際貿易管理局和專利及商標辦公室在國務院、美國貿易代表辦公室、版權辦公室等機構的配合下，負責保護知識產權和改進國際市場商業執照的條件，充分的知識產權保護對很多服務企業的競爭力至關重要，例如，計算機軟件行業、電影業和音像錄製業等。

此外，基於按不同的運輸方式實施分別管理的管理模式已經過時，美國政府正在醞釀籌建「大運輸部」，以期各運輸部門之間的統一融合，以統一的規則、較少的行政機關和較少的工作人員，依靠信息化實施更高效的管理。大運輸部很可能成為美國較為集中統一管理物流主要環節的政府行政管理部門。

(二) 歐盟的服務貿易

歐洲一直以來是服務輸入市場。50年代後期經濟迅速發展，出生率的下降，導致勞動力短缺，需要補充大量的服務人員。服務人員主要來自東歐、土耳其、北部非洲等地。近年來經濟衰退，經濟地位讓位於美日；一般性服務人員需要減少，但仍是重要的服務輸入市場，需要的主要是技術人員。

歐盟服務貿易發展的特點是：服務貿易進出口居於世界前列；歐盟服務貿易增長迅速；美國是歐盟最大的服務貿易夥伴；英國曾經為歐盟15國中最大的服務貿易交易國（但英國已經於2016年6月23日啟動了脫歐程序）。

歐盟內部的服務貿易政策主要包含了人才自由流動政策、金融政策、運輸政策和電信政策等。歐盟內部服務貿易一體化的歷史淵源可追溯到1957年締結的《羅馬條約》。該條約明確指出，要消除共同體內各種經濟障礙，實現「商品、人員、勞務和資本的自由流通」。可見服務貿易自由化被作為構建歐洲經濟共同體的重要政策目標之一，佔有非常重要的戰略地位。從廣義來講，《羅馬條約》提出的四大自由，除商品外，其餘都與服務業有關。

對自然人移動設置壁壘，可能來自國籍或個人專業資格（文憑、學位、駕駛執照等）方面的考慮；而對後者企業法人的移動限制，則更多地集中在其執業資格的認定，即開業權和經營權的審定授予方面。為消除上述壁壘，《羅馬條約》第五十二條規定：必須在過渡時期內逐步消除對某一成員國公民在另一成員國國土上營業自由的限制，這種消除限制同樣應擴展到對居住於另一成員國國土上的某成員國公民建立代理機構、分支機構及附屬機構的活動。第四十八條規定：在共同體內部，勞動者的自由往來最遲應在過渡時期結束時得以實現。它包括消除對成員國勞動者之間在就業、報酬及其他勞動條件方面基於國籍的歧視。根據上述規定，共同體成員國的任何一個公民都可以應聘於其他任何一個成員國的企業，可以因此而自由遷移，不僅可以因就業而居住於其他成員國，且在就業完畢後仍有權繼續居留，也可以在其他成員國從事非工資報酬性質的活動。企業法人也擁有在其他成員國國土上依法建立公司、設立營業所或分支機構的權利。該條約比GATS關於自然人及其流動條件的概念、範圍要寬泛得多，國民待遇原則體現得更全面、更徹底。

歐盟金融政策的內部協調始於20世紀70年代。金融服務一體化主要解決公司設立自由和經營自由兩大問題。1977年12月12日通過的歐共體的「第一項銀行業指令」，便是走向協調信貸機構法規的第一步。其中特別重要的是提出了「母國控制原則」，即由特定信貸機構設有總部的成員國主管機構對該信貸機構經營於各成員國的分支機構實行全面監督，並就各成員國主管機構監督標準提出了要求。1989年12月歐共體發布了「第二項銀行指令」，對信貸機構的監督制度、特別是准許營業的條件作了統一規定。該指令具體協調內容包括：准許營業條件、自有資金與清償比率、信貸機構與非金融活動的監管、會計規則等。附錄制定了一個「銀行業務項目表」，成為各成員國信貸機構的經營指南。它幾乎覆蓋了一般銀行的所有經營項目。該指令要求成員國必須在1993年1月2日前通過其國內立法貫徹實施第二項指令的各項規定，這樣，該指令

實際上轉變為直接約束歐共體銀行業的統一法規。歐共體保險業內部一體化的目標也是要消除各成員國之間保險服務開業權和經營權方面的限制。

《羅馬條約》奠定了共同運輸政策的基礎。條約第七十四條至第八十四條就運輸方面的歧視規定了一些明確的禁令，更重要的是，授權執委會為一項廣泛的共同政策提出建議，以實現共同市場的總目標。1961年4月，《紹斯備忘錄》確認了運輸部門的四個特點：在提供基礎設施方面高度的公共干預，導致價格不穩定的低下的供求彈性，大量傳統的公共服務責任；運輸和其他部門目標之間的複雜關係。正是對這些特徵所持的觀點確定了以後12年內共同運輸政策發展的基調。《紹斯備忘錄》建議的政策目標是：消除在整個共同市場建設道路上運輸可能設置的那些障礙；在共同體一級把運輸統一起來（在共同體內使運輸服務自由流動）；在共同體內建立運輸體系的總體組織。

對於電信政策，歐盟在電信業單一市場的建設目標是在1998年1月1日前在大多數成員國之間實現電信服務、網絡系統服務的自由化。具體實施計劃是：第一步是形成電信終端及網絡設備的統一流通市場。這就要做好全歐盟範圍內的統一標準化工作，1988年建立的「歐洲電信標準研究院」有力地推動了這一領域的進展。第二步便是實現電信服務經營自由化。從1990年起，除少數部門（如公共電話及基礎電信網絡）外，歐盟陸續放開了增值電信、資料信息傳輸等幾乎所有部門的業務經營限制。在移動電話領域、固定網絡等領域裡實行了全方位開放。

歐盟對外服務貿易政策制定的主要依據是GATS。鑑於歐盟內部服務貿易一體化進展遠遠超過了WTO在這一領域的進展，因此，如何消除客觀上帶來的這種內部優於外部的影響，自然受到外部世界的關注。歐盟對外界多次重申，它的內部單一市場經濟絕不排斥對外開放和外來競爭的增加。表現在：一是歐盟積極參與烏拉圭回合服務貿易多邊體制談判，並在GATS及其他相關協議中簽字；二是在服務貿易開價單中，無論是市場准入還是國民待遇，都作出了較高的開放承諾。對此，世貿組織成員也給予了肯定的評價；三是在認真履行烏拉圭回合服務貿易談判承諾義務方面，歐盟也有一些實際表現。

不過，歐盟在處理其對外貿易關係時一直有一種雙邊主義的傾向存在。這對其貿易夥伴來講始終是一種不穩定因素。以金融服務為例，在銀行、證券業、保險業的部門管理條例、理事會指令中，都有關於「互惠條款」的文字內容，其大意是，如果第三國（非歐盟成員國）對來自歐盟成員國的服務或服務提供者實行歧視待遇，歐盟委員會即可要求與該第三國進行談判以求改變上述歧視性做法，並可要求歐盟成員國限制或延遲批准該第三國請求在歐盟設立子公司或取得歐共體公司股份的申請。這是一種典型的雙邊互惠型的「國民待遇」。

歐盟單一市場經濟的特徵決定了其市場准入和國民待遇的適用有其自身特點。具體到服務貿易，適用規則如下：原則上如果第三國公民或企業在歐盟某一成員國取得了開業或提供服務的許可權，那麼根據歐盟內部「單一執照」制度，該第三國有關機構或個人便具有在其他歐盟成員國自由設立分公司或提供服務的權利。這就是說，在一個成員國選準突破口，便可獲得整個歐盟的「通行證」。從這個角度講，歐盟內部一

體化政策協調程度越高，對外部帶來的利益就越大。這一點對於工程、商業等服務業尤為重要。當然，歐盟現狀中依然存在著內部協調尚未完全到位的情況，許多外部非成員國往往利用這些領域中的政策空隙，選擇薄弱環節，尋找進入歐盟內部大市場的機會。可見內部一體化水平的高低會直接影響歐盟外部政策的實施效果。歐盟近年在一些主要的關鍵部門（如銀行業）採取了一系列補救措施，旨在防止第三國規避行為的發生，加強內部的監管力度。

（三）日本的服務貿易

日本服務貿易的發展概況：日本是在烏拉圭回合100多個服務貿易領域作出放寬限制承諾的少數國家之一，在相當多的部門對外國機構沒有規定，但在海上運輸服務業和法律服務業方面有特殊的限制，日本計劃在盡可能短的時期將這些部門推向自由化。1998年的單邊行動計劃指出，日本單邊行動計劃改進的主要依據是1998年3月內閣批准的「放松管制的三年計劃」，放松管制的領域包括：住房、交通、醫療、金融、電信等領域，服務業放松管制與解決結構性經濟問題是相互關聯的。日本在賓館和飯店服務、旅行機構服務、導遊服務方面沒有市場准入和國民待遇限制。在海運代理服務、海上救助服務、燃料服務和垃圾回收服務等方面沒有市場准入和國民待遇限制。在空運方面，在飛機的維修和保養服務方面有許可證限制；航空運輸服務和計算機預定系統服務在市場准入和國民待遇方面沒有限制；增加了對私營部門和外國民航局分發的執照數量。1999年的單邊行動計劃表明，日本將修訂《電信商業法》，盡量降低通信費率，並且考慮部分地開放電力零售供應，同時還將繼續執行《信息技術協議》。

日本的服務貿易政策：日本的旅遊業完全對外開放；積極倡導作為服務貿易基礎的通信技術的發展；建設信息基礎產業；集中力量從事研發工作；加強國際合作。

（四）澳大利亞的服務貿易

澳大利亞服務貿易發展概況：澳大利亞在給予國民待遇的基礎上，專業服務部門大部分都對外國公司開放，只有法律服務例外。在出入境方面對商業專業人員和外國公司有具體規定。在旅遊業的賓館和飯店服務、旅行機構服務、導遊服務方面沒有市場准入和國民待遇方面的限制。1998年承諾改革金融部門的管理體制以鼓勵更加開放、有效的競爭，承諾取消外資進入四家國內主要銀行的綜合限制，放寬對外國船只在澳大利亞沿海獲準從事貿易活動的限制。1999年進一步指出，將在國際航空服務領域繼續推進自由化，在符合國家利益的前提下，盡可能地與更多的經濟體簽訂開放天空的協議，同時將澳大利亞國際民航部門外國投資的比例放寬到49%。從2000年7月1日起，將對電信業完全開放，取消對網絡基礎設施提供者和安裝者的數量限制，為新的電信服務供給者提供進入澳大利亞電信市場的機會。除了國有電信公司，對於外資進入電信業沒有特別的限制。國有電信公司的1/3已經私有化，其中35%的股份可供外國投資者購買。

澳大利亞服務貿易發展的特點是：服務貿易出口結構發生變化；入境旅遊絡繹不絕；教育出口吸引大批海外學生；商務及專業服務業發展迅速；金融保險業走向國際化；主要服務貿易夥伴多元化。

第四節　中國的服務貿易競爭力

一、中國服務貿易國際競爭力的分析

(一) 中國服務貿易出口額在世界上的排序及佔有份額

一個國家（地區）服務貿易整體國際競爭力強弱直接表現為其服務貿易出口在世界市場上佔有的位置與份額，即國際市場佔有率。2014年世界10個主要國家（地區）服務貿易出口額排序及佔有份額中，中國服務進出口總額6,043.4億美元，比2013年增長12.6%，增速遠高於全球服務貿易4.7%的平均水平。其中，服務出口2,222.1億美元，增長7.6%；服務進口3,821.3億美元，增長15.8%。服務貿易逆差擴大至1,599.3億美元。據世界貿易組織（WTO）最新統計，2014年中國服務出口額與進口額的全球占比分別為4.6%和8.1%，分別位居全球第五位和第二位。

隨著中國經濟結構轉型升級，服務業規模不斷擴大，帶動服務貿易進入快速發展期，服務進出口額從2007年的2,509億美元攀升至2014年的6,043.4億美元，7年時間裡增長了1.5倍。「十二五」以來，中國服務貿易在對外貿易總額（貨物和服務進出口額之和）中的比重持續上升。2014年，中國服務貿易增速高出貨物貿易增速10.3個百分點，服務貿易占對外貿易總額的比重達12.3%，比2013年提高0.8個百分點。

2014年，中國服務貿易逆差1,599.3億美元，同比增長35%。其中旅遊貿易逆差為1,078.9億美元，大幅增長40.3%，占服務貿易逆差總額的67.5%，是服務貿易逆差的最大來源。其次是運輸服務、專有權利使用費和特許費逆差額分別為579億美元、219.7億美元，均比2013年略有增長。保險服務逆差179.4億美元，比2013年小幅收窄。

2014年，中國加工服務順差為212.7億美元，是順差最大的服務貿易項目。諮詢、建築服務順差均突破100億美元，分別為166億美元和104.9億美元。計算機和信息服務、其他商業服務分別實現98.6億美元和97.4億美元的順差，廣告宣傳實現了12億美元的小額順差。

(二) 中國服務貿易進出口行業結構

在進出口結構中，是勞動、資源密集型的行業占較大比重，還是知識資本密集型的行業占較大比重，是衡量一國服務貿易國際競爭力高低的一種尺度。2014年，中國三大傳統服務（旅遊、運輸服務和建築服務）進出口合計3,765.5億美元，占服務貿易總額的62.6%。三大服務出口合計增長10.7%，占服務出口總額的50.4%。其中，旅遊出口增長10.2%，占服務出口總額的比重為25.6%，仍居各類服務之首；運輸服務出口同比微增1.7%，占比降至17.7%，位居第二；建築服務出口實現了44.6%的強勁增長，占比上升至7.1%。受中國居民「出境遊」持續升溫的影響，旅遊服務進口增長28.2%。建築服務進口增幅也達到26.7%。傳統服務進出口仍占據服務貿易的過半

江山。

2014年，中國高附加值服務進出口快速增長，金融服務、通信服務、計算機和信息服務進出口增速分別達到59.5%、24.6%、25.4%。其中金融服務出口大幅增長57.8%，達46億美元；計算機和信息服務出口增長19%，達183.6億美元。諮詢服務出口增長5.8%，達429億美元，占服務出口的比重為19.8%，僅次於旅遊出口。電影音像出口增長22.3%，金額為1.8億美元。金融服務、計算機和信息服務、通信服務、廣告宣傳進口分別增長61%、42%、40.7%和21.2%。高附加值服務進出口的快速增長為資本技術密集型企業發展提供了助力，推動了中國經濟轉型升級。

據商務部統計，2014年中國承接服務外包合同金額首次超過1,000億美元，達到1,072.1億美元，執行金額813.4億美元，同比分別增長12.2%和27.4%。其中承接離岸合同金額718.3億美元，執行金額559.2億美元，同比分別增長15.1%和23.1%。雲計算、大數據、移動互聯等技術快速普及應用，推動中國服務外包產業向價值鏈高端延伸。離岸知識流程外包業務達186.7億美元，占離岸執行總額的比重為33.4%。

離岸服務外包市場多元化趨勢日益顯現，逐漸從美歐日和香港地區等傳統市場拓展至東南亞、大洋洲、中東、拉美和非洲等近200個國家和地區。2014年，中國承接美國、歐盟、中國香港和日本的離岸服務外包執行金額合計346.5億美元，占執行總額的62%，比2013年同期下降2.9個百分點。與此同時，中國與「一帶一路」沿線國家的服務外包合作快速發展，承接「一帶一路」沿線國家服務外包合同金額和執行金額分別為125億美元和98.4億美元，同比分別增長25.2%和36.3%，均遠高於總體增速。服務外包產業發展成效顯著。

二、中國國際服務貿易競爭力存在的問題及原因

中國仍處於主要依靠工業支撐經濟增長的發展階段，服務業逐漸成為經濟增長的新動力。經濟的發展存在三個階段：第一階段，人均GDP在364~728美元，經濟增長主要由初級產業和傳統產業支撐；第二階段，人均GDP在728~5,460美元，經濟增長主要由急速上升的工業支撐；第三階段，人均GDP在5,460美元以上，經濟進入發達階段，服務業的穩定增長成為整個經濟增長的主要支撐力。中國目前人均GDP8,900美元（2016），經濟進入發達階段，服務業的提升，保障了經濟的持續發展的從屬地。

但中國服務業仍然存在很多問題。如，中國服務業的行業壟斷現象較為嚴重，投資主體單一，束縛了服務業和服務貿易的發展。中國服務業長期處於過度保護和行政壟斷狀態，市場准入的限制比較多，競爭不充分，在銀行、保險、電信、鐵路、民航、新聞出版、教育衛生、廣播電視等服務領域，仍保持著十分嚴格的市場准入限制，其他一些行業對非國有資本和外資也沒有完全開放。另一方面，中國大部分服務領域主要以國有成分為主，據國家計委統計，在全社會固定資產分類中，第三產業的國有資產比例高達70%多。顯而易見，服務業絕大多數行業國有企業占據主體地位，甚至絕對地位，長期的過度保護和行政性壟斷，束縛了服務業和服務貿易的發展，使服務業缺乏必要的市場競爭，喪失了行業活力，服務業國際競爭力極弱。

另外，服務業整體開放程度較低，市場化程度低，制約了服務業整體競爭力的提

高。中國服務業的開放程度遠遠落後於製造業，許多服務業的對外開放都是在20世紀90年代才開始的。據不完全統計，服務業外資利用占全國利用外資總額的1/5左右。目前，中國對外國直接投資開放程度低的領域，基本都集中在服務業。服務業開放程度較低，在一定程度上降低了中國服務業的發展速度，使市場自由化程度低，服務業的國際化水平難以提高。另外，服務貿易管理嚴重滯後。服務貿易立法不健全、立法嚴重滯後。

中國國際服務貿易競爭力存在問題的原因：人員素質低下；管理水平落後；基礎設施建設不配套；營銷文化理念不先進等。

三、提高中國服務貿易競爭力的對策

(一) 積極培育生產性服務市場

根據波特的競爭優勢理論，一國的國內需求是提高競爭優勢的原動力。對服務產業來說，服務需求的增長主要表現在兩方面，一是消費者需求的增長，二是生產者需求的增長。其中生產者需求的增長，與由技術進步和市場體系發達程度決定的分工與專業化的發展有關。近年來，隨著科技特別是信息技術的發展，國際服務貿易中，知識、技術密集型的服務業發展很快，其中增長最快的是電信、金融、保險等生產性服務業。而中國服務業技術含量不高，長期依賴勞動密集型或資源稟賦型產業，影響了生產者需求的增長。在當今服務業發達的國家中，服務出口主要也是向高科技產業集聚，附加值高，這使得中國服務貿易的比較優勢難以獲得。因此，要積極培育生產性服務市場，依靠技術進步促進消費性服務業向生產性服務業轉化，通過使企業現存的大量內在化的服務不斷外在化，來實現增加生產者需求，提高中國服務貿易的競爭力。

(二) 重視服務貿易中的直接投資

服務業已經成為國際直接投資的主要方向。WTO秘書處的測算表明，通過商業存在（即外國投資）進行的服務貿易占世界服務貿易總值的56%左右，跨境服務貿易約占28%，通過境外消費方式進行的服務貿易占14%，而純粹通過自然人提供的服務僅占2%。重視服務貿易中的直接投資，一是，要重視服務貿易中吸引外國直接投資。進一步加大服務業吸引外資的力度，在與外國同行的競爭與合作中迅速提升服務水平。波特認為，一國某一行業內的競爭狀態對該行業競爭優勢的創造和保持有密切的關係。因為國內競爭的激烈程度，與企業提高質量、降低成本、創造發明的慾望成正比。二是，要重視服務貿易中的對外直接投資。對外直接投資成為拓展服務貿易的最理想形式由於服務產品的無形性和不可儲存性，通過國際間的消費者定位服務轉為消費國內部的生產者定位服務，有利於服務提供者批量生產，降低成本和價格，取得規模效益。

(三) 加強政府的宏觀調控作用，把握企業的戰略管理角色

中國服務業和服務貿易發展都相對滯後，應充分發揮政府在服務貿易的管理優勢以帶動整個服務業的發展，要從以下幾個方面著手：一是政府應對服務業及服務貿易實施政策傾斜和支持，為服務業和服務貿易的發展創造廣闊的空間。二是順應國際服

務貿易自由化的趨勢，放鬆對服務業的管制，引入競爭，鼓勵創新；同時採取有效的服務貿易政策，建立一個有效、完善、可靠的市場體系，完善管理規則，提高市場交易的可靠性，限制壟斷，尤其是行政壟斷，確立服務業公平競爭規則，維護市場秩序。三是制定適度的服務貿易保護政策。由於中國服務貿易國際競爭力還很弱，尤其是知識密集型企業很難與外商抗衡，面對外國高水平服務業的衝擊，我們必須制定適度的服務貿易保護政策，對國民經濟具有戰略意義或處於幼稚期的服務業實施有限的適當的保護。發達國家服務業較強的國際競爭力都是經歷過國內競爭的洗禮後才形成的。此外，要切實改善教育狀況，加強對高新技術等高等要素的孵化，加速健全高等要素的生成機制，努力提高高等要素供給能力，建立和完善相互配套的科學評估與檢測機制，提高研發質量，保證優秀科技成果盡快轉化為現實生產力。

(四) 加快發展知識、技術密集服務貿易，優化服務行業結構

中國服務貿易在傳統的勞動、資源密集型行業中具有比較優勢，有較強的國際競爭力，如旅遊業。今後應進一步保持、發揮和提升這方面的比較優勢。但僅僅發揮比較優勢是不夠的，更重要的是培養競爭優勢，這就需要大力發展知識密集型、技術密集型服務業，培育新興服務業的競爭優勢，提升服務業的整體發展水平。為此，各服務部門、企業應從中國經濟和服務發展的實際情況出發，對服務業內部結構進行合理調整。一是有選擇地輸入一些人力資本含量較高的服務，發揮示範效應，帶動服務業中的薄弱部門，盡快縮小差距。加快建設以勞動力密集型服務出口為主，技術知識密集型服務為輔的出口結構，做到兩者並舉，最終達到以技術知識密集型服務出口為主，勞動力密集型服務出口為輔的目標。二是大力發展現代服務業，重點發展信息、科技、會議、諮詢、法律服務業等行業，以帶動服務業整體水平的提高。同時，積極發展新興服務業，主要是需求潛力大的房地產、物業管理、旅遊、社區服務、教育培訓、文化體育等行業，以形成新的增長點。三是對交通運輸、批發和零售貿易、餐飲、醫療等傳統服務業，要運用現代經營方式和服務技術進行改造，提高這些服務行業的科技含量和服務水平，以推動服務業整體技術水平和經營效率。四是要加大科技的投入力度，提高服務業的研究投入，同時促進科技成果在服務業中的推廣與應用。

(五) 提高人力資本素質

波特認為，人力資源狀況是決定產業競爭力的基本因素之一。在發展迅速且附加值高的國際服務貿易領域，對於從業人員的技能要求越來越高，因此重視教育投入，加強專門的技能培訓，對提高中國服務貿易的競爭能力是至關重要的。首先，在充分發揮勞動力密集型服務業競爭優勢的同時，應多渠道、多層次培養服務業所需的各類人才，特別是能夠適應現代服務業發展要求，精通國際金融、國際運輸、國際商法等業務的複合型人才，加快發展技術人力資本密集型服務產業，使服務業發展真正建立在提高勞動生產率的基礎之上，為中國服務貿易的發展奠定堅實的人力資本基礎。可以通過制訂人力資本培養計劃，有步驟地開發，也可通過某服務領域的對外開放，引進人才和技術。同時，大專院校也應調整相關的專業設置，為中國服務貿易的發展不斷輸入新生力量。其次，加強國內服務業人力資源的保護，通過優惠政策增加國內服

務業對海外人才的吸引，從而避免高素質人才的短缺和流失。除了增加教育投資，促進教育結構調整，更重要的是要建立一個尊重人才和科學評價人才的機制，這樣才能培養和留住人才，增強服務貿易的競爭力。

(六) 培植相關支持產業

現在國際競爭已不是單個企業的個體行為，而是相關行業乃至整個國家的集體行為。單靠一個企業一個行業的單打獨鬥很難形成競爭優勢。中國服務貿易競爭力整體較低的一個原因是相關產業支持不力。由於受傳統體制慣性的束縛，條塊分割仍然局部存在，相關產業間合作不緊密，行業內惡性競爭較為普遍，企業間缺乏協同意識。

(七) 重視企業組織與戰略的重構

產業或國家競爭優勢的構建，說到底要落實到企業的市場競爭力上，這就要求企業建立合理的組織結構，實施戰略管理，同時還要有較高的市場競爭度和集中度。目前，在企業組織方面，國際企業組織結構普遍趨向扁平化、柔性化；在企業戰略上，國際企業重視競爭戰略，而中國現有的企業尚未達到這個層次，這勢必阻礙中國服務貿易競爭力的提高。

(八) 建立和完善服務貿易管理體制

要對中國國際服務貿易實施有效的宏觀管理，關鍵是要迅速建立科學的管理體制，確定統一協調的服務貿易進出口政策以及歸口管理部門。首先，應明確或建立國家統一的服務貿易管理與協調機構；其次，應明確各服務行業行政主管部門的職責；最後，建立健全服務行業的協會組織，充分發揮行業協會對服務市場的協調作用。

思考題

1. 簡述需求條件對國際競爭力的影響。
2. 簡述基本要素和生產要素的區別。
3. 論述比較優勢理論和競爭優勢理論的區別和聯繫。
4. 衡量服務貿易競爭力的指標主要有哪些？
5. 中國國際服務貿易存在的問題有哪些？如何進一步提高中國國際服務貿易競爭力？

第七章　服務業的國際直接投資

服務業經歷了服務貿易、服務業對外直接投資、服務業跨國經營和服務業跨國公司四個由淺入深、由易變難的過程。本章主要介紹後三個階段，簡述服務業與資本的結合，通過三種不同形式的服務業發展途徑，分析服務業在發展過程中的相關理論及其對東道國的影響。

第一節　服務業國際直接投資概述

一、服務業的分類

服務業在 20 世紀被作為一個完整的概念提出，一般認為服務業就是第三產業，是除了農業和工業之外的其他產業。中國的第三產業包括四個層次：流通部門（含交通運輸倉儲業、郵電通信業、批零貿易和餐飲業等）、為生產和生活服務的部門（含金融保險業、房地產業和地質勘探業等）、為提高居民素質和科學文化水平服務的部門（含文教藝術業、廣播電視電影業、衛生體育和社會福利業等）和為社會公共需要服務的部門（含國家機關、黨政機關和社會團體等）。

服務業的範圍非常廣泛，因此，學者對其分類也因其側重點或用途不同而不同。比較受到學界認可的是經濟學家辛格曼（Singlemann）的分類，他把服務業分為四類：①流通服務。指從生產到消費的最後一個階段中間的服務，如通信業、運輸業、倉儲業、網絡服務、廣告業以及商業的批發和零售業；②生產者服務。指那些與生產直接相關的服務，如銀行、信託及其他金融業、保險業、房地產、工程和建築服務業、會計和出版業、諮詢信息、法律服務等；③社會服務。是為社會公共需要的服務，包括儀表和保健業、醫院、教育、福利和宗教服務、非營利機構、政府、郵局、及其他專業化服務。④個人服務。指與個人消費相關的服務，包括家庭服務、修理服務、旅館和飲食業、洗衣服務、理髮與美容、旅遊、娛樂與休閒、及其他個人服務等

二、服務業國際直接投資的概念

服務業國際直接投資，又稱外商直接投資或對外直接投資，指的是一國（地區）的投資者，將部分或全部生產要素轉移到國（地區）外，建立企業，參與生產經營與掌握企業經營控制權的投資行為。通常認為，跨國公司是外商直接投資（FDI）的產物，同時也是外商直接投資（FDI）的主要執行者。

可以看出，服務業的國際直接投資包含兩層意思：

一、實施的方式是對外直接投資。從投資角度來說，現實國際間資本流動的方式包括對外直接投資，對外間接投資（對外證券投資）和國外借款三種。當代經濟發展中，直接投資越來越成為經濟全球化的主要驅動力。國際直接投資主要體現在兩個方面：第一，是生產要素的跨國流動。生產要素，可以是像資本這樣的有形要素，也可以是專利技術、管理技能等無形資產；第二，是投資方擁有對直接投資企業的經營管理權。以中國商務部對國際直接投資的統計為例，對外直接投資統計的範圍主要包括境內投資者通過直接投資方式在境外擁有或控制10%或以上投票權或其他等價利益的各類公司型和非公司型的境外直接投資企業。換句話說，國際直接投資反應了一國經濟體中某一居民（或實體直接投資者）在另一經濟體的某一企業（或直接投資企業）中獲得永久利益的行為，這種永久利益意味著直接投資者和直接投資企業之間存在著一種長期關係，並對該企業的管理產生了重大影響。

二、實施的主體為服務業。通過對外直接投資即資本的使用方式與投資主體服務業相結合，即產生了服務業的國際直接投資。與服務貿易的主要區別在於：直接投資利潤收入來源於外國股權所帶來的收益；而服務貿易僅與接受服務者支付的銷售利潤額、佣金、使用費有關。因此服務業國際直接投資可定義為：由服務業作為投資主體，通過對外直接投資方式而形成投資收益。按這一標準，可以將許可和管理合同等服務業廣泛使用的投資方式包括在直接投資的範圍內。

三、服務業國際投資的發展及原因

(一) 服務業國際直接投資的發展過程

服務業領域國際直接投資的發展與國際服務貿易的發展趨勢是一致的。生產者服務是現代服務業的主體。作為追加性服務的生產服務，其實質是一種誘導性需求。所以，「服務」跟著「生產」走，跨國「生產」到了哪裡，跨國「服務」就跟到哪裡。從跨國公司發展史來看，服務業一般是跟隨在製造業後推行其跨國活動的。早期的服務業外商直接投資（FDI）並不主要由服務業跨國公司進行，相當數量的製造業跨國公司在東道國建立附屬性服務企業，其目的是降低成本和實現服務內部化以及產業垂直一體化。

20世紀70年代初，服務業外商直接投資（FDI）只占世界對外直接投資總量的1/4。這之前，國際直接投資主要集中在原材料、其他初級產品，以及以資源為基礎的製造業領域。20世紀80年代以後，服務業的跨國直接投資不斷升溫，跨國投資逐漸成為服務業國際競爭的一種主要形式，在全球跨國投資總額中所占份額日益增多。在聯合國跨國公司中心《1993年世界投資報告》顯示：1970年，發達國家的對外直接投資中，第二產業占首要地位，其份額為45.2%，第三產業（即服務業）只占31.4%。1985年，服務業對外直接投資超過了第一、第二產業的總和，達50.1%。發達國家服務業所接受的外國直接投資，1970年僅23.7%，1990年達到48.4%。相比較來說，流入發展中國家的外國直接投資，主要在第二產業。服務產業領域的投資，從1970年到1990年只從23.5%增加到29.5%。這說明發展中國家由於經濟發展階段的局限，服務

國際服務貿易

產業的對外開放和國際化過程明顯慢於發達國家。進入20世紀90年代以後，服務領域的國際投資在全球直接投資總額中一直呈占據半壁江山以上的格局。

進入21世紀，以金磚四國為代表的新興經濟體迅速發展，與此同時，由於2008年美國金融危機的爆發與2010年歐洲債務危機的蔓延，發達國家的經濟增長乏力，因此，服務貿易對外直接投資的趨勢產生了深刻的變化。2011年世界海外直接投資為15,086億美元，同比增長17%。其中，向中國、印度等新興國家的投資增長顯著，向歐洲子公司註資增加導致向歐洲增資急增。2011年向歐洲投資4,257億美元，同比增長22.8%；向美國投資2,107億美元，同比下降7.7%；向新興國家投資2,024億美元，同比增長10.2%；向日本投資特別低調，資金流出超過流入13億美元。聯合國貿易和發展會議發布的《2017世界投資報告》顯示，由於國際經濟環境的波動以及經濟的持續疲軟，2016年全球外國直接投資（FDI）小幅下降2%至1.75萬億美元，對發展中國家的投資更是減少了14%，預計2017年全球外國直接投資將增長5%，達到近1.8萬億美元。圖7.1顯示了2005—2016這十年的全球對外直接投資情況。

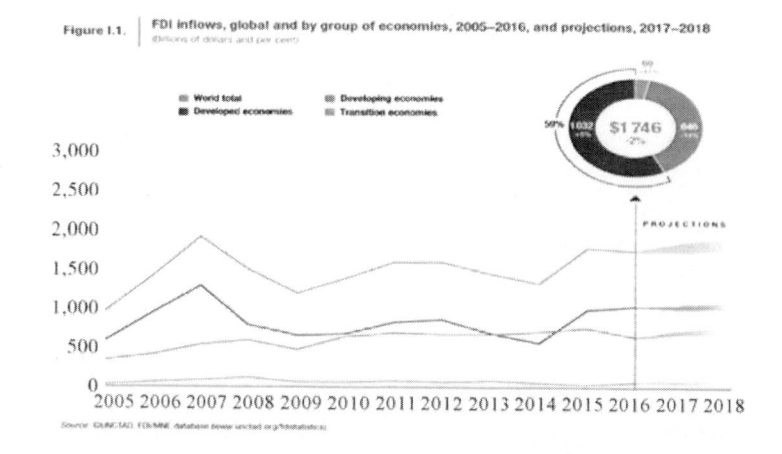

圖7.1　2005—2016年全球對外直接投資情況

(二) 服務業國際直接投資快速增長的原因

　　服務業跨國投資的發展，是在經濟全球化趨勢不斷增強、全球國際直接投資總量快速增長的背景下發生的。毫無疑問，製造業企業跨國投資的發展，需要更多地依賴貿易、金融、通信、運輸等生產性服務的支持，對服務業跨國投資產生拉動作用。然而，更重要的是 20 世紀 80 年代以來，服務產業發展中技術與制度變革合力的推動。

　　1. 發達國家國內服務管制制度變革的影響

　　20 世紀 70 年代以來，西方國家經濟出現嚴重的「滯漲」，西方經濟理論界的一個重大變化，就是自由主義經濟思潮的重新崛起，強調政府放鬆管制，充分發揮市場機制的作用重新成為占主導地位的經濟思想。同時，微觀理論層面，有關政府管制理論以及自然壟斷產業理論研究的新進展，促進了西方國家在金融、電信、郵政、交通運輸等服務領域大規模的管制變革。放鬆產業進入管制，打破壟斷，促進競爭，是管制變革的中心內容。進入管制的放鬆，開始是對國內企業，然後是對國外企業，由此使服務業出現了放鬆管制與大規模企業兼併相互影響的兩股潮流，促進了發達國家之間服務業投資規模的迅速擴大。以電信業為例，1991 年年底，英國國內電信開始有限競爭，1996 年 6 月英國解除國際長途壟斷，同年 12 月第一個對外徹底開放電信市場。短短幾年內，英國發出 150 多個電信經營許可證，1996 年年底發出 44 個外國公司許可證。1996 年所有歐盟成員國加瑞士和挪威決定在 1998 年元旦全面開放電信市場。現在許多國家，不但在長話和增值業務等部門已經引入競爭，在本地網層次上，數網競爭也被允許。

　　2. 服務貿易自由化國際性制度安排的推進

　　服務業所包含的產業門類非常廣泛，其中許多涉及國家主權、國家經濟安全、社會就業等問題，因此在烏拉圭回合多邊貿易談判之前，服務業一直沒有納入全球貿易自由化體系之內。服務貿易自由化問題，在 1986 年成為關貿總協定烏拉圭回合多邊貿易談判的新議題，其最終成果是《服務貿易總協定》的達成與生效。根據《服務貿易總協定》的規定，服務貿易的內容包含四個方面，即過境交付、境外消費、商業存在、自然人流動。其中商業存在方式就涉及市場准入與跨國直接投資。《服務貿易總協定》擴大了全球貿易體制的涵蓋領域，初步形成了制訂規則、組織談判、解決爭端三位一體的全球服務貿易協調與管理體系，對降低或消除各成員方對外國資本的進入壁壘，推進服務業國際投資，起著相當大的作用。

　　3. 信息技術的發展

　　信息技術的發展，導致服務企業組織管理成本的降低和規模經濟邊界的拓展，同時也促進了服務企業跨國投資方式的變革。20 世紀 80 年代以來，科學技術尤其是信息技術的突破性進展，為許多服務活動的跨國交易創造了可能性。服務企業的信息化管理，從根本上改變了收集、處理、利用信息的方式，也對決策和回應速度提出了新的要求，從而導致組織形式的巨大變革，原來的金字塔形的結構，向扁平化的「動態網絡」結構發展。一方面，計算機系統取代中層監督控制部門的大量職能，加強了決策層和執行層的直接溝通，使中層管理的作用大為降低，從而減少了管理層次和信息失

真，削減了機構規模，提高了管理效率，這是企業規模向國際化擴張的重要條件。另一方面，服務企業的國際化網絡拓展有很多方式，除了傳統的在國外建立分支機構、股權合作等方式外，20世紀90年代以來，非股權合作方式更為流行，如特許經營、管理合同等方式。這些方式可以讓公司的「特殊資產」聲譽、品牌形象、累積的經驗等，實現更好的增值。如大多數連鎖旅館或連鎖餐飲業都採取了以公司網絡方式運行的特許連鎖制。這種關係更靈活、成本更低的合同形式，使公司得以在世界範圍充分發揮他們的特殊才能，同時集中全力實現「人格化」產品的規範化和標準化，並做到更好地監督與品牌形象緊密相關的服務質量。從技術手段看，信息技術的發展，給大企業和銀行提供了更多的在全球範圍內監督其資產發展狀況和加強在全球運作的可能。電子信息網絡使大公司可以更好地通過一體化管理節省交易費用和減少與這些費用有關的辦公費用。

4. 服務產業的特性決定了跨國直接投資對服務業國際化擴張的重要性

隨著發達國家服務產業進入壁壘的取消或放鬆，一些大的服務性公司為了贏得更多的市場份額，致力於建立國際化生產網絡，越來越多的服務企業成為全球性企業。這一方面是由於服務營銷的特性所要求，在服務生產與消費過程中，很多情況下，需要與顧客有著密切關係和直接接觸，因而對外投資在爭奪和占領市場方面具有特殊的地位；另一方面相當多服務部門具有網絡型產業的特徵，如電信、交通運輸以及金融等，規模報酬遞增明顯，即生產規模越大，單位產品的成本就越小。

第二節　服務業國際直接投資理論

隨著資本主義發展到壟斷階段，國際間接投資得到迅猛發展。19世紀末20世紀初，資本主義壟斷代替競爭並取得統治地位後，在少數發達資本主義國家中便出現了所謂的「過剩資本」。這些國家為了獲取高額利潤，爭奪銷售市場，便競相把這些資本輸到國外去。第二次大戰結束後，對外直接投資迅速發展，由此引起的跨國公司的國際生產和銷售活動，超過了傳統的商品貿易而成為世界經濟的一項最重要的活動。因此，一些西方經濟學家開始注重國際直接投資理論的研究。20世紀60年代以來，國際直接投資理論研究取得了較大的進展。20世紀80年代，全球國際直接投資開始向服務業轉移，隨著「服務經濟」時代的到來，服務業FDI在近20年裡獲得了較快的發展。其中主要理論包括四種：海默（S. H. Hymer）以產業組織理論為基礎提出的壟斷優勢理論；巴克利和卡遜（Peter J. Buckley & Maik C. Casson）運用科斯的交易成本概念提出的內部化理論；鄧寧（J. H. Dunning）綜合了傳統的要素稟賦理論和產業組織理論，提出了具有一定綜合性的國際生產折中理論；弗農（Raymond Vernon）提出的產品週期理論。

到目前為止，服務業的研究框架主要分為兩種思路：一是基於傳統外商直接投資理論的視角，將傳統製造業FDI理論應用到服務業FDI中去；二是基於國際貿易理論的視角，將國際貿易理論應用到服務業外商直接投資中去。

一、基礎傳統理論的國際直接投資理論視角

(一) 壟斷優勢理論 (Theory of Monopoly Advantage)

壟斷優勢理論，也稱為市場不完全論 (Market Imperfection Theory)，是由美國麻省理工學院教授海默 (Hymer S. H.) 於1960年在其博士論文中第一次提出的，他認為企業的壟斷優勢和國內、國際市場的不完全性是企業對外直接投資的決定性因素。這是最早專門研究對外直接投資的理論。海默因此被稱為國際直接投資理論的先驅。美國經濟學家查爾斯‧金德爾伯格 (Charles P. Kindleberger) 等人進一步發展了海默的壟斷優勢理論。

該理論的核心內容是市場不完全與壟斷優勢。傳統的國際資本流動理論認為，企業面對的海外市場是完全競爭的，即市場參與者所面對的市場條件均等，且無任何因素阻礙正常的市場運作。完全競爭市場所具備的條件是：①有眾多的賣者與買者，其中任何人都無法影響某種商品市場價格的漲跌；②所有企業供應的同一商品均是同質的，相互間沒有差別；③各種生產要素都在市場無障礙地自由流動；④市場信息通暢，消費者、生產者和要素擁有者對市場狀況和可能發生的變動有充分的認識。海默認為，對市場的這種描述是不正確的，完全競爭只是一種理論研究上的假定，現實中並不常見，普遍存在的是不完全競爭市場，即受企業實力、壟斷產品差異等因素影響所形成的有阻礙和干預的市場。

海默認為，市場不完全體現在以下四個方面：①商品市場不完全，即商品的特異化、商標、特殊的市場技能以及價格聯盟等；②要素市場不完全，表現為獲得資本的難易程度不同以及技術水平差異等；③規模經濟引起的市場不完全，即企業由於大幅度增加產量而獲得規模收益遞增；④政府干預形成的市場不完全，如關稅、稅收、利率與匯率等政策。海默認為，市場不完全是企業對外直接投資的基礎，因為在完全競爭市場條件下，企業不具備支配市場的力量，它們生產同樣的產品，同樣地獲得生產要素，因此對外直接投資不會給企業帶來任何特別利益。而在市場不完全條件下，企業則有可能在國內獲得壟斷優勢，並通過對外直接投資在國外生產並加以利用。

在此基礎上，海默認為當企業處在不完全競爭市場中時，對外直接投資的動因是為了充分利用自己具備的「獨占性生產要素」即壟斷優勢，這種壟斷優勢足以抵消跨國競爭和國外經營所面對的種種不利而使企業處於有利地位。企業憑藉其擁有的壟斷優勢排斥東道國企業的競爭，維持壟斷高價，導致不完全競爭和寡占的市場格局，這是企業進行對外直接投資的主要原因。

關於壟斷優勢的構成，海默和其他學者，如金德爾伯格以及後來的約翰遜 (H. G. Johnson)、卡夫斯 (R. E. Caves)、曼斯菲爾德 (E. Mansfield) 等人進行了充分的論述，大致可歸納為技術與知識優勢、規模經濟優勢、資金優勢、營銷以及組織管理能力優勢等，其中海默特別強調了技術與知識的核心優勢作用。這些優勢後來被鄧寧總結為「所有權優勢」，並成為其國際生產折中理論的重要組成部分之一（如表7.1所示）。

表 7.1　　　　　　　　　　國際生產折中理論的組成

市場不完全的表現	壟斷優勢包括
由產品差異性引起。	獲取特殊原材料優勢。
由管理技能、技術等要素市場引起。	組織管理能力、技術優勢。
由規模經濟問題引起。	工業組織優勢，如規模經濟。
由關稅等政策管制引起。	資金和貨幣優勢。

壟斷優勢理論在某種程度上可以解釋服務型跨國公司 FDI 的一些方面，但是具有一定的局限性。服務型跨國公司的壟斷優勢主要是由商標、專利、品牌效應等無形資產帶來的，擁有大量高素質的服務人員、雄厚的資金、先進技術的服務型跨國公司可以依靠自身的壟斷優勢在其他國際市場建立分支機構，提供相關服務產品並規避各國對服務貿易的壁壘。但這一理論並沒有解釋為什麼服務型跨國公司在追求利潤最大化的過程中要採用 FDI 的形式而不是有償技術轉讓的形式來擴展海外市場，也無法解釋像中國這類發展中國家的服務型跨國公司（例如銀行）的境外投資活動，這類企業通常在國際上並沒有太強的壟斷優勢。

（二）內部化理論（Internalization-Special Advantage）

由英國學者巴克萊、卡森和加拿大學者拉格曼共同提出。內部化理論認為，由於市場的不完全，企業之間通過市場進行的買賣不能保證企業盈利，因而會出現企業之間固定的供需合作，這種供需合作與市場上的買賣商品有所不同，這是在一個共同的大企業內部進行的供求交換。這種變市場上的買賣關係為企業內部的供需交換關係的現象被稱為市場的內部化。卡森和巴克利認為：以前的直接投資理論缺乏綜合性的理論、基礎，並且不能對直接投資以外的許多活動做出很好的解釋。例如，中間產品的流動，不僅是指半加工的原材料的流動，更重要的是知識、技術密集型的零部件的流動。這些流動與研究和開發專利、人力資本等有密切的關係。公司在跨國性的活動中，面臨著關稅、配額、稅收、匯款限制、匯率政策等市場障礙。要想實現利潤最大化，就必須使中間產品在公司內部自由流動，而不通過市場以減少貿易成本。這是因為，內部化貿易可以通過「轉移價格」使稅收支出最小，並且由於貿易在公司內部進行可以使買賣雙方對商品質量和價格有準確的認識，從而可以減少通過市場進行貿易的風險。當內部化過程超越了國界，跨國公司便產生了。所以，內部化優勢促成了企業的對外投資。由此可見，內部化理論是建立在這樣的三個假設基礎上的：企業在不完全市場上從事經營的目的是追求利潤最大化；當生產要素特別是中間產品的市場不完全時，企業就有可能統一管理活動，以內部市場取代外部市場；內部化超越國界就產生了跨國公司。

一般而言，與服務業國際直接投資特別有關的內部化優勢包括以下幾個方面。

1. 避免尋找交易對象並與其談判而節約成本

服務業國際貿易的起始點是跨越國境尋找合適的客戶資源，這其中必然會產生包括尋租成本、協商成本等在內的一系列交易成本。跨國公司通過將外部交易內部化，

可以有效地降低交易成本，尤其是當跨國投資的啓動成本低於外部交易成本時，對外直接投資就是有利可圖，企業也能因此取得競爭優勢。

2. 弱化或消除要素投入在性質和價值等方面的不確定性

由於服務產品的差異性較大，又具有量身製作的特徵，信息的不對稱性使得買方對產品的瞭解程度遠低於賣方，容易出現服務業的買方出價過低或賣方要價過高的現象。內部化可以克服以上弊端，消除投入方面的不確定性因素，對於中間服務產品尤為重要。

3. 中間產品或最終產品的質量的保證

產品質量控制是服務型企業對外直接投資的主要動力之一，通過將服務交易內部化，服務型企業可以用統一的衡量標準，實現在全球範圍內對產品質量的監控，使其所有權優勢得以保持和發揮。

4. 避免或利用政府干預

目前，對服務產品跨國交易的嚴格管制普遍存在，配額、關稅、價格管制、稅收差異等干預手段。相對來說，外商投資由於其在一國經濟發展中所產生的積極影響而易於被東道國所接受。因此，通過跨國境投資設廠可以降低服務業國際交易中的政策性因素干擾，而且能得到東道國的一些優惠性待遇，有利於企業在當地市場展開競爭。

內部化使用可以比非股權式轉讓帶給無形資產所有者更多潛在的或現實的利益，同時具有所有權的內部化優勢的企業也並非一定選擇對外直接投資，因為它也可以在國內擴大規模，依靠出口來獲得充分補償。所以壟斷優勢和內部化優勢只是企業跨國經營的必要條件，而非充分條件。表 7.2 反應的是服務業國際直接投資的內部化優勢。

表 7.2　　　　　服務業國際直接投資的內部化優勢

服務業國際直接投資的內部化優勢
避免尋找交易對象並與其談判而節約的成本。
避免行使產權的成本。
弱化或消除要素投入（如技術）在性質和價值等方面的不確定性。
禁止價格歧視的規定。
中間產品或最終產品質量的保證。
對缺乏期貨市場的補償。
避免或利用政府干預（如配額、關稅、價格管制、稅收差異等）。
控制要素投入（包括技術）的供應和銷售條件。
控制市場渠道（包括可能被競爭者利用的市場渠道）。
使用交叉補貼、掠奪性定價、提前或推遲結匯、轉移價格等競爭或反競爭策略。

(三) 國際生產折中理論 (The Edectic Theory of International Production)

作為對外直接投資的集大成者，鄧寧 (1980) 在 1977 年撰寫的《經濟活動的貿易區位與多國企業：一種折中理論的探索》(Trade Location of Economic Activities and the

MNE: A Search for an Eclectic Approach）中提出了國際生產折中理論。鄧寧認為，過去的各種對外直接投資理論都只是從某個角度進行片面的解釋，未能綜合、全面地分析，因此需要用一種折中理論將有關理論綜合起來解釋企業對外直接投資的動機。在服務業對外直接投資方面也有比較系統的論述，提出生產折中理論。他指出，服務業對外直接投資也應同時具備所有權優勢、內部優勢化理論和區位優勢三個條件。相對而言，該理論體系比較完善，也最有代表性。鄧寧的折中理論在理論淵源上融合了以往各種學說的精華，並加以歸納與總結，使理論更加豐富，較以往的各種理論更全面地解釋了企業國際經營的動因，從而形成了一個具有普遍性的理論體系。

第一，所有權特定優勢（Ownership Specific Advantage），又稱壟斷優勢（Monopolistic Advantage），是指企業所獨有的優勢。所有權特定優勢具體包括：①資產性所有權優勢，指在有形資產與無形資產上的優勢，前者指對生產設備、廠房、資金、能源及原材料等的壟斷優勢，後者指在專利、專有技術、商標與商譽、技術開發創新能力、管理以及營銷技術等方面的優勢；②交易性所有權優勢，指企業在全球範圍內跨國經營、合理調配各種資源、規避各種風險，從而全面降低企業的交易成本所獲得的優勢。

鄧寧認為，企業開展對外直接投資必然具備上述所有權特定優勢，但具有這些優勢並不一定會導致企業進行對外直接投資，也就是說，所有權特定優勢只是企業對外直接投資的必要條件，而不是充分條件。企業僅僅具有所有權特定優勢，而不具備內部化優勢和區位優勢時，國內生產出口銷售或許可也是企業實現其優勢的可行途徑。

第二，內部化優勢（Internalization Advantage），是指擁有所有權特定優勢的企業，為了避免外部市場不完全對企業利益的影響而將企業優勢保持在企業內部的能力。內部交易比非股權交易更節省交易成本，尤其是對於那些價值難以確定的技術和知識產品，而且內部化將交易活動的所有環節都納入企業統一管理，使企業的生產銷售和資源配置趨於穩定，企業的所有權特定優勢得以充分發揮。

鄧寧同樣認為，內部化優勢和所有權特定優勢一樣，也只是企業對外直接投資的必要條件，而不是充分條件，同時具有所有權特定優勢和內部化優勢的企業也不一定選擇進行對外直接投資，因為它也可以在國內擴大生產規模再行出口。

第三，區位優勢（Location Specific Advantage），是指某一國外市場相對於企業母國市場在市場環境方面對企業生產經營的有利程度，也就是東道國的投資環境因素上具有的優勢條件，具體包括：當地的外資政策、經濟發展水平、市場規模、基礎設施、資源稟賦、勞動力及其成本等。如果某一國外市場相對於企業母國市場在市場環境方面特別有利於企業的生產經營，那麼這一市場就會對企業的跨國經營產生非常大的吸引力。區位優勢的獲取與保持是服務業對外直接投資的關鍵，當企業投資的產業選擇與東道國的區位特色相融合時，會強化產業比較優勢和區位比較優勢，促進對外直接投資的發展；反之，則使兩者的優勢相互抵消、衰減乃至喪失。但應注意的是，區位因素直接影響跨國公司對外直接投資的選址及國際化生產體系的佈局，只構成對外直接投資的充分條件，而非必要條件。

表7.3列出了影響服務業跨國公司活動區位的特殊因素與服務業跨國公司活動有

關的優勢。

表 7.3　　　　　　　服務業國際直接投資的區位優勢

自然資源、人造資源稟賦和市場的空間分佈。
勞動力、能源、原料、元件、半成品等投入的價格、質量和效率。
國際運輸和通信成本（在服務業中可能極高）。
鼓勵和抑制投資的因素。
對服務貿易的人為障礙（如進口管制）。
基礎設施（商業、法律、教育、運輸和電信）。
心理差距（文化、語言、商業、習俗等差異）。
信息收集和解釋。
R&D、生產及銷售。
經濟制度與政府政策、資源配置的框架。
市場和市場准入法規。

鄧寧認為，在企業具有了所有權特定優勢和內部化優勢這兩個必要條件的前提下，又在某一東道國具有區位優勢時，該企業就具備了對外直接投資的必要條件和充分條件，對外直接投資就成為企業的最佳選擇。

鄧寧的折中理論在理論淵源上融合了以往各種學說的精華，並加以歸納與總結，使理論更加豐富，較以往的各種理論更全面地解釋了企業國際經營的動因，從而形成了一個具有普遍性的理論體系。但是，該理論的不足之處在於，它過於注重對企業內部要素的研究，忽略了企業所處的特定社會政治、經濟條件對企業經營決策的影響。

（四）產品週期理論

弗農在 1966 年發表的《產品週期中的國際投資與國際貿易》（International Investment and International Trade in the Product Cycle）一文中提出了產品生命週期理論（The Theory of Product Life Cycle），試圖用產品生命週期假說來揭示美國企業二戰後開展對外直接投資和國際貿易的規律。該理論將產品生命週期劃分為創新、成熟和標準化階段，說明在產品生命週期的不同階段，各國在國際貿易中的地位不同，並把企業的區位選擇與海外生產及出口結合起來進行系統的動態分析。該理論將世界各國大體上分為三種類型，即創新國（一般是發達國家）、次發達國家和欠發達國家。

第一，創新階段。是指新產品開發與投產的最初階段。創新國企業憑藉其雄厚的研究開發實力進行技術創新，開發出新產品並投入本國市場。由於需要投入大量的研發力量和人力資本，產品的技術密集度高，且由於生產技術不穩定、產量低，所以成本很高。生產主要集中在創新國，因為新產品的需求價格彈性較小，創新企業通過對新產品技術工藝的壟斷地位即可在國內獲得高額壟斷利潤。對於經濟發展水平相近的次發達國家偶爾的少量需求，創新企業通過出口即可滿足，因此這一階段無需到海外進行直接投資。

第二，成熟階段。是指新產品及其生產技術逐漸成熟的階段。隨著新產品生產和市場競爭的發展，市場出現了一系列變化：新產品的生產技術日趨成熟，開始大批量生產；產品的價值已為經濟發展水平相近的次發達國家的消費者所認識，國外需求強勁；需求價格彈性增大，企業開始關注降低生產成本；生產工藝和方法已成熟並擴散到國外，研發的重要性下降，產品由技術密集型逐漸轉向資本密集型。與此同時，隨著創新國向次發達國家的出口不斷增加，進口國當地企業開始仿製生產，而進口國為了保護新成長的幼稚產業開始實施進口壁壘限制創新國產品輸入，從而極大地限制了創新國的對外出口能力。因此，創新國企業開始到次發達國家投資建立海外子公司，直接在當地從事生產與銷售，以降低生產成本、衝破市場壁壘，占領當地市場。

第三，標準化階段。是指產品及其生產技術的定型化階段。生產技術的進一步發展使產品和生產達到了完全標準化，研發費用在生產成本中的比重降低，資本與非技術型熟練勞動成為產品成本的主要部分。企業的競爭主要表現為價格競爭，創新國已完全失去壟斷優勢。於是，創新國企業以對外直接投資方式將標準化的生產工藝轉移到具有低成本比較優勢的欠發達國家，離岸生產並返銷母國市場和次發達國家市場。最後當該技術不再有利可圖時，創新國企業通過許可方式將其轉讓。

可見，隨著產品及其生產技術的生命週期演進，比較優勢呈現出動態轉移的特點，國際貿易格局相應發生變動，各國的貿易地位也隨之發生變化，創新國由出口國變為進口國，而勞動成本低的欠發達國家最終則由進口國變為出口國。根據該理論，各國應當依據比較優勢的動態轉移決定生產區位選擇與貿易方向。

二、基於國際貿易理論視角

將跨國公司理論引入國際貿易框架後，正如可以把貿易分為產業內貿易與產業間貿易一樣，我們也可以把外商直接投資分為產業內外商直接投資和產業間直接投資。前者指在國際投資中佔有主要地位的、發達國家之間的企業利用產業間的相對優勢進行的國際直接投資，後者指發達國家企業利用其在某個產業所具有的比較優勢向發展中國家進行的直接投資。國際投資究竟是在產業間進行還是在產業內進行，取決於兩國的經濟規模和要素稟賦：在具有相似經濟規模和較大差異的要素稟賦的兩個經濟體之間，產業間的跨國公司主導生產；當兩個國家經濟規模和要素稟賦都比較相似時，並且國際貿易成本適中或者較高的時候，產業內跨國公司主導生產。

從國際貿易理論的角度解釋服務業 FDI 的關鍵在於，為什麼服務業的國際擴張採取對外直接投資的形式而非國際貿易形式。一些研究認為，企業特性、國家特性和貿易成本可以被用來解釋服務型跨國公司在進行國際擴張時在 FDI 與貿易之間選擇的主要原因。

第三節　服務業對外直接投資的影響

一、服務業 FDI 對世界經濟的影響

服務業跨國投資的發展對世界經濟產生著多重效應。

(一) 對全球服務產業的發展起著重要的促進作用

首先，服務業 FDI 促進全球服務產業的資源優化配置與重組，從而擴大各國服務產業發展的市場空間，各國服務企業可以在規模經營和國際化經營的基礎上，增加服務產品的生產和供給。其次，服務業 FDI 加劇各國服務業競爭，競爭直接帶來產業效率的提高，促進服務企業的生產和交易成本下降以及消費者福利增進，同時也促進服務方式創新、服務質量提高。航空運輸和某些電信服務的價格大幅度下降就是全球服務市場競爭加劇的直接成果。最後，服務業 FDI 有利於新技術、新產品、新的管理方法在全球的擴散。金融服務競爭產生的發展與效率提高效應也很明顯。經統計表明，大部分國家銀行的工資開支占總收入的比重下降，營業費用與總收入相比也下降了。這是競爭促進成本下降的效應。

(二) 加劇了全球服務業的市場整合與企業重組

在相當多的領域內，大型服務性跨國公司的壟斷地位越來越強，呈現出寡頭壟斷的局面。從行業分析看，金融與信息業的市場與企業整合尤為激烈。通過跨國投資與兼併，大型或超大型金融壟斷企業不斷在競爭中產生，金融企業的國際競爭力出現此消彼長的格局。1990 年，按資產額排名分別為全球第一名、第二名的銀行是日本第一勸業銀行和富士銀行。1998 年，美國花旗銀行與旅行者集團合併為花旗集團，合併後的花旗集團資產總額近 7,000 億美元，超過了當時占據第一位的東京三菱銀行。在 1999 年的銀行業資產額排名中，全球第一、第二的位置已被美國花旗銀行和美洲銀行所取代。2007 年，蘇格蘭皇家銀行因為收購荷蘭銀行，總資產躍升到 38,079 億美元，資產增長率到達 122.6%，2008 年一舉躍升為世界銀行總資產的第一名，德意志銀行躋身排行榜的第二位。規模的巨型化已成為銀行業經營的一種趨勢。到 2016 年，在英國《銀行家》月刊中，銀行業排名第一位和第二位的分別是中國工商銀行和中國建設銀行，排名第三位的是美國摩根大通銀行，排名第四位和第五位的分別是中國銀行和中國農業銀行。

服務領域跨國投資與併購的發展，使服務跨國公司得到快速發展。在美國《財富》雜誌每年一度的全球 500 強評比中，服務業公司在絕對數量上和相對比重上都有了較大的增長，其所占比重超過了工業、農業跨國公司份額的總和。

(三) 服務產業國際投資成為推動經濟全球化發展的重要力量

從經濟全球化發展的歷史來看，服務產業的國際化或全球化的發展晚於農業與工業的全球化發展進程，20 世紀 80 年代以來國際服務貿易與服務業國際投資增長，意味

國際資本在農業、工業和服務業3個產業領域向國際市場全面滲透。服務業的跨國投資發展，不僅是經濟全球化的主要內容，而且成了促進全球化的重要條件。

通過服務業的國際投資，在全球範圍形成一個更大的服務交易網絡，這有助於跨國公司內部分工和專業化的進一步發展，以提高他們的競爭力。例如，全球化中國際競爭的加劇，使製造業需要更為廉價而又可靠的聯結全球的通信和運輸網絡以維持出口業績；同時，由於更短的產品生命週期和「及時」生產的採用，國外廠商購買產品對時間的要求日益緊迫，只有高效率的通信與運輸系統才能滿足這種要求。

服務業的國際化經營，促進了發達國家跨國公司在更大範圍、更多層面上的擴張，帶給更多的企業（尤其是中小企業）進入國際市場的機會。以電信、運輸和金融服務業為代表的現代服務技術的進步，已卓有成效地降低了國際服務鏈的相對成本，跨國生產所需的最小規模變得越來越小，使得不同生產規模的廠商都可以利用國際服務鏈進行高效分散的生產，更多的企業參與跨國化的生產經營活動。全球跨國公司數量的快速增長，就是一個明證。根據2016年《財富》世界500強的統計，全球跨國公司的分佈也產生了很大的變化：美國上榜企業仍居榜首，共計134家。中國上榜企業從2011年的57家上升到110家，含臺灣地區企業7家。日本企業在500強公司排行榜中的數量逐步下降，從最高峰1995年的149家下跌到2011年的68家，目前僅有52家。歐洲三強德、英、法加起來一共有84家。

由此可見，服務業國際化經營與各國經濟實力的發展呈正比。一個國家經濟實力是該國服務業對外經營的基礎。以日本為例，日本曾是世界服務業對外直接投資的大國，但伴隨著日本經濟低迷，日本擁有的跨國公司（世界500強）的數量逐年減少，如表7.4所示。

表7.4　　　　1989—2014年日本跨國公司數量的變化　　　　數量：家

年份	1991	1993	1995	1996	1997	1998	1999	2000	2001
數量	119	135	149	141	126	114	101	108	105
年份	2002	2004	2006	2008	2010	2012	2014		
數量	87	82	70	64	71	68	54		

（四）進一步調整著發達國家與發展中國家在國際分工中的利益分配

服務業國際化經營促進了國際分工的深化，在發達國家與發展中國家之間，首先是強化了它們的垂直分工，即發達國家高新技術製造業和知識技術密集型服務業與發展中國家勞動密集型製造業和服務業的分工；同時，正在強化它們之間一種新的分工形式——加工工序與生產服務的分工。這使發展中國家在整個國際分工中處於更加不利的地位，將導致世界財富向服務業競爭力強的發達國家進一步積累。在發達國家與發展中國家生產服務與加工工序的分工中，發展中國家充當的是發達國家的生產加工基地，影響產品價值鏈的諸多重要的生產服務環節，如產品設計、新產品、新工藝開發和海外市場的拓展、原材料的採購供應、資金的籌集調度和財務控制等高附加價值

的業務，都由發達國家掌握。這種分工，雖然能夠為發展中國家帶來就業、產出增加等效應，但在總體利益分配上，發展中國家只能分配到極少的一部分產品加工所得。而且作為發達國家製成品的生產加工基地，發展中國家還要付出環境惡化的代價。

在國內服務市場開放中，發展中國家雖然可以通過引進外資、外國先進技術促進服務業發展，但由於國內服務企業與跨國公司競爭力相差懸殊，本國服務企業的成長空間會受到嚴重擠壓。同時，由於金融、通信、信息、數據處理等服務部門涉及國家主權、機密和安全，國家經濟安全也會受到威脅。特別是信息技術和互聯網的發展，使全球置身於一個全球性的統一網絡中，也在不斷加大發展中國家經濟所面臨的外來風險。需要正視的是，由市場開放所引發的外來風險的衝擊，是目前發展中國家自身的管理與調控能力所難以控制的。

二、服務業 FDI 對東道國的影響

(一) 正面影響：外溢效應

外溢效應，是指外商直接投資對東道國的經濟效益和經濟增長或發展能力發生無意識影響的間接作用。這種外溢效應既可表現為正面的，也可表現為負面的。在這裡，我們主要討論正面的外溢效應。外商直接投資的外溢效應主要表現為除資本和勞動力之外的其他影響經濟增長的因素，從而使全要素生產率提高，實現對經濟增長的促進作用。全要素生產率對經濟的貢獻主要可分為資本效應、產業結構效應、技術進步、制度變遷和貿易發展效應五個方面。

1. 資本效應

國際直接投資不僅能增加東道國的資本存量，而且能為東道國當地的資本市場提供具有吸引力的投資機會而動員當地儲蓄，成為引發國內投資的催化劑。用「雙缺口模型」的解釋就是，外資的增加有效改善了發展中國家儲蓄不足，並且有助於將儲蓄轉化為投資。與製造業一樣，服務業 FDI 流入一般只是東道國經營的外國分支機構資金來源的一部分，跨國公司也可以從東道國的資本市場和國際資本市場籌集資金。這些資金不包括在 FDI 流入的數據中，但這些資金的來源對東道國的經濟影響很重要。當資金是在國際資本市場籌集的，對國際資本市場上的投資國來說，如果籌資額很大，資金來源國內的利率就會上升，致使資本對國內企業更加昂貴；對東道國而言，這些資金就是東道國 FDI 流入量的淨增加值，當投入量很大時，資金面相對更加寬裕，東道國國內利率下降，致使國內企業資金成本下降。另外，服務業 FDI 對發展中國家更是尤為重要，特別是基礎設施服務的資本需求量巨大，又處在快速發展階段的發展中國家，這些國家的政府大部分面臨著預算約束，服務業 FDI 對這些服務供給的增長提供了重要的資金支持。

2. 產業結構效應

產業結構變動主要是指第一產業、第二產業和第三產業產值占國民生產總值比重的變化情況。世界經濟發展的一個基本規律是：隨著人均收入水平的提高，服務業在國民經濟中的產值比重呈上升趨勢，並最終超過農業和工業而在國民經濟中占據主導

地位。第一產業的產值占國內生產總值的比重越小,說明產業結構變換的速度越快,產業結構的高級化程度越高。關於外國直接投資的產業結構效應,以日本學者赤松要的「雁行模式」最為著名。赤松要認為,一國某產業的發展大致經歷進口、當地生產、開拓出口、出口增長等幾個發展階段。某產業隨著進口的不斷增加,先後出現國內生產和出口,其圖形如飛行的雁群。「雁行模式」表明,外國直接投資的產業結構效應來源於有效地利用東道國的比較優勢。外國直接投資所帶來的「一攬子」資源,尤其是技術和管理技能,不僅有助於中國建立新產業,而且還能使傳統產業升級,使內向型產業向出口導向型、具有國際競爭力的產業演進。

服務業 FDI 進入東道國,首先作用於東道國的相關服務行業,以資金投入為手段進入東道國的產業鏈,對原有產業鏈上的服務行業產生衝擊。與此同時,服務業 FDI 的資金也增強了東道國相關產業的資金實力,伴隨著服務業 FDI 資金、技術、管理等要素融合到相關產業,相關產業得到有益的促進和發展,這一變化可以用相關產業規模的變化、產出的變化、市場佔有率、市場地位等指標來描述。

以中國為例,大多數第三產業部門對外開放度提高並調整利用外商直接投資政策,而第一產業的投資比重已經逐年下降,第二產業製造業的比重日益提高,這與前幾年跨國投資集中在製造業領域密切相關。作為投資新熱點的第三產業服務業儘管增長率不明顯,但是服務業投資已經成為全球投資的重點。因此,第三產業投資占 GDP 的比重會日益提高,從而帶動中國的產業結構升級,由製造業大國轉向服務業大國。

3. 技術進步效應

FDI 投入資本對東道國產生的是短期效應,FDI 對東道國經濟增長的長期效應還要依靠技術效應來實現。技術是一個廣義的概念,它不僅包括生產技術和方法,也包括管理技術和勞動者素質的提高等方面。因此,這裡主要用人力資本和 R&D 資本來衡量技術進步。大部分服務型跨國公司都是通過 FDI 方式實現技術轉移,這是因為:第一,服務生產與消費的不可分性,使軟技術傳播無法像製造業那樣通過引進設備等多種方式,在很大程度上只能通過 FDI 實現;第二,服務業跨國公司為人員流動提供了良好的制度和組織安排,人員是服務業核心技術的主要載體,人員流動是服務業實現技術溢出的最重要的方式,而跨國公司內部人員流動十分頻繁,非常有利於技術溢出和擴散;第三,在許多服務行業,尤其是生產服務業,技術往往是「內嵌式」的,存在於企業內部的人際關係中,很難複製,而跨國公司的組織形式為「內嵌式」技術的跨國溢出提供了有利條件。

按照技術溢出的實現方式,服務業 FDI 的技術溢出可分為兩類:行業間溢出和行業內溢出。

4. 制度變遷效應

制度因素對經濟增長的影響主要表現為制度變遷,中國經濟制度的變遷主要表現在產權制度的變遷、市場化程度提高、分配格局變化和對外開放程度四個方面。一國經濟增長是在一定的制度框架中實現的,利用外國直接投資作用是中國對外開放的行為之一,其本身就是一種制度變遷。此外,外國直接投資主要來源於發達的市場經濟國家,為了吸引更多的投資,必須改善市場環境,從而促使中國市場化程度不斷提高。

根據新制度經濟學的觀點，制度是一種重要的經濟增長要素，一國通過制度變遷會促進經濟增長及發展，從而產生制度績效。外國直接投資在中國產生的制度績效，主要是指它通過影響中國決定制度供給和制度需求的某些因素，來促進中國經濟的發展。

5. 貿易發展效應

商品、生產要素的國際流動主要是通過國際貿易和國際直接投資兩種途徑進行的，貿易與投資之間的關係可以分為替代論和互補論兩種。從東道國的角度來看，服務業FDI流入對服務貿易出口既有促進效應也有替代效應，兩者的大小比較最終決定服務業FDI流出對東道國服務貿易出口的影響方向；如果促進效應大於替代效應，那麼就表現為東道國服務貿易出口的增加，反之則表現為東道國服務貿易出口的減少。

（1）促進效應

服務業FDI流入對東道國服務貿易出口的促進效應主要體現在以下幾個方面：

通過服務業FDI的目的是利用東道國廉價的自然資源或勞動力，進而降低自己的成本獲取更大的出口競爭力，從而向母國或其他國家出口這些服務，那麼投資國的服務業FDI是出口導向型。這樣，東道國服務貿易出口會得到顯著增加。

如果服務業FDI是市場導向型，即投資國對東道國進行直接投資是為了佔領東道國國內的消費市場，在這種情況下，流入東道國的服務業FDI企業的服務質量不會低於東道國本土企業服務業的水平。由於服務具有無形性、不可儲存性、生產消費同時性等特殊性質，大多數服務業FDI都是這種情況。因此，此類服務業FDI不會對東道國服務貿易出口產生很大的促進作用，其作用主要體現在長期效應（如技術外溢等）。

服務業FDI流入會給東道國帶來出口引致效應，即出口導向型的FDI帶來貨物貿易出口的增長進而帶來與此相關的服務企業在金融、保險、運輸等方面的服務貿易出口增加。

（2）替代效應

服務業FDI流入對東道國服務貿易出口的替代效應主要體現在兩個方面：

如果流入東道國服務業的FDI質量低於東道國本身的服務業水平，這說明外資進入東道國是想享受逆向的技術溢出，學習東道國服務業的先進技術、管理經驗等。這種外商直接投資會反向提高投資國服務業的發展水平，進而提高投資國服務出口競爭力，逐漸減少自東道國進口的某些服務。也就是說，服務業FDI會對東道國原有的某些服務出口產生替代效應。

（二）負面影響：內斂效應

（1）大部分服務業FDI旨在市場開拓，尋求非交易性活動，並有可能以對外支付的形式進行利潤匯出，所以，不僅可能對增加外匯收入無任何作用，反而可能對國際收支造成負面影響。許多跨國公司通過利潤轉移方式來進行逃稅，從而嚴重干擾了東道國的市場秩序。20世紀90年代後期，跨國企業逃稅一年高達300億元人民幣，相當於近年中國財政收入的二十分之一。六成以上的外企存在非正常虧損，虛虧實盈。目前中國40多萬家外資企業，年虧損金額逾1,200億元，但其中有相當數量的外企通過各種避稅手段轉移利潤，造成帳面上大面積虧損。

(2) 東道國相關行業受到很大衝擊。在東道國原有的高度保護下，諸如銀行、電信、旅遊等行業，其國內市場是非完全競爭的，甚至是壟斷的，因而適應市場的能力和提高競爭優勢的自身能力有限。隨著外資在這些行業的進入，東道國國內原有企業從資金、經驗、技能和創新方面都受到巨大挑戰。跨國公司往往憑藉其資金雄厚的優勢大規模收購當地同行業企業甚至龍頭企業及其原有品牌，從而在當地形成技術、品牌、市場和產業壟斷。這種情況在中國的許多行業都存在，有些還十分突出，不僅嚴重壓抑了民族產業的發展，而且在形成品牌市場壟斷後還會侵害消費者權益，對中國的經濟和產業安全都構成嚴峻挑戰。

(3) 外資服務機構將與東道國本地企業更加激烈地爭奪人力資源，其工作條件與薪酬狀況可能導致大批優秀人才流向外資企業，這樣對本地企業的發展將會帶來更多困難。以金融業為例，外資銀行進入中國後，大量中資銀行的骨幹跳槽或被高薪聘請去外資銀行，這對於發展不夠完善的中資銀行來說帶來的風險和壓力是雙重的。

(4) 服務業 FDI 可能帶來三方面的風險。如果東道國政府管理控制不善，缺乏有效的規章制度，有可能在體制方面帶來嚴重的本國經濟動盪；如果在管理公用事業和私有化時缺乏有力控制，有可能導致私人壟斷；此外，因為各國在社會文化背景上差異極大，外資在這些領域的運作容易造成衝突和傷害。

因此，對於開放服務業 FDI 的東道國來講，最重要的是正確分析當前的國際環境，針對外國直接投資制定有效的引導、管理和控制措施，使其對外資的運用發揮最大的正面作用。

第四節　中國引進服務業國際直接投資現狀分析

一、中國服務業 FDI 發展的理論支持

(一) 基於交易成本學說的內部化論

該理論認為，市場不完全的原因不僅是規模經濟，寡頭或關稅壁壘，更重要的是市場失效和某些產品的特殊性優勢或壟斷勢力的存在。市場的結構失效，導致企業市場交易成本增加，促進跨國公司進行交易內部化活動。中國的服務業市場發展時間不長，市場上更多的是小規模的生產者，大規模系統性強的生產聯合很少，這就決定了國內的服務業生產很難實現生產銷售的壟斷。由於國際直接投資的來源通常是某些特殊性優勢產品或是具有壟斷優勢的產品。因此，國際投資向中國服務市場輸出，能有效開發更大的市場空間，並使其交易成本大大減少。

(二) 基於產業組織理論的壟斷優勢理論

該理論認為跨國公司在進行對東道國的對外投資時，在語言，法律，文化經濟制度等方面處於劣勢，但其擁有的壟斷資源是能夠在國外進行直接投資的基礎。運用這個理論，可以證明中國服務業對 FDI 的吸引。第一，服務業產品的特點是生產和消費

同時進行，因此，產品質量便取決於服務技能，企業的技術設備，管理技能等。獲得這些資本的成本很高，週期也很長，對於跨國公司來說擁有這些資源形成了他們的壟斷優勢。第二，在服務業中，要素市場上最重要的因素是無形資產。中國服務業市場起步較晚，因而在服務技能上也並不發達，也就是說無形資產的質量不高。在這個情況下，無形資產的不完全優勢還是很明顯的，能夠為外商直接投資創造壟斷優勢。第三，中國的服務業市場尚未完全開發，並且中國服務業正處於進一步的市場開放進程中，進入壁壘不斷降低，給跨國公司的進入創造了不錯的條件。

二、中國引進服務業 FDI 的總體概況

（一）發展現狀

1. 服務業吸收外資成為中國 FDI 的新增長點

2015 年，中國服務業領域新設立外商投資企業 12,916 家，合同外資金額 5,078,475 萬美元，實際使用外資金額 1,491,400 萬美元，同比增長分別為 29.35%、26.86% 和 24.72%。另外，隨著中國服務領域的逐步對外開放，包括銀行、保險和證券在內的金融業，包括批發、零售、外貿、物流在內的流通業，包括增值電信和基礎電信在內的電信服務業，以及包括法律、會計、管理、公關等業務在內的專業諮詢業等行業成為外資進入的熱點。

2. 生產性服務業是外商投資的重點

隨著先進技術和管理理念在生產中的廣泛應用，成熟的規模化生產不再是資源配置的主要方向，而是為生產提供服務的領域成為效益產出的主要領域。隨著生產性服務業在生產過程中重要性的不斷提高，其規模也隨之不斷增加，目前生產性服務業已是世界經濟中增長最快的行業，發達國家以通信、金融、專業服務業、物流等生產性服務業占總服務業的 50% 以上，而且是外商直接投資的重點領域。2015 年，中國金融業、房地產服務業以及租賃和商務服務業吸引外商直接投資占服務業外商投資總額的 80% 左右。

3. 服務業外商直接投資的地位和比重增加

近年來，中國服務業發展迅速，2015 年中國服務業利用外資規模增加，增幅為 111.01%。同期，中國固定資產投資 47,000 多億元，比 2015 年增加 46%。2015 年，外資占固定資產比重達到 4.54%，同期增加 44.31%。與此相反，2015 年中國實際利用外資 603.25 億美元，下降了 0.05%，2006 年上半年實際利用外資又下降了 3.2%。當前，中國利用外資的「一升一降」現象，說明中國利用外資趨向理性，進入產業結構調整期，即將到來的是中國服務業利用外資的又好又快發展階段。

（二）主要行業特點

1. 金融業成為實際使用外資金額最大的服務業

截至 2015 年年底，金融業新設立外商企業 149 家，合同金額 19.92 億美元，占第三產業的比重分別是 0.12%、0.53%。2015 年，金融業實際使用金額位居第三產業之首，達到 123.01 億美元，同比增長 4,781%。銀行業新批 7 家機構引入境外戰略投資

者，實際使用外資 118.69 億美元；保險業新批設立 4 家中外合資企業，實際使用外資 1.5 億美元；證券業新批設立 7 家合資基金管理公司，實際使用外資 0.62 億美元。

2. 房地產建材行業利用外資規模最大

截至 2015 年年底，中國房地產建材業利用外商直接投資項目 44,828 個，合同外資金額達到 2,137.85 億美元，占第三產業比重分別是 35.66%、56.64%，是服務業中利用外資規模最大的行業。外商在華投資房地產開發合同項目個數達到 2,113 個，同比增加 19.58%，大型項目 388 個。合同外資金額為 156.14 億美元，同比增加 15.76%；實際使用外資金額 53.9 億美元，同比減少 9.41%。

3. 交通運輸、倉儲和郵政業利用外資持續快速增長

截至 2015 年年底，中國交通運輸、倉儲和郵政業利用外商直接投資項目 6,607 個，合同外資金額 314.1 億美元，占第三產業比重分別是 5.26%、8.32%。2015 年，實際使用外資金額 18.12 億美元，年均增長 13.17%。水上運輸業、交通運輸輔助業總體增勢迅猛，開始形成規模。水上運輸業新設立外商投資企業 48 家，與 2015 年持平，合同外資金額 18.13 億美金，實際使用外資金額 8.41 億美元，同比增長分別為 309.98%、133.41%。同期，交通運輸輔助業新設立外商投資企業 32 家，合同外資金額 7.98 億美元，實際使用外資 0.83 億美元，同比增長分別為 77.78%、208.04%、107.94%。

4. 信息傳輸、計算機服務業和軟件業利用外資增長幅度低於世界平均水平

截至 2015 年年底，中國信息傳輸、計算機服務業和軟件業利用外商直接投資項目 3,115 個，合同外資金額 65.33 億美元，占第三產業比重分別是 2.48%、1.73%。2015 年，實際使用外資金額 10.15 億美元，同比增長 9.75%。近年來，發達國家快速掀起了將軟件設計、開發、測試等環節轉移到亞太等更低成本國家的浪潮。據預測，未來幾年全球服務外包市場將以每年 30%~40% 的速度遞增。軟件產業在中國是新興行業，規模由 1999 年 440 億元增長到 2015 年的 3,900 億元，年均增速 40% 以上，未來幾年借助全球軟件產業轉移之際，從接包中低端軟件開始繼續大力發展。但是，目前中國軟件業利用外資增速低於世界平均水平，而且原本比重就小，沒有充分利用和發揮外資效益。

5. 租賃與商務服務業利用外資增勢強勁

截至 2015 年年底，中國租賃與商務服務業利用外商直接投資項目 21,080 個，合同外資金額 454.93 億美元，占第三產業比重分別是 16.77%、12.05%。2015 年，實際使用外資金額 37.45 億美元，年均增長 48.4%。2015 年，中國租賃業吸引外商直接投資項目 41 個，合同外資金額 21,661.1 萬美元，同比增長 107.1%，實際使用外資 3,896 萬美元，同比增長 56.78%。商業經紀和代理業新設立外商投資企業 235 家，合同外資金額 12.86 億美元，實際使用外資金額 0.66 億美元，同比分別增長 31.28%、260.65%、44.3%。

6. 商業利用外資繼續快速增長

截至 2015 年年底，批發與零售業利用外商直接投資項目 27,867 個，合同外資金額 356.86 億美元，占第三產業比重分別是 22.17%、9.45%。2015 年，實際使用外資金額 10.39 億美元，同比增長 45.87%。隨著入世開放外資商業領域的承諾實施，零售商業

成為外商投資新熱點，新登記的外資企業、其投資總額、註冊資本和外方出資額都呈增長趨勢。2015年，零售業新設立外商投資企業437家，合同外資金額12.86億美元，實際使用外資金額4.54億美元，同比分別增長106.13%、94.1%、14.3%。

(三) 中國服務業吸收外資的發展趨勢

1. 服務業外商投資繼續快速增長

從20世紀90年代到2015年，服務業的外資存量翻了兩番，占全部外商直接投資存量的比重由47%上升到67%，2015年服務業FDI流量為4,523億美元，約占當年FDI總量的70%。近幾年服務業跨國投資繼續較快增長，2015年服務業跨國投資比重仍占2/3以上。其中，美國服務業對外投資從1995年的469億美元上升到2015年的1,406億美元，年均增長13%。借助服務業跨國轉移的新興浪潮，以及國際社會普遍看好中國經濟當前的快速增長形勢和長期持續增長的潛力，以及從2015年起中國服務業全面對外開放等國內外大好環境，中國服務業外資直接投資趨勢繼續快速增長。

2. 中國服務外包異軍突起，發展前景廣闊

發達國家跨國公司管理、經營日益專業化，保留核心優勢業務，將後勤辦公、顧客服務、商務業務、研究開發、諮詢分析等許多非核心業務活動外包給新興發展中國家。目前，國際外包業務只占全部業務流程的1%～2%，尚處於初始階段。據Gartner預測，近年來軟件外包年均增長率在30%以上，2015年全球軟件外包將達2,015億美元，以美、英為主的英文軟件占80%以上。根據賽迪顧問的研究報告，2015年中國承接軟件外包規模已經達到了9.2億美元，到2015年將達到70.28億美元的規模，年均增長超過50%。中國軟件外包以日本市場為主。2015年中國承接日本軟件外包金額為5.58億美元，日本離岸外包增速達50%，估計50%以上將轉向中國。另外，「不要把雞蛋都放在一個籃子裡」的思想使歐美企業選擇外包合作夥伴時為了規避外包風險，不再局限於印度、愛爾蘭，而是擴展到中國、菲律賓、俄羅斯等國家。

3. 投資方式多樣化，收購兼併投資增加

外商直接投資服務業有股權投資和非股權安排兩種方式。非股權安排可分為特許經營、管理合同、許可證協議等方式，在服務業運用最為成功的是特許經營。住宿、餐飲、商務服務業等採用非股權安排的方式比較普遍，例如國際著名餐飲企業麥當勞、肯德基在國外的經營方式。股權投資有新建投資和跨國併購。隨著中國服務市場的全面開放，投資環境的不斷改善，中國法律、政策對外國投資的放寬、內外資企業所得稅並軌等發展環境，以及利用本土企業的營銷渠道、網絡等經營資源迅速擴大在中國市場佔有率的需求，跨國公司在華投資出現了從合資、合作等新建投資向收購兼併投資方向發展。加大跨國併購外資比重，有利於加快中國企業國際化進程和國有企業改革步伐。當然，外資併購話題會成為社會多方關注的焦點，爭論將顯現「賤賣論」「惡意併購論」和知識產權方面等問題。

4. 投資研發中心的趨勢持續加強

向中國轉移研發能力，提升其在中國產業的競爭力，已成為許多跨國公司的共識。據商務部研究院統計，截至2015年9月，著名跨國公司以各種形式在華設立的研究開

發中心約有750家，其中僅2015年1~9月份就設立了298家，同比增幅達到48.2%。從行業分佈上看，主要集中在信息通信、生物製藥、精細化工、運輸設備製造等行業；從地區分佈上看，主要集中在北京、上海、廣東、江蘇、天津等外商投資集中的地區。隨著中國作為全球重要製造基地地位的逐漸形成和加強，投資研發中心的趨勢還會持續和加強。在商務部就研發投資進行的調查中，61%的跨國公司明確表示在未來三年內將繼續擴大對華研發投資。其中，46%的企業傾向於建立獨立的研發中心，33%的跨國公司傾向將更多的先進技術引進中國進行研發，同時有25%的企業計劃擴大在中國原有的研發人員數量，24%的企業選擇合作研發。

5. 投資地域差距較大，大中城市是吸引服務業外資的集中區域

由於服務業特有的性質，外商在投資地域的選擇方面，更加注重當地的基礎設施、區位特徵、產業配套能力等因素。而東部地區在以上幾個方面均有優勢，因而已成為服務業外商投資最為集中的區域。中西部地區由於自然條件限制，與服務業配套的相關基礎設施落後，外資投入的比例較低。此外，服務業外資集中進入的區域是大中城市，城市化水平越高，吸引外資的能力也就越強。2015年，上海、北京和深圳等城市的服務業FDI都超過了50%。

(四) 服務業直接投資對中國服務業的影響

在華服務業的直接投資對中國服務業的促進作用和負面作用同時存在。從正面影響來看，在華服務業直接投資有以下積極影響：

(1) 優化了中國服務業內部結構，增強了國際競爭力。跨國服務公司的進入，其先進的管理經驗和帶來的競爭迅速培育了一批具有競爭實力的中國企業。

(2) 打破服務行業壟斷，優化市場結構。以服務業中的交通運輸業為例，國際物流先進企業，如DHL、敦豪等進入中國市場，打破了原先中國物流業的壟斷現狀，不僅促進了中國郵政EMS業務的迅速發展，更培育了相當一部分具有競爭力的民營物流企業，如順豐、申通、圓通等。

(3) 延長服務業產業鏈，形成產業集群及發展新興服務業。目前，服務業的迅速發展，減少了第三產業的經營成本。以阿里巴巴集團為代表的電子商務快速發展，中國相當一批B2B、C2C、B2C等網上企業也促進了國際電子企業如亞馬遜等進駐中國。

(4) 在華服務業跨國公司通過技術轉移和外溢提高服務業技術水平。有研究表明，服務業跨國公司在中國的經營活動，通過競爭效應、人員培訓效應、關聯效應等已經形成了一定程度的技術溢出，如零售業、快餐業、金融服務業等，都已經通過服務業跨國公司的技術轉移和外溢，極大提高了中國同行的技術水平。同時，在華的服務業跨國公司也促進了中國服務人員的就業，對就業人員的技術水平的提高起到了促進作用。

當然，服務業跨國公司在中國的經營也不是可以高枕無憂的。首先，許多服務業跨國公司表示至今仍然處於虧損狀態，高昂的固定成本以及員工的費用，使許多公司入不敷出，短時間內還無法實現盈利。其次，中國的服務業專業人員缺乏是服務業跨國公司遇到的主要問題，而且許多跨國公司花費巨大代價培訓員工後，員工卻跳槽，這也是非常棘手的。最後，基礎設施的落後以及制度的不完善對服務業跨國公司的發

展造成了很大影響。更重要的一點，由於擁有先進入者優勢，在華服務業的跨國公司迅速占領了市場份額，培養了一批具有品牌忠誠度的消費者，這對於尚處於起步階段的中國服務業公司提出了巨大的挑戰。中國企業如何應對這種國際化競爭成為決定中國未來服務業國際化的關鍵所在。

儘管如此，廣闊的中國市場還是吸引著越來越多的服務業跨國公司來華投資。不難預料，隨著中國日益與世界接軌，中國服務市場將成為世人矚目的焦點。中國現在十分重視塑造附加價值鏈及製造「中國設計」產品，「中國製造」「中國創造」到「中國想像」，中國服務業的升級也將引導在華服務業跨國公司新的投資動向。

思考題

1. 什麼是服務業的對外直接投資？對外直接投資轉向服務業的原因有哪些？
2. 什麼是生產折中理論？如何運用生產折中理論來解釋服務業 FDI？
3. 什麼是所有權優勢？服務業對外直接投資的內部化優勢有哪些？
4. 什麼是內部化優勢？服務業對外直接投資的內部化優勢有哪些？
5. 什麼是區位優勢？如何根據區位優勢確定服務業對外直接投資？
6. 生產週期理論在服務業對外直接投資中的擴展。

閱讀分析

聯邦快遞在中國

曾經聯邦快遞突然宣布，以 4 億美元的現金完成對大田的收購，聯邦快遞在中國正式變身獨資企業。此舉顯示洋快遞正在加快搶占中國市場的速度。

獨吞中國市場

歐美快遞企業無論走到哪個國家，都會最大限度地謀求控股和獨資。由於在中國政策受限，他們最初進來時不得不先與內地企業合資，UPS、DHL、TNT 分別選擇了有著強大政府背景的中外運，聯邦快遞則選擇了民營企業大田。

聯邦快遞與大田是在 1999 年 7 月共同組建了合作公司——大田聯邦快遞有限公司，這也是聯邦快遞公司在世界上唯一一家合作公司。聯邦快遞與大田之間的合作模式與其他快遞巨頭在中國的方式如出一轍，即聯邦快遞提供自己的品牌，大田用自己在國內的網絡優勢和車輛，共同完成快遞業務，雙方在國內的業務利潤按一定的比例分成。

根據中國加入 WTO 所作的承諾，2005 年年底對外資全部開放快遞市場，不允許外資在中國設立獨資快遞公司的大限已過，對於在中國已打下根基的聯邦快遞而言，大田這個「殼」已失去價值。這幾年，聯邦快遞一直在馬不停蹄地拓展各地分公司和服務網點。聯邦快遞董事會主席、總裁兼首席執行官施偉德指出，此項戰略性投資，將更有利於公司在未來幾年中進入到許多重要的市場，加速地方經濟發展，並從廣度和深度上進一步加深我們與中國的合作夥伴關係。

與大田合作之前，聯邦快遞與一家國內企業——大通國際運輸有限公司（簡稱大通）有過3年短暫「婚史」。1995年年初，大通已在全國擁有30多家分公司，輻射幾百個城市，成為當時國內貨代行業中的佼佼者。這時，中國市場上出現了對快遞的大量需求，中國快遞業興起一股與外資合作的風潮，外資巨頭開始搶灘中國。但由於政策限制，外資企業只能在中國尋找企業進行代理業務。聯邦快遞、DHL、UPS、OCS、TNT等都找中外運作代理。但聯邦快遞很快發現了已基本形成全國網絡的大通，隨即與中外運解除到期的合約。一直期望尋求更大發展的大通，也正有合作意向。雙方一拍即合，在1995年底訂下三年合作協議。

雙方的合作模式與其他快遞巨頭在中國的方式如出一轍，即聯邦快遞提供品牌，大通用其在國內的網絡和車輛，共同完成快遞業務，國外業務則交由聯邦快遞完成。雙方在國內的業務利潤按一定比例分成。據稱，當年業務十分紅火，營業額幾乎與中外運的快遞業務追平。

但好景不長。「大通所有的客戶都要進入聯邦快遞的系統。因為這些客戶是長期採用信用卡結算，大通一直用這個系統做業務，不斷地做，客戶便不斷地進入聯邦快遞的系統。」大通一位高層人士表示。他認為這種做法實質上是在掠奪自己的客戶，非常不平等。事實上，聯邦快遞在中國還成立了一個銷售部用於維護自己的客戶，但大通和這個系統沒有關係。大通高層們為此很擔憂：「這樣下去，在快遞行業就只知道聯邦快遞，不知道大通了。」由於業務發展迅猛，大通網絡的擴張難以跟上聯邦快遞的野心。於是聯邦快遞提出，在國內劃分代理範圍，長江以北讓大通作為唯一代理，而在其他地區則尋找另外的代理，但大通則堅持要做唯一代理。當大通在1997年年底研發出一個據稱比聯邦快遞更先進的分揀系統時，沒有給對方使用。雙方矛盾進一步加深。

當時大通認為，大通並不局限於快件，而是一家集普貨、海運、倉儲等業務於一身的多功能公司。而現實情況是，隨著中國入世時間表的推進，市場對外資巨頭遲早要開放，尤其是貨代公司，如果沒有客戶就很容易被擊垮。在此背景下，合作滿3年後雙方沒有續約，1998年年底各自分飛。雙方合作告吹的結果是「雙輸」。合約解除的那段真空期間，聯邦快遞每天要積壓近30萬件快件。而缺乏一個強勢品牌的大通，其快遞業務開始走下坡路。大通原先置辦用於快遞車輛的財務成本也逐漸加大。

不久，他們各自尋找新夥伴。聯邦快遞找到民營企業大田集團，大通與美國第四大快遞企業安邦快遞合作。但兩個結果卻相差巨大，後來居上的大田集團聲名鵲起，而大通業務則繼續下滑。

當時聯邦快遞的一個重要考量就是，選擇實力相對弱小的公司，可以在合作中得到絕對話語權。大田董事長王樹生曾表示，作為聯邦快遞的合資公司，大田—聯邦快遞將接受聯邦快遞中國業務分區總部的領導。然而事實上，在大田—聯邦快遞中，大田和聯邦快遞各占50%股份，雙方不應是誰領導誰的問題，更何況大田—聯邦快遞的董事長是王樹生，陳嘉良是副董事長。對大田來說，這種模式下的合作，最大的目的莫過於利益分成。據瞭解，王樹生大概每年都能拿到近1億元分紅，收益頗豐。在雙方合作的近6年時間裡，大田利用這筆資金不斷拓展國內網絡，不僅建立了118家分支機構，服務於國內541個城市，而且大田總資產也由1992年成立之初的6萬元壯大到現在的9億元，增長上萬倍。

然而，這是一個「看上去很美」的合作，繁榮的表面背後存在泡沫。模式並不能掩蓋雙方的實力差距。正如王樹生所言，由於大田——聯邦快遞完全由聯邦快遞方面「領導」營運，辦公地點、人員招聘、業務開展、財務結算等各方面都是其獨立操作。據瞭解，在之後的合作中，大田聯邦快遞在業務上幾乎全部由外方掌控，大田只能分紅。一旦聯邦快遞舍其而去，大田的快遞業務無疑將因此斷臂。

王樹生不可能沒有意識到這一點。2003 年，就在與聯邦快遞合作到兩年的時候，大田開始大力擴張自己的網絡，冠名「大田快遞」。同年 12 月，大田與歐洲最大的汽車物流服務商——法國捷富凱合資組建了汽車物流企業。此舉標誌著大田全面進軍物流市場，開始轉型為物流企業。

而大田打造自有的國內快遞業務，一方面是為與聯邦快遞的國際快遞實現互補。在雙方合作戰略中有個承諾，聯邦快遞主攻中國境外的業務，大田則負責國內網絡拓展。大田在開展國內業務時，會把接到的國際業務拿給聯邦快遞去運作。同時，聯邦快遞在銷售過程中有一些國內業務，大田理所當然成為承運人。另一方面，王樹生很明白，一旦聯邦快遞有意獨資，大田所擁有的國內網絡無疑是與其談判的最大籌碼。近幾年來，雖然大田快遞本身並不盈利，但王樹生在網絡建設上不遺餘力。

這正是聯邦快遞所樂見的。「我是聯邦快遞派過來，幫助大田快遞的。」現任大田集團執行副總裁的王王景，曾在聯邦快遞服務 26 年。而當時大田快遞另兩個核心人物銷售副總裁白俊明以及現任董事長助理盧天麟均從事過聯邦快遞。

「大田出售股權是必然的，事情可能不會拖過今年年底。」據聯邦快遞內部人士說，聯邦快遞此番打算購買的大田聯邦快遞 50%股權和大田快遞全部股權，王樹生要價約 4 億美元。但聯邦快遞認為價格過高，雙方一直僵持不下。

事實上，聯邦快遞去年曾接觸山東海豐國際航運集團，有意收購海豐下屬的快遞業務。而大田也在去年五月與揚子江航空快運有限公司談判，打算利用它的地面網絡來換購揚子江的股份，藉此進入航空領域。雖然都沒有獲得進展，但雙方似乎都試圖證明：對方並不是唯一的選擇。

最新的消息則是，大田集團業務重點正在發生轉移，今後業務重點將由快遞轉為陸運。陳嘉良一改過去「將長期與大田合作」的官方說法，一席話頗為意味深長：「至於未來和大田的關係，有一些事情我現在還不能講。更重要的是，我不希望講一些假話，那更沒意義。」

合資轉為獨資

聯邦快遞近日已與天津大田集團有限公司簽署協議，以 4 億美元現金收購大田集團在雙方從事國際快遞業務的合資企業——大田聯邦快遞有限公司 50%股份，從而將該合資企業轉變為聯邦快遞獨資公司；並收購大田集團目前用於開展國際快遞業務的資產，以及大田集團位於國內 89 個地區的經營國內快遞業務的資產。該協議成交後，聯邦快遞將在中國擁有超過 6,000 名員工。

討論：

1. 結合聯邦快遞在中國的經營，分析服務企業在對外直接投資中採取的戰略。
2. 中國在服務業對外引資的過程中應該注意哪些問題？採取什麼對策？

第八章　國際服務貿易與知識產權保護

　　知識產權與國際服務貿易具有天然的緊密聯繫。本章概述了知識產權理論與知識產權貿易的發展狀況，介紹了知識產權保護的國際立法狀況以及對於發展中國家的影響，最後對知識產權壁壘的表現形式和服務貿易中知識產權的對策作了適當的闡釋。

第一節　知識產權理論與知識產權貿易

一、知識產權理論概述

（一）知識產權的界定

　　知識產權是法律所賦予的智力成果完成人對其特定創造性智力成果在一定期限內享有的專有權利。其主要的功能是保護知識擁有者和創造者的利益。該概念最早於17世紀由法國人卡普佐夫提出（另一說法是18世紀產生於德國），其英文是 Intellectual Property。1967年建立的世界知識產權組織（WIPO）沿用了這一術語，從而使其在全世界範圍內被普遍接受。知識產權包含的範圍十分廣泛，在現實中，通常有如下分類：

　　1. 工業產權和著作權

　　傳統上知識產權可以分為兩大類：工業產權和著作權。工業產權是指工業、商業、農業、林業和其他產業中具有實用經濟意義的一種無形財產權，主要包括專利權和商標權，但又不局限於此兩種。如《保護工業產權巴黎公約》規定，工業產權的保護對象為「專利、實用新型、工業品外觀設計、商標、服務標記、廠商名稱、貨源標記或原產地名稱以及制止不正當競爭」。著作權又稱版權，是指自然人、法人或者其他組織對文學、藝術和科學作品依法享有的財產權利和精神權利的總稱。主要包括著作權及與著作權有關的鄰接權；通常我們說的知識產權主要是指計算機軟件著作權和作品登記。

　　2. 廣義的知識產權和狹義的知識產權

　　按廣義的概念，知識產權是一種無形的財產權，包括人身權利和財產權利，即精神權利和經濟權利。在1967年簽訂的《成立世界知識產權組織公約》中，規定的知識產權包括以下幾項智力成果：關於文學、藝術和科學作品的權利；關於表演藝術家的演出、錄音和廣播的權利；關於人們努力在一切領域的發明的權利；關於科學發現的權利；關於工業品式樣的權利；關於商標、服務商標、廠商名稱和標記的權利；關於制止不正當競爭的權利；以及在工業、科學、文學或藝術領域裡一切其他來自知識活

動的權利。WTO有關文件中對知識產權的定義是：思想的所有權，包括文學藝術作品（受版權保護）、發明（受專利保護）、企業馳名商標標記（受商標權保護），以及工業資產的其他成分。可見，現代知識產權已經比傳統知識產權的範圍要大得多，隨著新技術革命的興起，知識產權的範圍已經擴展到微生物技術、計算機程序、集成電路等方面。

廣義的知識產權可以分為與貿易有關的知識產權和不與貿易有關的知識產權，這些與貿易有關的知識產權通常就是我們所指的狹義的知識產權，在「烏拉圭回合」談判的過程中達成的《與貿易有關的知識產權協定》（Trade-related Aspects of Intellectual Property Rights, TRIPS），主要從七個方面規定了對其成員保護各類知識產權的最低要求：版權及相關權利，即作家、藝術家表現其思想或才能方式的專有權；商標，即一個可以將某種貨物或服務與其他貨物或服務區別開來的標記；地理標誌，即能夠表明某種產品源自一個特定地域的標誌；工業設計，即與產品外觀有關的特徵，如形狀、裝飾、圖案及構造等，在工藝品、紡織及皮革製品、汽車等產品製造中，該類知識產權尤為重要；專利，即經一國專利機構審查並註冊的技術創新或發明；集成電路的外觀設計，即集成電路分佈圖設計及結構設計；對未公開信息的保護，即通常所謂的「商業秘密」。按照有關國際公約，應受到商業秘密保護的應同時具備四個條件即具有秘密性、具有商業利益性、具有實用性，權利人採了以了保密措施。

3. 與服務貿易有關的知識產權

國際貿易中包括有形的貨物貿易也包括無形的服務貿易。與服務業和服務貿易有關的知識產權主要包括以下幾種：

(1) 版權保護

服務貿易中的標的主要以版權為載體。如果說在貨物貿易中的知識產權主要與專利權和商標權相連的話，那麼在服務貿易中知識產權主要與版權和商標權相關。因為，文化、娛樂以及設計服務等在服務貿易中占據異常重要的地位。TRIPS版權產業和版權產品保護以及互聯網環境中的版權保護的有關條款，都可以直接作用於相關的服務業。世界知識產權組織中的《世界知識產權著作權公約》《世界知識產權組織表演和錄音製品公約》以及《保護文學藝術作品伯爾尼公約》等的相關規定，都與服務業和服務貿易的知識產權保護有關。

(2) 商標保護

對服務商來說，商標和是重要的無形財產。商標的保護對服務商來說具有重要的意義。這是由於服務具有無形性且服務市場存在著嚴重的信息不完全和不對等。因此，在消費者購買服務品之前，往往只能依據企業的商標等來選擇供應商。TRIPS就是考慮到服務商標保護的重要性，因此強化了對服務商標的保護。具體表現在：①將對馳名商標服務商標的特殊保護擴大到了服務商標；對馳名商標的特殊保護有條件地擴大到不相類似的商品或服務範圍；還將商標優先權的適用範圍由商品商標擴大到了服務商標。②《有關商標註冊用商品和服務國際分類的尼斯協定》的修改：增加和細化了服務商標的分類。將原來42大類（商品商標34類、服務商標8類）擴充為47類（商品商標34類、服務商標13類）。

(3) 商業秘密的保護

商業秘密作為知識產權受到保護，與世界貿易組織的 TRIPS 協議有關，其中第三十九條規定了對「未披露信息」的保護。其對未披露信息的定義是該信息作為整體或作為其中內容的確切組合，並非通常從事有關該信息工作領域的人們能普遍瞭解或容易獲得的。TRIPS 協議提出的「未披露信息」要件與中國法律對「商業秘密」的定義是一致的。與商業秘密相關的服務貿易類別，首當其衝的就是「跨境交付」中的服務外包了。是否能夠嚴格保護服務外包委託人的商業秘密，決定著服務外包這一服務貿易形式能否良性發展。

(4) 專利保護

在「服務過程」和「服務結果」中都起著重要作用的是體現在計算機軟件中的商業操作方法，而商業操作方法在一些國家是可以通過授予專利權給予保護的。

(5) 傳統的知識和民間文學等

其包括醫藥衛生知識、民間傳說、民間音樂、民間舞蹈和服飾等。

(6) 商品化形象保護（略）

(7) 反不正當競爭（略）

(二) 知識產權的特點和作用

1. 知識產權的特點

(1) 知識產權主體的專有性

知識產權的專有性是指權利人對其智力成果享有壟斷性的專有權，非經權利人同意或法律規定，其他任何人均不得享有或者使用該項權利，知識產權人以外的任何單位或個人無權干預或者妨礙知識產權人行使其權利，具有獨占性和排他性。

(2) 知識產權客體的無形性

知識產權是基於智力活動形成的創新成果即無形財產。不同於有形商品貿易中貿易標的物是有形的商品，在貿易中既存在商品使用權，又存在商品所有權轉移，而知識產權的標的物只能是使用權。知識產權不占空間，難以控制，容易脫離知識產權人的控制，同時知識產權人在全部轉讓知識產權以後，仍可能利用其獲利。知識產權客體的無形性還表現在其必須通過各種載體表現出來。如，技術發明、文學創作、商標、服務標記等。而對知識產權的保護並不是保護的載體，而是智力成果。

(3) 知識產權的地域性

知識產權的地域性是指按照一國法律獲得確認和保護的知識產權，只在該國具有法律效力，除非簽有國際公約或雙邊互惠協定的情況外，知識產權無域外效力，其他國家對一國知識產權沒有保護義務。

(4) 知識產權國家機構的認可性

知識產權因國家主管機關依法確認或授權而產生，這是由其無形性的特點所決定的。智力成果沒有形體，不占空間，容易脫離權利人的控制，適用智力成果也不會引起全部或部分消失、損耗，也不限於一定場合為一定主體實際適用，處理智力成果也不像有形財產那樣須交付實物，只要公之於眾，就為第三者所得。因此，知識產權所

有者若想正常地按照自己的意願行使對其知識產權的佔有權、使用權、處分權，就必須通過主管機關的授權或認可，以得到國家法律的保護。

（5）知識產權有效期的時間性

法律對知識產權的有效期作了限制權利人只能在一定的期限內對其智力勞動成果享有專有權，超出這一期限，權利即告終止，其智力成果便進入公共領域，成為人類共享的公共知識、成果，任何人都可以合法使用。作為對創新智力成果所付出的智力活動、資本投入的補償，法律僅賦予權利人在一定期限內的專有權，從而達到既能促進科技和文化成果的傳播，又能保護智力勞動者的合法權益。

2. 知識產權的作用

（1）增加商品中高科技含量

在國際貿易中，與知識產權相關的貿易比重逐步擴大，所占地位日趨重要。隨著世界市場競爭的加劇，一些擁有高、精、尖技術，能夠開發技術密集型產品並製造和出口高科技產品和服務的企業在市場上居優勢地位，高科技成為企業在市場上競爭成敗的關鍵。含有知識產權的產品和服務在國際貿易中所占的比重越來越大。

（2）傳播科學技術

知識產權國際貿易是傳播技術的重要方式，而科技革命又促進了國際技術貿易的發展。而現在信息技術、生物技術、新材料技術、新能源技術、海洋開發技術等高新技術正在以歷次科技革命所沒有的規模和速度發展，並且越來越深刻地影響著世界經濟和社會發展的進程。同時，隨著科學技術的迅猛發展，技術貿易也得到了前所未有的發展，國際間科學技術的傳播主要是通過國際技術貿易進行的。國際間的知識產權交流與貿易又加速了科學技術突破國家界限，在世界範圍內的普及和提高。

（3）加快經濟發展

知識產權國際貿易促進了國際經濟交流和合作，也促進了有關國家經濟的發展，有效地縮短了國家經濟技術現代化的進程。知識產權國際貿易現已成為一國擴大對外經濟合作交流的重要工作。因此，知識產權國際貿易的產生、發展在世界各國經濟發展中的作用正日益明顯。

二、知識產權貿易

知識產權作為一種財產權，其所有人可以通過對其所擁有的知識產權的許可或轉讓而獲得收益。隨著知識經濟的到來，知識和技術本身已經成為了產品。各國特別是主要的經濟大國尤其注重對知識產權的保護，其已成為21世紀創造新的競爭優勢的基礎和最有價值的財產形式之一。知識產權貿易、貨物貿易與服務貿易，已經成為國際貿易的三大支柱。尤其是知識產權貿易在世界經濟中的地位已經日益重要，也已經成了21世紀創造新的競爭優勢的基礎和最有價值的財產形式之一。其對經濟的促進作用也已經遠遠超過了貨物貿易對經濟的增長速度。

（一）知識產權貿易的主要形式

知識產權的國際流動主要有兩種方式：間接方式和直接方式。

（1）間接方式，即借助貨物或服務的流動而流動，主要指的是涉及的知識產權在國際貿易中表現為含有知識產權的產品貿易，指那些知識產權（尤其是版權）的價值占產品價值相當比例的產品貿易，如計算機軟件、集成電路、影視作品、音像製品、出版物等，大多屬於服務產品的物化方式。這些服務產品的物化方式已經廣泛滲透到了服務業的各行各業。如版權作為知識產權的重要組成部分，已經滲透到出版發行業、新聞業、廣播影視業、網絡服務業、廣告業、計算機軟件業、信息及數據服務業等行業，形成了版權產業。即使對於傳統的旅遊業來說，無論是直接為旅遊業配套的餐飲業、飯店業、交通業，還是旅遊紀念品的製作和銷售業，都存在著品牌（主要是服務商標）、商譽的樹立和維護、商業秘密的保護和反不正當競爭問題。在網絡環境和知識經濟的背景下，文化、計算機和軟件等產業的發展，與知識產權的關係更為密切。互聯網的迅速發展，對於知識產權保護特別是版權保護，提出了許多新的問題。如作品和錄音製品的數字化、作品和錄音製品在網絡環境下的傳播、對作品和錄音製品的技術保密措施、作品和錄音製品的權利和管理信息的保護、數據庫的保護、網絡環境中商業標記的保護，這些都為知識產權流動的間接方式。

（2）直接方式，即作為商品直接進入國際市場流動。這種方式涉及的知識產權則可視為獨立存在的知識產權，包括專利許可、商標許可、專利的轉讓、商標的轉讓、版權的許可、版權的轉讓、商業秘密的許可等。以獨立的知識產權轉讓為核心的技術貿易是世界貿易中增長最快的部分，其中專利許可和轉讓又是國際技術貿易中最重要的種類。世界各國對專利技術的輸出與輸入，均實施政策引導和法律保障。國際商標交易主要以品牌授權（即商標許可）為主。品牌授權是指授權商或授權代理商將自己所擁有或代理的商標或品牌等，以合同的形式授予（許可）授權經營商使用，從而獲得年費、權利金及部分的商品銷售收入等。在知識經濟和經濟全球化時代，版權產品的生產、銷售、提供和利用，形成了版權產業。在國際版權產業中，計算機軟件的銷售居於領先的地位。除了上述主要種類外，以商號（廠商名稱）許可、商業秘密許可、版權許可等形式為主要內容的知識產權貿易也有了飛速的發展，並且已成為知識經濟條件下，實現企業發展虛擬化的主要方式。

（二）知識產權交易的不平衡性

現如今，知識產權與國際貿易的聯繫已經越來越緊密，這表現為貨物貿易和服務貿易的技術含量開始變得越來越高，在貨物貿易領域原料及初級產品的比例逐年下降，高新技術及知識、資本密集型產品所占比例迅速上升的今天，國際知識產權交易的不平衡性也越來越明顯，在國際知識產權貿易中主要體現了發達國家的利益。首先，隨著高新技術產業的發展，這個趨勢將會更加得到加強。這主要是由於發達國家已經十分重視創新知識產權的競爭及其進一步發展。美國極力打造其知識產權霸權，而日本將「知識產權立國」作為國家的戰略。其次，知識產權的生產不僅與一國技術基礎有關，更是與一國的經濟實力和投入相聯繫，因此發達國家在知識產權貿易中的優勢也將凸顯。最後，在經濟全球化的今天，發達國家在勞動力和自然資源等方面的相對優勢已經不在，在低端產品的生產上已經喪失了競爭優勢，但在技術、品牌、文化等知

識產權保護客體方面具有很大的相對優勢。因此，發達國家將會更加注重知識產權保護和極力發展知識產權貿易，這無疑也會造成發達國家與發展中國家知識產權貿易不平衡性加劇。

第二節　知識產權保護的立法

隨著知識產權保護國際協調運動的發展，建立一個全面性的、具有執行力的國際組織的需求日益迫切，於是在 1967 年根據《建立世界知識產權公約》成立了世界知識產權組織（The World Intellectual Property Organization，WIPO）。1970 年，WIPO 設立了知識產權國際局，作為該組織的秘書處。1974 年，總部設在瑞士日內瓦的 WIPO 成為聯合國組織系統的特別機構。

一、世界知識產權組織成立之前的兩個主要國際知識產權公約

(一) 巴黎公約

《保護工業產權巴黎公約》，簡稱《巴黎公約》，於 1883 年 3 月 20 日在法國首都巴黎簽訂，1884 年 7 月 7 日起正式生效。它是世界上第一個有關保護工業產權的公約，也是各種知識產權公約中成員國最為廣泛的一個綜合性的公約，絕大多數國家已批准公約的最新版本是 1967 年斯德哥爾摩版本。其宗旨在於按協商一致原則，對工業產權實行有效的國際保護，以便充分維護發明人的其他工業產權所有人的權益，促進世界經濟合作與科學技術交流。

《巴黎公約》保護的工業產權包括：發明、實用新型、外觀設計、商標、服務標誌、廠商名稱、貨源標記或原產地名稱，還有有關制止不正當競爭的內容。《巴黎公約》共有 30 條，主要規定了該公約聯盟的建立與保護範圍、優先權、國民待遇原則和工業產權保護的基本規則。

(二) 伯爾尼公約

《保護文學與藝術作品伯爾尼公約》，簡稱《伯爾尼公約》，是 1886 年在瑞士的伯爾尼簽訂的，經過幾次修訂，最新版本是 1971 年巴黎版本，《伯爾尼公約》共有 38 條與附錄 6 條，主要規定建立伯爾尼聯盟，明確版權保護範圍，確立版權保護國際協調的三項基本原則以及一系列起碼保護標準與發展中國家的特別規定，也是後來逐步建立的版權及鄰接權國際保護體系的基礎。《伯爾尼公約》主要由三項基本原則，即國民待遇原則、自動保護原則和獨立保護原則，和一些對公約成員國國內法的最低要求和發展中國家的特殊優惠等部分。

二、與貿易有關的知識產權協定

(一)《與貿易有關的知識產權協議》的制定

《與貿易有關的知識產權協議》是世貿組織最重要的文件之一，是有關國際知識產

權保護中最具影響力和效力的國際公約，它是知識產權與貨物貿易、服務貿易一起構成世貿組織的三大支柱。這一協議不但擴大了國際知識產權保護的範圍，而且延長了知識產權國際保護的期限，並在此基礎上強化了國際知識產權保護執法的強制力。這一協議是經濟全球化過程中國與國之間博弈達成的利益平衡的結果。它體現了發達國家的意願和有關知識產權的利益關切，條約實現了以發達國家的知識產權保護標準作為國際知識產權保護的統一標準。在一些國際勢力特別是美國的威脅下，發展中國家為了吸引發達國家的技術轉讓和投資，不得不做出妥協和退讓，最終使這一協議得以簽署。這一協議在一定程度上是發達國家知識產權法律制度國際化的最新發展，是發達國家做出的一種制度構建。

從1986年9月埃斯特角城關貿總協定部長會議到1993年2月，經過一輪艱苦的談判，在大家的共同努力下，歷時7年多的馬拉松式的討價還價之後終於通過了TRIPS協議，使知識產權和貨物貿易、服務貿易一樣成為WTO的三大支柱之一。

TRIPS協議除序言外，有7部分組成，共73條。具體包括：總則與基本原則；有關知識產權的效力、範圍及標準；知識產權執行；知識產權的獲得與維持及相關程序；爭端的防止與解決；過渡階段的安排；組織機構及最後條款。

(二)《與貿易有關的知識產權協議》的特點和基本原則

TRIPS協議是世界貿易組織達成的一個重要的多邊協議，與以往有關的知識產權協議相比，具有非常顯著的特點。首先，TRIPS協議擴大了知識產權的保護範圍和進一步延長了知識產權的保護期，其內容基本上涵蓋了知識產權的各個領域，TRIPS協議規定專利不得少於20年的保護期，包括計算機軟件在內的著作權保護期為50年，集成電路布圖設計不得少於10年的保護期。其次，TRIPS協議把關稅總協定的基本原則運用到知識產權國際保護領域，如最惠國待遇原則、透明度原則等。再次，在知識產權的執法程序上更加重視其可操作性，並建立了監督協議實施的有關組織機構，使爭端程序的解決更具嚴屬性和有效性。TRIPS協議在其條款中就知識產權的行政、刑事和民事程序以及救濟措施和臨時措施等都作出了詳盡的規定。為保證這些詳盡的規定能夠得到切實實施，世界貿易組織專門設置了與貿易有關的知識產權理事會監督本協議的實施，監督本協議有關成員履行相關義務並就有關知識產權問題進行協商，將關稅總協定和世界貿易組織中關於有形商品貿易的原則和規定延伸到知識產權保護領域，擴大了知識產權保護的適用性。最後，TRIPS協議是在美國的威脅下，發展中國家做出讓步的結果，較多地反應了發達國家的意願，總體保護水平較高，在多方面超過了以前的國際公約對知識產權的保護水平。隨著TRIPS協議的生效實施，國際社會有關知識產權保護的法律體系進一步完善起來。

TRIPS協議基本上涵蓋了知識產權的各個領域，其主要原則主要有以下幾個方面：

第一，國民待遇原則。這一原則要求各成員對本國生產的與進口的相同產品必須同等對待，而不得歧視外國的同類產品，是國際貿易中非歧視原則在知識產權問題上的運用。TRIPS協議條款對知識產權的國際保護，要求任何一個成員方不得給予任何其他成員方低於本國國民的優惠待遇，這是關貿總協定「國民待遇原則」在TRIPS協

議上的運用和延伸。同時，TRIPS 協議對國民待遇的適用範圍也做出了例外的規定，並不包括知識產權的所有領域和所有的知識產權種類，如以往知識產權條約或國際公約做出了例外規定的則不適用這一原則。國民待遇原則成為 TRIPS 協議的一個重要原則之後，各成員國應該按照協議規定的要求，在一定期限內完成對本國知識產權立法體系的修訂和完善，從而喪失了 TRIPS 協議以前的只根據國內法為享有國民待遇的外國國民提供知識產權保護的權利。這一原則運用在 TRIPS 協議中，這實際上是形式上合理平等但實質上不合理、不平等的。這是由於發展中國家與發達國家在科技實力和知識產權保護水平上有著巨大的差異，作為發展中國家實際上很難享受到這一原則所帶來的優惠。

第二，最惠國待遇原則。最惠國待遇原則是指在知識產權保護的問題上，任何成員給予第三方成員的各種利益優惠、特權及豁免，應立即、無條件地給予其他成員方。TRIPS 協議第四條規定，在知識產權保護上，任何一個成員提供給其他成員任何優惠、利益、特權和豁免，均應當立即無條件給予其他成員。這就使這一協議有了在保護知識產權問題上的國際強制力，任何成員只有履行了 TRIPS 協議的有關義務，才能享受這一待遇。但 TRIPS 協議也規定了例外，其第五條指出，凡參加了世界知識產權主持的、含有獲得及維持知識產權程序的公約的成員，沒有義務向未參加此類公約的成員提供這些公約所規定的程序上的優惠待遇。由世界知識產權組織成員所簽署的有關知識產權的多邊協定或雙邊協議中所規定的利益、特權、豁免等職能在這些成員內部有效，而不適用於所有的世貿組織的成員方。並且，這種利益、優惠也可以有的例外也同時包括：基於有關司法協助的國際協定或一般性質的法律實施，並且不是特定限於知識產權保護；根據《伯爾尼公約》（1971 年）或《羅馬公約》有關規定允許給予的待遇，不屬於國民待遇，而屬於在其他國家獲得的對等待遇；有關本協議未規定的表演者、錄音製品製作者和廣播組織的權利；在 WTO 協議生效前，根據國際協議規定的知識產權措施，如果已將這種協議通知 TRIPS 理事會，並且不構成對其他成員國的不公正的歧視。

第三，最低保護標準原則。TRIPS 協議對成員方知識產權的最低保護標準作了規定。這些最低保護標準主要體現在協議的第二部分，涉及三個方面的內容：①權利範圍；②最低保護水平；③例外限制。在權利範圍方面，這一協議明確指出了成員方應保護的七種知識產權，即版權與相關權利、商標權、地理標誌權、工業品外觀設計權、發明專利權、集成電路布圖設計權和未披露的信息。TRIPS 協議還就上述七種知識產權最低保護標準做出了規定，其中包括這些知識產權的獲得條件及其權利的範圍和有效期限、知識產權轉讓、繼承和訂立許可合同的各項權利。

第四，透明度原則。透明度原則成為 TRIPS 協議的基本原則，這在知識產權領域也屬首次。TRIPS 透明度原則要求，一方面，各成員方關於知識產權的效力、範圍、獲得、實施和防止知識產權濫用的法律和法規、普遍使用的司法終局裁決或行政裁決都應公布。也就是成員方應承擔以下四項義務：公布義務、通知義務、提供諮詢義務以及例外，以便增強成員在對外貿易管理方面的透明度以及其法律法規、貿易協定、司法判決及行政決定等方面的透明度。另一方面，各成員方還應該將本國有關知識產

權的法律、法規以及同其他政府間組織簽訂的涉及知識產權的雙邊、多邊或地區間的協定通知「與貿易有關的知識產權理事會」，以便理事會對 TRIPS 協議的實施加以審查。但這一原則不要求各國公布有關違背公共利益或有關企業合法權益的秘密信息。由於大多數的發展中國家在一定程度上存在法制不健全等現象，而這一原則要求發展中國家根據 TRIPS 協議有關規定及時完善本國的知識產權立法、執法方面的配套措施，因此這在一定程度上有利於促進發展中國家知識產權立法與國際接軌，促進發展中國家的法制建設。

(三)《與貿易有關的知識產權協議》對發展中國家的影響

1. 不利影響

從 TRIPS 協議出抬的背景及其主要內容，發達國家和發展中國家在知識產權保護意識和知識產權創新能力上的巨大差別來看，儘管這一協議是在發達國家和發展中國家經過反覆博弈之後才達成的，是發達國家和發展中國家相互妥協的產物，但我們可以明顯地看到 TRIPS 協議是有利於發達國家推行其知識產權的國際保護，有利於維護其知識產權優勢地位，是發達國家為維護其國家利益，壓制或限制廣大發展中國家而做出的一種制度構建。就連美國教授理查德也直言不諱地承認：烏拉圭回合中形成的 TRIPS 協議至少在四個方面完全依照發達國家的意願做出了規定：①擴大了專利保護領域（主要指對藥品、化工品的保護）；②統一了 20 年的發明專利保護期；③確認了「進口權」；④在確認侵權時，承認了「方法延伸到直接生產的產品」原則。理查德教授認為：發展中國家要想參與世界貿易市場並享有優惠就不得不接受它們在修訂巴黎公約時所不願接受的專利保護標準。在 TRIPS 協議中，對於發達國家未能取得一致意見和原則的地方則採取迴避的做法。

2. 有利影響

在分析 TRIPS 協議對發展中國家不利影響的同時，我們也應該看到這一協議對發展中國家所產生的一些積極影響，就像一枚硬幣擁有兩面一樣，有不利的一面就必有其積極有利的一面。在知識產權領域，許多問題不只是發達國家所面臨的問題，而且也是整個世界包括發展中國家所面臨的問題。儘管 TRIPS 協議提高了國際知識產權保護的水平，強化了知識產權保護的執法效力，是發達國家維護其利益的一種制度構建，但這一協議對發展中國家知識產權立法的完善、國際貿易的正常發展、吸引外來直接投資、引進發達國家先進技術以及促進本國科研創新等方面產生了積極影響。

第三節　知識產權壁壘與服務貿易中知識產權保護的對策

一、國際知識產權壁壘

知識產權壁壘是一些經濟發達國家和地區以知識產權保護為名義，運用知識產權戰略，採用技術輸出、專利許可貿易和專利、版權與商標組合許可的戰略，來獲取利潤的最大化，謀取市場的絕對競爭優勢。當然，知識產權制度作為激勵科技進步的一

項制度安排，本質上也是一種防止競爭者適用發明人或權利人技術或銷售期產品的一種「法定壟斷權」。但當知識產權的壟斷性超過了合理的範圍，扭曲了正常的貿易時，就演變成了知識產權壁壘。隨著知識產權被許多發達國家及其跨國公司以不同方式用作保護本國市場的屏障和侵占他國市場的貿易大棒時，知識產權就已經變成了一種日益重要的非關稅壁壘。知識產權壁壘的主要形式有以下幾種：

(一) 知識產權與傳統技術貿易壁壘中的標準相結合

所謂技術性貿易壁壘（Technical Barriers to Trade，簡稱 TBT），是指一國以維護國家安全或保護人類健康和安全、保護動植物生命和健康、保護生態環境、防止詐欺行為、保證產品質量為由，採取一些強制性或非強制性的技術性措施，這些措施成為其他國家商品自由進入該國的障礙。在實踐過程中，跨國公司進行海外專利申請，並在核心知識產權基礎上大量申請外圍知識產權，形成專利適用與技術標準相結合的綜合性壁壘。發展中國家的企業如果需要對產品改造實現升級，往往不得不支付高昂的使用費，這嚴重阻礙了發展中國家的產品升級和技術進步。據調查，近年來中國有60%的出口企業受到國外技術壁壘的限制，技術壁壘對中國出口的影響每年超過了450億元。美國高通公司在 CDMA 領域擁有 1,400 項專利，其中有些專利技術已體現為第三代國際通信的國際標準，從而掌握了產業競爭的制高點。中國企業要開發、生產 CDDMA 手機就必然會受到高通公司的技術專利和標準的限制。另外，由標誌權形成的技術性壁壘也是該技術性壁壘的一種，其主要指國際標準化組織和一些工商業團體經常把一些標誌註冊成商標，一些國家和地區往往把是否帶有證明商標作為進口的一個必要條件。要使用這些技術標誌，也需要得到許可。

(二) 知識產權權利人對知識產權的濫用

知識產權的保護非常重要，維護了權利人的正當利益，有著積極的激勵創新的作用，加速本國的經濟發展，同時權利人也可以從擁有的知識產權獲得當時研發、創新所付出的成本，有助於其繼續進行創新。但是如果權利人為了加強其壟斷的地位，對知識產權的運用超出了合法的範圍，就會損害公眾的利益，構成知識產權的濫用。比如，通過知識產權的搶註或國內「合法」保護索要高額的許可費，德國公司搶註中國中華老字號「王致和」就是一個例子。還有的在技術轉讓的談判中強加不合理的條件，強制對方接受「一籃子」搭配銷售協議，要求對方無償回饋被引進技術的創新成果。又或是要求技術的引進方支付一些額外的費用、承擔額外的義務。還有一些歧視性的價格制定。

(三) 世界範圍內各國立法對知識產權的過度保護

以美國為例，美國關稅法「337條」和貿易法「特別301條款」。《財經時報》從美國經濟分析局查到的數據是，在 2005 財年，美國服務出口為 3,806.14 億美元，進口為 3,146.04 億美元，順差額為 66.1 億美元。而其非服務業貿易逆差，則是 7,827.4 億美元。在美國的貿易平衡表中，服務業貿易包括專利權、版權的貿易以及旅遊業等 7 個方面。在美國方面看來，其版權、專利權及其他知識產權的出口，本應為其提供更

多的順差，從而帶動其 GDP 的增長，然而，由於知識產權受到侵犯，使其遭受了損失。因此，以美國為代表的發達國家憑藉其在世界經濟中的地位，強烈要求加強世界範圍內的知識產權保護，從「特別 301 條款」到「337 條款」。中國已經連續 6 年成為遭遇「337 條款」調查最多的國家。

(四) 跨國公司合作對象具有選擇性

發達國家的跨國公司掌握著世界上 80% 的知識產權，他們利用手中的財富持續不斷地為他們謀得利益，他們往往不急於將手中的專利投入使用來收取有限的專利使用費，而是通過註冊多項相關的專利來獲取整個領域的壟斷利益。其盡可能地利用這些技術，結成更高層次的戰略聯盟和合資合作關係或自己進行跨國投資以保持其在技術和產品上的領先地位，與此同時，其將貿易對象限定在一個很小的範圍內。最主要的方式就是通過在別國設立分公司、子公司實現技術範圍的擴大，或者是通過與其他有實力的公司交換對其有利的技術專利使用權，限制競爭對手的加入，嚴重阻礙了國際貿易中知識產權的運用，使得發展中國家在高新技術產業發展滯後，利益的制高點長期被發達國家占據著。

(五) 平行進口限制與否由各國自行規定

平行進口是一個與知識產權有關的國際貿易問題，又稱「真品輸入」「平行貿易」或「灰色市場進口」，是與垂直貿易相對應的貿易方式。它是指在國際貿易中，當事人享有同時受兩個以上國家保護的知識產權時，未經進口國知識產權人或者其獨占許可證持有人的許可，第三者所進行的進口並銷售該知識產權的行為。

同一種知識產權商品在不同的國家，由於其生產成本和消費水平等方面的不同，存在較大的價格差異。一般情況下，在進口國境內，知識產權產品的價格相對比較高，平行進口商將知識產權從一個價格較低的國家進口到進口國境內銷售，雖經長途運輸以及多個銷售環節，其銷售給消費者的最終價格仍然低於進口國合法知識產權人的產品，從而形成了進口商與國內知識產權人之間的競爭。在這種競爭中，平行進口商所獲得的利益在很大程度上借助於進口國獨家經銷商的先期投資和服務。獨家經銷商為了開拓市場，通常要投入大量資金用於建立、完善其銷售網絡，進行廣告宣傳等。而平行進口商則無需投入這些資金，直接利用獨家銷售商的各種資源甚至是聲譽，平行進口商的銷售行為是搭了獨家銷售商的便車。

TRIPS 協定中，對平行進口是否侵犯知識產權的問題保持中立，完全把裁決權利交給成員去規定，許多國家的法律條文在規定平行進口時，不管認為是侵權還是合法，往往都附有靈活條件，尤其是發達國家更加靈活地通過本國的規定來設置知識產權壁壘，保護本國的市場。

二、服務貿易中的知識產權保護的對策

為了避免貨物貿易的困局在服務貿易中重演，服務貿易必須從一開始就注重知識產權研發和保護，從而確保服務貿易的健康發展。

(一) 熟知版權保護的法律規定和版權貿易的游戲規則

　　文化產業在帶動國民經濟增長方面具有重要的意義，文化產業屬於服務貿易中最重要的產業。以美國為例，近些年文化產業一直保持著強勁的增長勢頭，其影視和音像產品的產值，至 2000 年就超過了航天航空業，成為第一出口產業。美國控制了全球 75% 的電視節目的生產和製作，其影片只占全球電影產量的 6.7%，但是占據了全球總放映時間的一半以上。美國文化和娛樂服務在全球的傳播，不僅給美國帶來了滾滾財源，而且通過這種文化輸出，美國的競爭優勢更鞏固也更豐富。再看中國的近鄰韓國，韓劇所展示出來的「韓潮」現象，可見韓國文化產業的繁榮。一部《大長今》不但展示了韓劇的魅力，而且帶起了韓國的服裝熱、料理熱和旅遊熱。可見，文化娛樂產業是服務貿易中不可忽略的重要支柱。伴隨著文化娛樂產業的發展，帶起的將是版權貿易的繁榮。版權貿易不但促進了文化和娛樂的發展，而且還將帶動所有需要以設計為基礎藍本的行業。中國政府充分認識到了文化產業在一國的經濟發展中的重要地位，已經把推動文化產業的發展確立為中國今後發展的重要目標，而且不少的省市也已經把動漫的發展作為本地經濟新的增長點來啟動，這都充分地顯示了中國已經把握住了順應世界快速發展服務貿易的方向。為了確保文化產業的健康發展，相關產業應該熟知並掌握版權保護的法律規定，從而避免版權糾紛的發生。因為版權的排他性弱於專利權和商標權，所以相對於專利權和商標權糾紛，版權的糾紛處理起來更棘手。因此，文化產業的發展從一開始就要學會用版權法律制度為自己保駕護航。

(二) 提升服務提供者的誠信度有利於馳名服務商標的培育

　　服務商標是開展服務貿易直接需要給予保護的標誌。雖然在《保護工業產權的巴黎公約》中僅僅規定了商品馳名商標的法律保護問題，服務商標與馳名商標無緣。但是隨著世界貿易組織 TTRIPS 協議的完成，服務商標開始享有與商品商標同等的法律保護待遇，對商品馳名商標的法律保護同等地適應於服務馳名商標。因此，服務貿易的開展及推進，將對中國的馳名服務商標的培育起著非常重要的作用。馳名商標在一國的經濟發展中具有極其重要的作用，服務商標在中國的保護起始於 1993 年，還談不上擁有世界馳名的服務商標。從中國商品商標在國際發展中所走過的艱難路程看，馳名服務商標的培育要盡早和從長計議。正因為貨物貿易的生意是批量做的，而服務貿易的生意是一樁一樁做的，所以服務貿易與貨物貿易相比，對誠實信用的要求更高。在培育馳名服務商標的問題上，誠實信用發揮的作用至關重要，服務提供者的誠信將成為其生存和發展的敲門磚和守護神。

(三) 保護商業秘密以確保服務外包的健康發展

　　商業秘密在中國引發的法律糾紛多年居高不下，其中的原因既有歷史的，也有文化的，還有經濟和法律上的。在開展服務貿易的 過程中，特別是服務外包這種貿易形式中，尤其容易引發商業秘密的糾紛。在服務外包的業務流程中，可能涉及委託方的版權、專利權，還可能涉及委託方的商業秘密。版權有原創性原則給予保護，專利有嚴格的排他性給予保護，而商業秘密的保護完全取決於保密的狀態。商業秘密一旦洩

密，除了知道洩密者為何人之外，可能連進行法律救濟的對象都沒有。對委託方的商業秘密給予嚴格的保護，直接影響服務外包的服務貿易形式的生存和發展。

(四) 加強對創意的法律保護以推動創意經濟的快速發展

伴隨著中國經濟發展模式的轉型，文化產業在經濟發展中的地位和作用開始受到重視與關注，對文化產業的發展有直接影響的創意引發的糾紛逐漸增多。創意到底屬於「思想」還是「表達」？是否可以或應當受到版權法的保護？對這些問題的解答直接影響到創意經濟的長遠發展。對創意給予保護有利於平衡保護社會公共利益和個人創新智力成果。如果對屬於公共領域的「思想」給出的界線太寬泛，則必將會把一些投入了個人智力創新的創意納入「思想」的範圍，使得具有個人智力創新成分的創意難以得到法律的保護，這不符合著作法的平衡保護社會公共利益和個人創新智力成果的精神。對創意給予保護有利於激發公眾的創新熱情和創新能力。任何創新作品都有一個萌芽、發展、完善的表達逐步完善過程，創意正如這個過程的萌芽，這個過程除了要依靠創作者的私力作保密的努力之外，也需要法律給予相應的保護。對創意給予保護對廣告、動漫、影視等文化產業的發展意義重大。在廣告、動漫、影視這些文化產業中，其文化產品產生的過程常常是先有一個點子，再把這個點子進行拓展並延伸，最後完成整部作品的表達。創意常常與這個「點子」有關，這個點子如果屬於「思想」或「事實」，即屬於人們非常熟悉的，並且已經是公共領域主題，那麼整部作品就算完成了，表達受到了保護，但也會因為主題沒有新意，而難以吸引人們的眼球。只有這個點子是具有創新性的，才能讓作品具有新意而吸引消費者、讀者或觀眾。

思考題

1. 請簡要闡釋知識產權的定義與種類。
2. 請簡要闡釋關於知識產權的國際立法狀況。
3. 請簡要闡釋 TRIPS 協議的框架結構和基本原則。
4. 請簡要闡釋 TRIPS 協議對發展中國家的影響。
5. 請簡要闡釋知識產權壁壘的表現形式。
6. 請簡要闡釋發展中國家應對服務貿易知識產權保護的對策。

第九章 服務貿易產業

第一節 國際服務貿易產業概述

一、發達國家服務貿易產業概述

西方發達國家在世界服務貿易中占支配地位，其強有力的貿易地位是基於其發達的服務產業尤其是海外投資、保險、銀行業務、租賃、工程諮詢、專利與許可證貿易等方面，多數發達國家長期以來都是服務貿易的淨出口國。

由於西方發達國家在服務出口方面擁有巨大的優勢，因此力主服務貿易自由化。但為了本國的國家安全，服務和本國的文化及價值觀傳統，以美國為代表的西方國家在服務市場准入方面也存在著大量的壁壘和不公平做法。

二、發展中國家服務貿易產業概述

從總體上看，170多個屬於發展中國家（地區）的服務貿易規模與西方發達國家的相比仍然較小，但近30多年來，發展中國家的服務出口年均增長速度要高於發達國家，服務出口占世界服務出口市場的份額要高於同期商品出口占世界商品出口市場的份額。雖然服務出口增長較快，但發展中國家的服務進口增長更快，表現為巨額的服務貿易逆差。其中包括一些高債務的發展中國家。

進入21世紀以來，發展中國家的服務出口有了新的擴大。發展中國家利用旅遊業和建築業等方面的比較優勢擴大出口；一些國家如新加坡開始在醫療保健、數據處理、金融服務、民用航空等領域的出口獲得成功。由於許多服務業如運輸、通信、金融、保險與醫療、教育等部門涉及一個國家的基礎結構；同時發展中國家存在著服務貿易逆差擴大問題。因此，發展中國家一方面致力於振興本國服務業並積極推進出口，另一方面對國內新興服務業予以一定的保護。發展中國家採取一些抵制服務貿易自由化政策，主要是基於增長就業、國家安全、傳統文化與價值觀等方面的考慮。

三、世界服務貿易發展的原因與前景

當前世界服務貿易發展的幾個鮮明特點：發達國家仍占主導地位，發展中國家（地區）地位趨於上升，其中新興工業化國家和地區發展最為強勁；新興服務貿易發展迅速，並日益占主導地位；國際知識產權交易日趨繁榮；技術、知識密集化趨勢明顯加強。

而世界服務貿易發展的原因在於：世界產業結構服務化的推動；世界商品貿易發展的推動；科學技術進步的推動；跨國公司發展的推動；發展中國家的開放政策的推動。

未來，世界服務貿易的發展趨勢：在近期，美國在世界服務業的絕對優勢不大可能被動搖；在知識產權和其他民間服務貿易領域的競爭力有上升的勢頭，中長期也仍將具備較強國際競爭力。發達國家之間服務貿易的顯著不平衡狀況可能會有一定的改觀。在未來服務貿易格局中，發展中國家（地區）在旅遊、運輸等傳統服務貿易領域和其他新的服務貿易領域所占份額會有所增加，但在知識產權等新的服務貿易領域仍將處於比較劣勢地位。發展中國家和地區服務貿易不平衡態勢會進一步加劇。

第二節　傳統服務貿易產業

一、運輸服務產業

（一）運輸服務產業概述

1. 運輸服務貿易的概念和特點

運輸服務貿易是指以運輸服務為交易對象的貿易活動，即貿易的一方為另一方提供運輸服務，以實現貨物或人在空間上的位移。按運輸的對象，分為貨物運輸服務貿易和旅客運輸服務貿易；按貿易主體的性質，分為國際運輸服務貿易和國內運輸服務貿易。運輸服務貿易，有利於改善國際收支狀況，是國際商品貿易的橋樑和紐帶。

運輸服務貿易的特點主要表現在：運輸服務貿易派生於商品貿易；運輸服務的提供者不生產有形產品，也無產品可以儲存，能儲存的只有運輸能力；在運輸服務貿易中，仲介人或代理人的活動非常活躍，對貿易的開展起著很重要的作用。

2. 運輸服務貿易的主體與客體

運輸服務貿易的主體是運輸服務的需求者與提供者；客體不是有形的商品，而是運輸服務。當事人之間的權利與義務都是圍繞運輸服務這一客體展開，而不是以貨物為對象的。

（二）國際海上貨物運輸

國際海上貨物運輸是指用船舶通過海上航道在不同國家和地區的港口之間運送貨物的一種運輸方式。海上運輸服務貿易的主要業務形式主要包括班輪運輸服務、不定期船運輸服務、租船業務（航次租船、包運、期租船、光租船）、港口服務、海運代理服務。

其中，班輪運輸服務是指在某一航線上提供的，按公布的船期表發船，並掛靠既定港口的一種規則化的船舶運輸服務。這一服務比較適宜於運輸批量小的件雜貨。不定期船運輸服務的貿易具體是通過租船業務即貨主向船舶運輸企業租船來實現的，貨主充當承租人的角色。不定期船運輸又稱租船運輸，主要服務於大宗散貨的運輸。

租船業務是承運人從船東處租入船舶的一種業務。租船業務包括航次租船、包運、期租船和光租船四種形式。航次租船，是以航次為基礎的租船。根據合同，船東用指定的船舶在指定的港口間用一個或數個航次為承租人運輸指定的貨物，並負擔除貨物裝卸費以外的一切費用；包運，即根據包運合同，船東在約定的期限內在指定的港口之間用數個航次為托運人運輸一批總量已定的指定貨物；期租船，是以船舶和租船為基礎的租船。船東在約定的期限內，將一般船舶出租給承租人使用；光船租船，不同於期租船，是一種以船舶和租期為基礎的租船，船東在約定的期限內將指定的一艘光船出租給承租人使用。光租船租期較長，一般比期租船長。

　　港口是船舶貨物裝卸的場所，是海陸運輸工具的銜接點和海運貨物的集散地、出入口。港口服務傳統上包括兩大類：港灣業務和港岸業務。港灣業務包括拖航、加油、給水、給養、引航、維修、系泊、救難、安全檢查、衛生檢疫及船舶檢丈等。港岸業務包括船舶裝卸、貨物倉儲、貨物轉運等。

　　海運代理服務包括貨運代理業、海運經紀業和船舶代理業，它們也是海運服務貿易的組成部分。

　　貨運代理又稱報關行，是指以收取佣金為報酬，代貨主辦理貨物進出口報關手續，或以自己的名義接受海上貨物運輸的托運，並將自己承運的貨物交由船舶營運人運輸的行業。

　　海運經紀業是指海運經紀人以中間人的身分代辦業務的洽談，促成交易的一種行業。

　　船舶代理業是指接受船舶經營人或船舶所有人的委託，為他們的在港船舶代辦在港的一切業務的行業。

　　海上運輸的主要優點是：可利用天然航道，不受道路、軌道的限制；載運量較其他運輸方式大；所需動力和燃料消耗較其他運輸方式省。但海上運輸的不足之處是：受自然條件影響大，運輸速度較其他運輸方式慢，且風險較大。

(三) 國際海運服務貿易市場的特性

　　國際海運服務貿易市場從廣義上講是指市場供求雙方的交易關係，從狹義上講則指市場供求雙方交易的具體場所。

　　干散貨船運輸市場只是部分地符合完全競爭的條件，但不是全部。具體而言，其不滿足完全競爭的條件表現在：市場上貨主的集中度有很大的提高；大工業企業掌握船舶；市場上一些較大的貨主逐漸地取得了一定的操縱市場的能力；隨著干散貨船的大型化，增強了船東對貨主的依賴性；干散貨船中發展了一部分以特定貨種甚至以特定航線設計的專用性很強的大型專用船，使船東與貨主不能以平等的地位進行租船談判；干散貨船運輸市場中中期和長期的租船交易的成交條件是不公開的，因此市場上不具備信息的完全性。此事實所引起的主要後果是，干散貨船運輸市場上的若干大貨主獲得了控制市場的力量，市場結構屬於買方寡頭壟斷市場。

　　短期的租船交易的成交條件大多是向公眾公布的，比較符合完全信息的條件。

二、通信服務貿易產業

通信服務貿易是指以通信服務為交易對象的貿易活動，包括郵政服務和電信服務兩種方式。郵政服務最早只傳遞信函，並為之建立網路。電信服務是指以光、電為載體，將語言、文字、數據、圖像等各種非電信息轉換成電信號，由電氣手段將電信號自甲地傳送到乙地，然後再還原成原來的信息符號，傳遞到接收人手裡。

其特點是：通信服務主要以傳輸含有信息的物件為主；電信服務能以最快的速度傳遞信息，並能提供信息的多功能服務；通信服務已超越了單純的通信而直接介入到社會經濟、政治和科技等各方面。

通信服務貿易主要起到對信息的傳輸和交換的作用；它有利於節約人力和資金；同時，也有利於國際貿易、國際金融和國際運輸等業務的開展，通信服務的發展大大促進了這些業務的發展。

在當今這個時代，各大通信巨頭正在全球電信服務貿易市場中，進行一場無硝菸的爭奪戰。發達國家與發展中國家對於開放電信市場有著截然不同的態度；電信服務貿易的爭奪實質上就是電信市場的准入問題。以美國為首的少數發達國家要求開放電信服務市場以便為本國電信產業的發展開拓海外市場；發展中國家在開放電信市場方面處於兩難境地：部分開放有利於促進國民經濟的發展，而過早過快的開放將不利於民族電信業的發展。

三、保險服務貿易產業

(一) 保險服務及其與世界經濟的關係

1. 現代保險的含義和特徵

現代保險的涵義從經濟學角度來看，是一種經濟補償制度，是分攤災害事故造成損失的一種經濟方法；從法律角度來看，它是一種合同行為；保險的實質是一種社會經濟關係，包括三層內容：保險是多數單位和個人的集合；保險是對約定的災害事故和約定的事件進行經濟補償或給付；保險是以公平合理的保險費為基礎建立保險基金的。

保險的特性：保險和救濟都是對災害事故造成的損失給予補償的經濟制度，都能減輕人們遭受災害事故損失的負擔。但保險是雙方的法律行為，救濟是單方面的法律行為；保險基金來自參保的單位和個人，救濟資金來自政府財政預算撥款和社會團體及公民個人的捐助。

保險與賭博同樣取決於偶然事件的發生與否。但保險是以被保險人對保險標的具有保險利益為條件的，賭博是個人意願沒有保險利益條件；保險的數理基礎是概率論和大數法則，賭博則完全依靠運氣；保險的目的在於參保人的互助共濟，賭博的目的則在於僥幸獲利；保險的結果可以轉移和減少風險，賭博則會製造和增加風險。

保險尤其是人壽保險與儲蓄在作用上都可以用來補救自然災害和意外事故所帶來的經濟負擔但儲蓄是自助行為，且可以隨時存取，儲蓄者可使用金額與本人儲蓄總額

相等。保險是互助合作行為參保人不能隨意支取，保險金可以與保險費不相等。

2. 國際保險與風險

國際保險的定義：是指保險關係中的一方為外國投保人或被保險人的保險交易活動。國際保險服務貿易有四種形式：過境交付、境外消費、商業存在、自然人流動。

國際保險可以防範風險。保險人針對一些自然災害和意外事故等實質性損失，採取各種預測預防和組織措施、技術措施。主要有以下幾個方面：風險識別、風險估價、風險處理，風險轉移。

3. 國際保險與世界經濟的關係

世界經濟的發展決定著國際保險的發展方向，而國際保險的發展又為世界經濟的發展保駕護航。

國際保險就是國際貿易中各種風險的承擔者，是在貿易者遭受保險事故損失時，給予經濟補償。例如，海上保險是國際貿易中最常見的一種保險，傳統的水險市場由海上貨物運輸保險、船舶保險和運費保險三部分組成。在國際上，貨物海洋運輸基本險別分為平安險、水漬險和一切險三種。船舶保險的保障範圍基本上可分為物質損失、有關利益和船東責任三類，主要險種有全損險和一切險兩種。全損險指保險船舶發生保險責任範圍內的全部損失時，保險人才給予賠償；一切險指保險船舶發生保險責任範圍內的損失，無論是全部或者部分，保險人均有賠償損失的責任。船舶保險的主要條款有碰撞責任條款和姐妹船條款兩種。運費保險指以船舶運送貨物所收取的酬金為保險標的，並不具有實體性質，是由運送合同所產生的給付義務。

國際保險與國際投資也有緊密的關係：

投資保險具體承擔三類風險，即外匯風險、徵用風險和戰爭風險。

國際保險還能為國際信用背書。出口信用保險就是為出口商的出口信貸提供保障，對因進口商不履行貿易合同而給出口商造成的損失給予補償。出口信用保險承擔的風險主要三類：商業信用風險、政治風險、外匯風險。

綜上所述，國際保險在世界經濟中舉足輕重，它可以補償經濟損失，促進國際貿易，分散國際風險，保障國際資金融通，防災防損，還可以增加非貿易外匯收入。

(二) 國際保險市場的基本形態

國際保險市場有狹義和廣義之分。狹義的國際保險市場是指從事國際保險交易活動的場所，廣義的國際保險市場是指國際保險交換關係的總和。

國際保險市場的類型可以按以下三種方式劃分。以市場交易的風險層次分類：國際原保險市場和國際再保險市場；以市場交易的保險業務性質分類：國際壽險市場和國際非壽險市場；以市場交易的區域分類：英國市場、北美市場、東歐市場等。

(三) 國際保險經營與管理

1. 保險經營技術

保險經營技術由保險費率厘定、保險展業、保險理賠和保險防災防損等組成。其中，費率厘定指的是保險費率按保險金額收取保險費的比例，其厘定的原則是根據保險賠償、給付金額和保險人的業務費用，以及保險標的的危險程度等情況。保險費率

分純費率和附加費率兩部分。保險展業，在國際保險市場上，保險展業主要有保險代理制、經紀制和直接推銷制三種方式。保險理賠，在國際保險市場上，財產保險賠償方式主要有比例責任賠償方式、第一危險責任賠償方式、定值保險賠償方式、限額賠償方式等四種。比例責任賠償方式，指按保險金額與財產價值的比例來計算保險賠償。第一危險責任賠償方式，亦稱第一損失賠償方式，指保險人將保險財產的價值分為兩部分，相等於保險金額部分稱第一危險責任，保險人只對第一危險責任部分承擔賠償。定值保險賠償方式，指保險人對那些無法鑒定的高檔藝術品的價值，在簽訂保險合同時，作出結論性定價。限額賠償方式又分限額責任賠償和負責限額賠償兩種。

保險防災防損：保險人為了提高經濟效益，減少賠款，增加盈餘，必然要與被保險人共同做好防災防損工作，這是保險人在業務經營技術上的重要環節。

2. 保險業務結構

國際保險市場上的業務組成大體可分為財產保險、責任保險、保證保險和人身保險四個部分。財產保險是以財產為保險標的的保險；責任保險是以被保險人的民事損害賠償責任為保險標的的保險；保證保險是由保險人為被保險人向權利人提供擔保的一種保險，它實際上是一種擔保業務；人身保險在國際保險市場上通常分為人壽保險、健康保險和傷害保險三類。

（四）國際保險組織和國際保險業發展趨勢

國際保險組織是指兩個以上國家的政府、保險機構、保險團體和個人，為了特定的保險目的，以一定協議的形式而建立的國際保險常設機構，是專門從事保險及其相關領域活動的國際性組織。

其發展趨勢為，保險領域不斷擴大，保險服務日趨全面；保險市場的滲透加強；國際保險技術的創新和標準化；保險與銀行的相互融合；風險管理日益增強。保險公司經營分為保險業經經營、保險投資經營。

四、國際金融服務貿易

（一）銀行服務貿易概述

1. 銀行服務貿易概念

在 GATS 金融服務附件中，對金融服務貿易所下的定義為：金融服務貿易是由一參加方（指參加貿易談判的國家和地區）的服務供應者向另一方提供的任何形式的金融服務。銀行服務貿易主要指一參加方銀行向另一參加方提供的服務。

2. 銀行服務發展的背景

銀行服務發展的背景是因為生產國際化要求銀行服務國際化；國際貿易發展要求銀行服務多樣化；各國經濟發展需要銀行合理組織運用國際資金；離岸金融中心的出現是國際銀行服務業發展的催化劑；銀行國際業務的發展滿足了外匯風險防範的要求；金融政策法規的寬嚴變化給銀行拓展服務領域創造了機會。

(二) 銀行服務貿易網絡

1. 國際銀行服務網絡

該網絡有以下幾種形式：

代表處主要與所在地的社會各界密切接觸，向駐在地政府機構、貿易商和其他人員介紹情況，為總行客戶提供其駐地企業和國家的信用分析及經濟和政治信息。代表處不能吸儲、貸款或代總行承諾信貸；開具 L/C、匯票以及旅行支票等，其職能和作用非常有限，而且需要一定的開支。

代理行是指某銀行總行有選擇地與外國銀行互訂契約，按契約規定互相或單方面在對方開立帳戶，用於辦理互相間資金來往帳戶的銀行。

分支行處：國外的分支行處是其總行所擁有的一個機構，一般來說，它並不具備獨立的法人地位，即分支行處的資產和負債、營業許可、組織章程和業務經營方針為總行所有或由總行制定。分支行處一般分為三個等級：分行、支行和經理處，其地位均高於代表處和代理行。

附屬銀行或聯營銀行：銀行為了擴大它們在國外的業務網絡，可以參股當地銀行，收購外國銀行的全部或部分股份來設置各種國外的附屬機構。

國際銀團組織：國際銀團組織是指一群銀行（不一定是同一國籍的）在國外聯合設置一個獨立的合資經營的銀行或金融機構。

2. 銀行網絡的傳遞渠道

銀行網絡的傳遞渠道有郵件、電報和電傳、環球銀行金融電信協會、票據清算制度及銀行內部電腦通信網絡等。

(三) 銀行服務貿易的競爭、壁壘與自由化

1. 銀行服務貿易競爭的要素

銀行服務市場主要由三個要素構成：顧客、服務地點和產品。其中，顧客主要是由五個群體構成：政府、法人、同業機構、高收入的個體、零售服務對象——普通顧客。場所，是指國際銀行服務貿易場所，主要有境內市場和境外市場。產品包括信貸產品、金融工程產品、風險管理產品、市場准入產品、套匯及套利業務等。

2. 銀行服務貿易的壁壘

國際銀行服務貿易的市場准入壁壘，即對境外銀行服務商設立分支機構（商業存在）的市場准入限制主要有：以法律形式禁止其他國家的任何形式銀行機構的介入；通過政策和許可證方式禁止境外金融機構的介入；除設立代表處外，通過法律形式，禁止外國銀行機構的介入；除設立代表處外，通過進行各種行政管理措施來限制外國銀行機構的介入；以法律形式禁止任何外國銀行通過分支機構介入本地市場；禁止外國銀行購買本地銀行的股權；對外國銀行獲得本地銀行的股權有一定數量限制。

另外，本地進行借貸活動的基本限制，過高的儲備及營運資本要求，往往也構成市場准入的障礙。而國際銀行服務的經營性限制，即市場服務範圍的限制，通過允許或不允許提供服務，或應如何提供服務的規定，直接控制市場准入；資產增長與規模的限制主要指限制外資銀行在本地市場上的業務絕對量或市場份額，通常規定一個上

限；融資限制：東道國政府除了在資產的規模及其增長上附加限制外，它們還對外國銀行機構的負債經營方面施加各種限制措施。最後，計算銀行資產負債比率口徑不同，從而限制外國銀行的信貸能力。

3. 銀行服務貿易自由化

銀行服務貿易自由化有這幾層含義：自由建立分支機構及代表處；平等的競爭規則；關鍵性資源的進口自由；有關匯率控制應用方面政策的平等；准入本地顧客市場的平等性。

當前貿易規則和政策對國際銀行服務貿易起到了一定的支持作用，如無條件最惠國待遇、國民待遇、互惠、透明度、放棄與爭端解決、發展中國家差別待遇。

(四) 銀行服務貿易監管

1. 國際銀行服務的管理

銀行服務管理的主要內容有資產管理、負債管理、風險管理。

資產管理是按金融資產的速度次序排列，在保證存款提取適當比例的前提下，計算出可借貸或投資的數額，並進行營運，從而獲得收益的資產。掌握順序是：第一，現金、同業存款、法定準備金；第二，國庫券、短期有價證券，作為保證流通性需要的第二儲備資產；第三，已經和準備貸放的資金；第四，剩餘資金，作為信貸發放和證券投資資金，以增加收益。

負債管理是指銀行通過調整負債結構，使在信用緊縮的情況下，也能從市場獲得資金來源，滿足客戶的資金需求，從而增強競爭力和增加收益。

風險管理的目的是把潛在的不利因素或不穩定因素，限制到有限的、可接受的範圍或程度內，以便使國際銀行業務能繼續進行。

2.「巴塞爾協議」的主要內容

其主要內容強調了資本構成及其要求、風險資產的分類及測算，表外科目風險的分類及計算。

五、國際旅遊服務貿易

國際旅遊服務貿易是指旅遊服務在國家之間的有償流動和交換過程，即國家之間相互為旅遊者進行國際旅遊活動所提供的各種旅遊服務的交易過程。旅遊服務是指為了實現一次旅遊活動所需要的各種產品與服務的組合。旅遊服務產品是指在旅遊者從離家開始到結束旅遊回家過程中，為其提供的娛樂、休息、餐飲、行動等各種服務的總和。旅遊產品的特點具有無形性、綜合性、時間性、不可轉移性。

自20世紀以來，儘管國際旅遊迅速發展，並受到各國政府的高度重視和大力推進，但從服務貿易角度研究國際旅遊的理論和政策卻十分薄弱，因此我們必須從服務貿易角度充分認識和理解國際旅遊服務貿易的概念和內涵。

為了加深對國際旅遊服務貿易的理解，我們首先瞭解國際旅遊服務貿易的基本特徵。根據國際服務貿易和國際旅遊服務貿易的概念，結合國際旅遊發展的實際，國際旅遊服務貿易的基本特徵主要表現為以下幾方面：

(一) 國際旅遊服務貿易的生產與消費同時發生

與商品的生產與消費不同，國際旅遊服務具有不可存儲性，不能生產、再銷售，因此國際旅遊服務的產品和服務生產者是不能分離。

(二) 旅遊服務貿易的國際性

與國內旅遊相比，國際旅遊的最大特點是旅遊活動的跨國性。也就是說，不論是出境旅遊還是入境旅遊，其本質都必須是跨越國界的，否則就不能稱為國際旅遊。

(三) 國際旅遊服務貿易的不確定性

國際旅遊服務貿易對於交易雙方來講，既存在許多利益上的一致性，又不排除雙方之間存在利益衝突的可能性，從而要求國際旅遊服務貿易的雙發（即旅遊服務的消費者和提供者之間）必須相互信任和友好接觸，以保證國際旅遊服務貿易的順利實現。

旅遊服務貿易與傳統商品貿易相比，其最大特點是就地商品出口和就地服務出口。旅遊服務貿易的運行具有綜合性和整體性。同時，旅遊服務貿易是國際服務貿易的組成部分，對發展國民經濟起著十分重要的作用，可以增加外匯收入，創造就業機會，優化產業結構。

第三節　新興服務貿易產業

一、技術服務貿易產業

(一) 技術服務貿易概述

技術服務貿易是指技術供應國與技術需求國之間，按照國際商業慣例買賣技術上的商業行為，也稱為有償技術轉讓或技術的商業轉讓。

技術服務貿易與商品貿易存在緊密的關係，兩者的聯繫是技術服務貿易可以與商品貿易相融合；技術服務貿易是商品貿易的發展和延續；技術服務貿易促進了商品貿易。

兩者的區別是從貿易的標看，技術服務貿易以無形的技術知識作為貿易的標的；從貿易標的的使用權與所有權關係看，技術服務貿易受讓方只能獲得技術的使用權，而無法獲得所有權；從貿易雙方當事人關係看，建立平等互利的長期合作關係通常是技術服務貿易的重要特徵之一，技術服務貿易具有多次轉讓的性質；從貿易過程使用的法律看，商品貿易合同所涉及的法律比較簡單，技術服務貿易則涉及較多法律；從貿易收支平衡表上看，一國技術服務貿易的收支一般不列入該國的對外貿易收支平衡表；技術服務貿易和商品貿易的差異還表現在，技術服務貿易的條件性。

作為技術服務貿易標的的技術有兩大類：一類是有工業產權的技術，如專利、商標等；另一類是無工業產權的技術，主要是專有技術。擁有技術的企業通常採用技術專利、專有技術、商標、版權和商業秘密五種方式來確保他對某項技術的產權。

(二) 技術商品化和技術服務貿易的類型

替代型以專利費、技術費、特許權使用費等為目的，是替代商品貿易的問題；直接投資型以確保國外市場為目的，是為了確保市場，根據技術優勢進行直接投資的問題；補充型作為機械機器、成套設備產品類的技術集約型產品出口的補充，是補充商品貿易的問題；中立型以技術交流合作為目的，是為提高技術水平相互交換技術，針對商品貿易，它是中立互惠的。

如果要進行技術服務貿易，對於替代型技術服務貿易，必須要滿足的條件是出口國所獲技術服務貿易利益大於商品貿易得益，而進口國的引進技術利益大於模仿開發得益。

如果要進行技術服務貿易，對於直接投資型技術服務貿易，必須要滿足的條件是新產品出口以隨著技術被吸收，生產過程標準化，並被國外市場接受後，該企業在新產品方面的優勢受到侵蝕。企業為保護其在技術優勢方面的統治地位，於是通過許可證制度或者利用技術優勢直接對外投資進入外國市場。

補充型技術服務貿易的發生，必須滿足的條件是向發展中國家出口成套機器設備時，技術指導援助是必不可少的。

中立型技術服務貿易，被視為發達國家之間的技術服務貿易，它需要兩國都擁有高水平的技術以及卓越的技術開發能力。

二、信息服務貿易產業

信息資源的特徵是它的存在具有普遍性、信息資源在時空中是可以轉移和變換的、信息資源具有動態性和時效性、信息資源可以轉化、信息資源具有主導性。

信息產業的經濟特徵具有服務貿易性、外部經濟性、統一兼容性、社會公益性、自然壟斷性、強時效性、共享性、邊際成本遞減性、邊際效用遞增、交易不可逆性、價值不確定性、價格不敏感性。

信息服務貿易可以分成四大類：在 A 類信息服務貿易中，信息服務提供者與消費者都不移動。包含兩類具體的貿易形式，一是借助互聯網絡或電信網絡等進行的遠距離信息服務貿易。二是信息服務消費者與服務提供者物理分離而借助物質載體參與國際貿易。在 B 類信息服務貿易中，信息服務提供者不移動而依靠消費者移動完成服務交易。在 C 類信息服務貿易中，信息服務提供者移動而消費者不移動。在 D 類信息服務貿易中，信息服務提供者和消費者雙方都移動。

信息服務貿易對經濟競爭力的影響取決於這幾方面的影響：信息技術（和高技術）要素（信息服務貿易促使廠商及時採取各種最新信息技術，以獲得成本優勢和產品差異而提高競爭力）、信息資源要素（與自身開發信息資源相比，信息服務貿易使廠商獲得相對低成本的信息資源而取得競爭優勢）、信息管理要素、服務要素（給外向型廠商提供了低成本參與國際競爭的外部信息條件，提高了本國廠商的國際競爭力）、信息資本（投資）要素、信息產品要素。

三、諮詢服務貿易產業

現代諮詢是精通某一單科知識的專家或由各單科專家組成的專門機構（諮詢方），利用自己的知識、技術、信息和經驗，運用科學方法和先進手段進行調查、分析、預測，客觀公正地為客戶（委託方）提供一種或多種可供選擇的優化方案，是有償的智力服務。

服務性是諮詢服務貿易的首要特徵。高知識性是諮詢的基本特徵。而獨立性（超脫性）是諮詢的最重要特徵。

諮詢服務的業務範圍包括解答疑難問題，向服務對象傳播有關方面的知識；根據委託方的要求，向委託方提供某個問題的專題報告；可行性研究；為委託方提供決策方案；為委託方解決某一技術難題；企業診斷，或稱管理諮詢；為委託方充當一個時期或常年顧問；幫助委託方進行人員培訓。有的諮詢公司還出版刊物及書籍，發表自己的研究成果。

諮詢服務的基本類型按照諮詢的內容，大致分為政治諮詢、經濟諮詢。而按照具體業務內容劃分為：綜合諮詢，又稱決策諮詢，是對某一城市、地區乃至全國的社會及經濟發展規劃、戰略決策提供諮詢服務；管理諮詢，是改善企業經營管理，提高經濟效益的有效手段，是對企業各類經營管理問題的診斷、評價和建議；工程諮詢，對工程建設項目進行可行性研究與評價，即對項目進行技術、經濟論證；產品、技術諮詢；專業諮詢，局限於某一專業領域內的諮詢服務。

諮詢服務的整個工作程序從委託方和被委託方相互接觸到簽訂合同階段（也稱前期階段）開始，再到組織諮詢小組或專題委員會，調查研究，廣泛收集資料，然後再進入研究階段，最後是諮詢報告實施階段。

四、專業服務貿易產業

專業服務，一般是指當事人一方運用自己的知識、技術、經驗和有關信息，採用科學的方法和先進的手段，根據委託人的要求對有關事項進行調查、研究和分析等，並提供可靠的數據，法律依據，客觀的論證、判斷和具體意見。

WTO把專業服務貿易列為商業服務貿易的一種，具體包括以下幾方面：法律服務，如律師業；會計、審計與簿記服務，如會計師、審計師等；稅收服務；建築服務；工程服務；綜合工程服務；城市規劃與風景建築服務；醫療與牙科服務；獸醫服務；助產、護士、理療與護理人員提供的服務；其他專業服務。

專業服務貿易主要有四種形式：過境交付、境外消費、商業存在、自然人流動。

有關專業服務的法律規範，主要體現在GATS、總協定下設的第2個附件（《根據本協定自然人提供服務活動的附件》）和部長級會議作出的《有關專業服務的決定》中。

(一) 會計服務貿易

註冊會計師職業是由有關部門審核批准的註冊會計師組成的會計師事務所進行的

服務。註冊會計師業務主要是審計和會計諮詢兩大領域。註冊會計師審計是由會計師事務所的註冊會計師接受委託，以被審單位在一定時期內的全部或部分經濟活動為對象，進行審核檢查，收集和整理證據，確定其實際情況，對照法規和一定的標準，以判斷經濟活動的合規性、合法性、合理性和有效性，以及有關經濟資料的真實性和公允性，並出具審查報告或證明書的經濟監督、評價和鑒證活動。會計諮詢是以會計專業知識為基礎，運用會計專業人員的智慧，幫助委託人解決會計方面的問題，受託幫助企業建立健全會計制度，進行企業經營診斷，建立會計電算系統，以及重大經濟決策和項目的實施進行論證等方面提供諮詢服務。

國際會計組織包括國際會計師聯合會、國際會計準則委員會、國際審計實務委員會；其他著名會計組織和協會：歐洲會計師聯盟、亞洲與太平洋地區會計師聯合會、美國執業會計師協會等。

中國會計市場逐漸對外開放，如允許境外會計師事務所在中國境內設立常駐代表處，國際會計公司中國成員所，設立中外合作會計師事務所，對外開放中國註冊會計師考試，境外會計師事務所在中國境內臨時執業等。

(二) 醫療服務貿易

醫療服務貿易，是指國際間交易的商品在醫療業方面勞務的交換，是一種特殊商品的交易。既包括本國病人的出境治療——國際支出醫療，又包括外國病人入境治療——國際收入醫療。

醫療服務貿易具備的特點是就地商品出口、就地服務出口，且運行要考慮綜合性和整體性。

對於醫務人員勞務輸出而言，可分為公派和民間兩種形式。公派的醫務人員勞務輸出由有勞務輸出經營權的勞務輸出公司和醫療主管部門、醫療單位共同組織，將醫務人員派往境外醫療機構工作。民間的醫務人員勞務輸出由勞務輸出公司向社會公開招聘或由醫務人員自行聯繫。

境外辦醫分為技術輸出性辦醫、資金投入性辦醫和技術輸出及資金投入混合性辦醫三種形式。

(三) 律師服務貿易

律師，是指依法取得律師執業證書，為社會提供法律服務的執業人員。律師服務貿易包括律師服務和公證服務兩方面。

律師服務範圍包括接受公民、法人和其他組織的邀請，擔任律師顧問；接受民事案件、行政當事人的委託，擔任代理人，參加訴訟；接受刑事案件犯罪嫌疑人的聘請；代理各類訴訟案件的申訴；接受當事人的委託，參加調解、仲裁活動；接受非訴訟法律事務當事人的委託，提供法律服務；解答有關法律的詢問，代寫訴訟文書和有關法律事務的其他文書。

公證服務是指國家專門設立的公證機關通過對公民、法人、其他組織間的各種法律行為，具有法律意義的文書和無爭執的事實給予證明，確認它的真實性和合法性等為社會提供法律服務。

公證服務的範圍主要包括：證明合同（契約）、委託、遺囑；證明繼承權；證明財產贈與、分割；證明收養關係；證明親屬關係；證明身分、學歷國、經歷；證明出生、婚姻狀況、生存、死亡；證明文件上的簽名、印鑒屬實；證明文件的副本、節本、譯本、影印本與原本相符；對於追償債款、物品的文書，認為無疑義的，在該文書上證明有強制執行的效力；促使證據；代當事人起草申請公證的文書；根據當事人的申請和國際慣例辦理公證事務。

思考題

1. 簡述當前世界服務貿易發展的特點及趨勢。
2. 簡述租船業務的四種形式。
3. 論述保險業務在世界經濟中的地位和作用。
4. 簡述銀行服務貿易競爭的要素。
5. 簡述銀行海外分支機構的幾種形式。
6. 簡述旅遊服務貿易的特點及作用。
7. 簡述技術服務貿易的條件與動機。

第十章 國際服務外包

國際服務外包是服務業國際轉移和國際服務貿易的一種新形式,也是服務全球化的一種特殊方式。隨著經濟全球化和信息業的快速發展,發達國家市場競爭的日益激烈,國際服務外包以其顯著的低成本優勢成為企業提高核心競爭力的戰略選擇,在全球範圍內蓬勃發展。

第一節 國際服務外包簡介

一、國際服務外包的定義及分類

(一)國際服務外包的定義

外包是指企業動態地配置自身和其他企業的功能和服務,並利用企業外部的資源為企業內部的生產和經營服務。外包是一個戰略管理模型。所謂外包(Outsourcing),在講究專業分工的 20 世紀末,企業為維持組織競爭核心能力,且因組織人力不足的困境,可將組織的非核心業務委託給外部的專業公司,以降低營運成本,提高品質,集中人力資源,提高顧客滿意度。外包業是新近興起的一個行業,它給企業帶來了新的活力。

服務外包是指企業將價值鏈中原本由自身提供的具有基礎性的、共性的、非核心的 IT 業務和基於 IT 的業務流程剝離出來後外包給企業外部專業服務提供商來完成的經濟活動。服務外包中涉及的服務性工作(包括業務和業務流程)可以通過計算機操作完成,並採用現代通信手段進行交付。服務外包使企業通過重組價值鏈,優化資源配置,降低了成本並增強了企業核心競爭力。服務外包從軟件開發外包和測試外包開始,逐漸發展和成長起來。

國際服務外包就是服務外包跨域國界,又稱離岸服務外包。在商務部的服務外包「千百十工程」中,「國際服務外包」指服務接包方向境外客戶提供服務外包業務。聯合國貿易與發展會議在 2004 年發布的《世界投資報告》中提到兩種國際外包方式:一是母公司在國外設立分公司,外包業務給其在他國設立的分公司或子公司;二是公司將服務外包業務發包給第三方服務提供者,即外國公司或本公司在國外設立的子公司,該報告將後者定義為國際服務外包。另外,世界貿易組織在 2005 年發布的《世界貿易報告》中提到,離岸外包有兩種情形:附屬離岸外包和非附屬離岸外包。二者的區別在於當企業將相關業務外包給海外企業時,服務提供者與外包企業是否存在附屬關係。

作為全球化的分工產生方式,服務外包的參與方大多是大型跨國服務業企業,自身全球化特徵明顯,本章將國際服務外包定義為,公司將其生產過程中原本自我提供

的部分服務環節或流程，以合同的方式交由外國服務供應商完成，該供應商可以是該公司設立的海外子公司或分公司，可以是獨立的外國企業，也可以是本國其他公司在海外設立的分公司或子公司。

在這裡需要強調的是：第一，承包方一定在本國或地區之外；第二，承包方可以是與發包方存在附屬關係的海外子公司或合資公司，也可以是獨立於發包方的海外企業；第三，發包的內容一定是服務環節或流程，而不是製造業中的有形產品。

典型案例

提起蘋果 Mac 機、宏碁 Aspire 電腦，幾乎人所共知；可說到青蛙設計公司，則鮮有人知。更少有人知道的是，蘋果與宏碁這兩款大名鼎鼎的產品造型設計，都是外包給這位「青蛙」完成的。

總部位於德國的青蛙設計公司（FROG DESIGN）是國際設計界最負盛名的設計公司。作為一家大型的綜合性國際設計公司，青蛙設計以其前衛甚至未來派的風格不斷創造出新穎、奇特、充滿情趣的產品。公司的業務遍及世界各地，包括 AEG、蘋果、柯達、索尼、奧林巴斯、AT&T 等跨國公司。青蛙公司的設計範圍非常廣泛，包括家具、交通工具、玩具、家用電器、展覽、廣告等。20 世紀 90 年代以來，該公司最重要的設計領域是計算機及相關的電子產品，並取得了極大的成功。

(二) 國際服務外包的分類

服務外包分為信息技術外包服務（ITO, Information Technology Outsourcing）、業務流程外包服務（BPO, Business Process Outsourcing）以及知識流程外包（KPO, Knowledge Process Outsourcing），它們都是基於 IT 技術的服務外包，ITO 強調技術，更多涉及成本和服務，BPO 更強調業務流程，解決的是有關業務的效果和營運的效益問題。BPO 往往涉及若干業務準則並常常要接觸客戶，因此意義和影響更重大。服務外包的分類和內容如下表所示。

1. 信息技術外包服務（ITO）

信息技術外包服務是指發包商戰略性選擇外部專業技術和服務機構，代替內部部門和人員來承擔其 IT 系統或業務系統營運、維護和支持服務，其內容主要包括軟件研發及外包、信息技術研發服務外包和信息系統營運維護外包三類服務。

(1) 軟件研發及外包（表 10.1）

表 10.1　　　　　　　　　　軟件研發及外包

類別	適用範圍
軟件研發及開發服務	用於金融、政府、教育、製造業、零售、服務、能源、物流和交通、媒體、電信、公共事業和醫療衛生等行業，為用戶的營運、生產、供應鏈、客戶關係、人力資源和財務管理、計算機輔助設計、工程等業務進行軟件開發，定制軟件開發，嵌入式軟件，套裝軟件開發，系統軟件開發軟件測試等。
軟件技術服務	軟件諮詢、維護、培訓、測試等技術性服務。

(2) 信息技術研發服務外包（表 10.2）

表 10.2　　　　　　　　　　　　信息技術研發服務外包

類別	適用範圍
集成電路設計	集成電路產品設計以及相關技術支持服務。
提供電子商務平臺	為電子貿易服務提供信息平臺等。
測試平臺	為軟件和集成電路的開發運用提供測試平臺。

(3) 信息系統營運維護外包（表 10.3）

表 10.3　　　　　　　　　　　　信息系統營運維護外包

類別	適用範圍
信息系統營運和維護服務	客戶內部信息系統集成、網絡管理、桌面管理與維護服務；信息工程、地理信息系統、遠程維護等信息系統應用服務。
基礎信息技術服務	基礎信息技術管理平臺整合等基礎信息技術服務（IT 基礎設施管理、數據中心、託管中心、安全服務、通信服務等）。

2. 業務流程外包服務（BPO）（表 10.4）

業務流程外包服務是指發包商將其內部管理、業務運作和供應鏈管理等一些重複性非核心業務或運作整個業務流程。

表 10.4　　　　　　　　　　　　業務流程外包服務

類別	適用範圍
企業業務流程設計服務	為客戶企業提供內部管理、業務運作等流程設計服務。
企業內部管理數據庫服務	為客戶企業提供後臺管理、人力資源管理、財務審計與稅務管理、金融支付服務、醫療數據及其他內部管理業務的數據分析、數據挖掘、數據管理、數據使用的服務；承接客戶專業數據處理和整合服務。
企業營運數據庫服務	為客戶企業提供技術研發服務、為企業經營、銷售、產品售後服務提供的應用客戶分析、數據庫管理等服務。主要包括金融服務業務、政務與教育業務、製造業務與生命科學、零售和批發與運輸業務、衛生保健業務、通信與公共事業業務、呼叫中心等。
企業供應鏈管理數據庫服務	為客戶提供採購、物流的整體方案設計及數據庫服務。

3. 知識流程外包（KPO）

知識流程外包是指發包商為提高其自身的決策能力和專業化運作水平，要求外包服務提供商利用其獨特的專業優勢提供全面、及時、綜合的市場判斷和研究解釋，提出專業的研究成果和解決方案，包括數據信息分析、轉向業務領域諮詢、投資研究和技術研究、監管報告、專利申請、網上教育等。換句話說，KPO 是一種幫助企業研究解決方案的方式，主要通過多種途徑獲取信息，經過即時、綜合的分析、判斷和研究，

提出對策與建議，為發包企業的決策提供依據。

4. 外包服務的具體業務（表 10.5）

表 10.5　　　　　　　　　　外包服務的具體業務

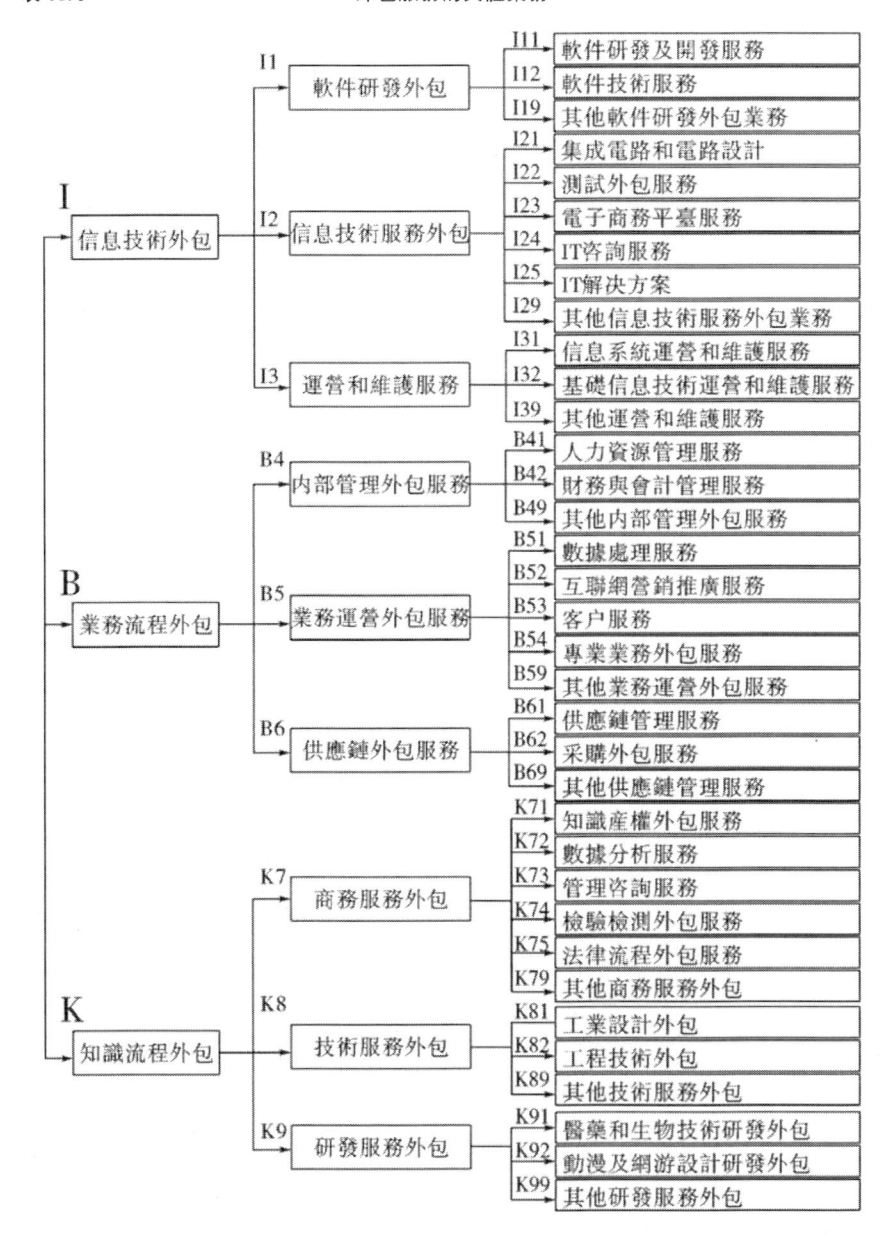

大類	中類	小類	業務
I 信息技術外包	I1 軟件研發外包	I11	軟件研發及開發服務
		I12	軟件技術服務
		I19	其他軟件研發外包業務
	I2 信息技術服務外包	I21	集成電路和電路設計
		I22	測試外包服務
		I23	電子商務平臺服務
		I24	IT咨詢服務
		I25	IT解決方案
		I29	其他信息技術服務外包業務
	I3 運營和維護服務	I31	信息系統運營和維護服務
		I32	基礎信息技術運營和維護服務
		I39	其他運營和維護服務
B 業務流程外包	B4 內部管理外包服務	B41	人力資源管理服務
		B42	財務與會計管理服務
		B49	其他內部管理外包服務
	B5 業務運營外包服務	B51	數據處理服務
		B52	互聯網營銷推廣服務
		B53	客戶服務
		B54	專業業務外包服務
		B59	其他業務運營外包服務
	B6 供應鏈外包服務	B61	供應鏈管理服務
		B62	采購外包服務
		B69	其他供應鏈管理服務
K 知識流程外包	K7 商務服務外包	K71	知識產權外包服務
		K72	數據分析服務
		K73	管理咨詢服務
		K74	檢驗檢測外包服務
		K75	法律流程外包服務
		K79	其他商務服務外包
	K8 技術服務外包	K81	工業設計外包
		K82	工程技術外包
		K89	其他技術服務外包
	K9 研發服務外包	K91	醫藥和生物技術研發外包
		K92	動漫及網游設計研發外包
		K99	其他研發服務外包

二、國際服務外包的特徵

我們熟知的外包行業是從製造業的外包開始發展的，起初外包的目的就是為了降

低成本，在全球範圍內進行資源優化配置，利用各自的優勢發展全球經濟。如今，隨著互聯網技術的普及，IT服務外包慢慢興起。這種特殊經營策略進入了服務行業以及各個領域，最大的原因仍然是成本驅動，發達國家和發展中國家巨大的資源成本差距使得許多發達國家的發包商將很多工作交由各種資源價格都很低廉的國家來做。這樣不僅節省了很大一部分成本並且可以集中更多的精力來發展其核心競爭優勢。現階段國際服務外包主要呈現以下特徵：

1. 全球產業佈局基本形成，發包方與接包方集中度較高

隨著經濟全球化的發展，歐美國家產業轉移速度加快，越來越多的服務外包以離岸的方式進行。目前，以美、歐、日等發達國家和地區作為主要發包方，發展中國家中的新興經濟體作為主要接包方的全球離岸服務外包格局基本形成。從發包市場來看：服務外包發包方市場主要集中於北美、西歐和日本，總量約占全球的95%，其餘國家所占比重僅為5%。美國是全球第一大IT服務需求市場，佔有全球1/3以上的市場份額，日本的IT服務市場排在全球第二位，占到了14%，西歐共占到了31%。亞太地區則占到了7%。從離岸業務角度看，美國的份額超過50%，為最大的服務外包發包方。從接包市場看：越來越多的發展中國家已經認識到發展服務外包對推動本國產業結構調整、技術升級換代以及拓寬就業渠道的重要作用，紛紛立足政治經濟穩定、人力資源基礎技術完善、工資水平較低等自身優勢打造錯位發展格局。目前，印度、愛爾蘭、加拿大、東歐、菲律賓等國家及地區以及中國是離岸外包的主要承接方，占到全球的94%左右。

2. 企業實行服務外包的目的在不斷演變

最開始，企業進行服務外包的目的在於節約成本。根據富士通綜合研究所的估計，外包降低成本的效果在不同領域會有所不同，但平均而言，可有效降低成本的10%～20%。福里斯特（Forest）調查公司的分析也證明了外包降低成本的觀點：美國企業若是自己建立、管理網站，一年的費用大概為22萬美元，若將此工作轉給專業外包公司，該項費用下降為4.2萬美元。現在企業關注的不僅僅是減少成本，更注重企業核心競爭力的提高。通過把非戰略性業務外包出去，企業就可以專注於所擅長的且具有競爭的核心產業。越來越多的跨國公司，已經注意到外包可以使企業精簡結構、縮小規模、輕裝上陣，不斷強化企業核心競爭力。

同時，發包方對服務外包的要求也在不斷提高，注重服務質量，不斷追求卓越績效，獲取節約成本以外的價值。這些價值包括：改善整體流程、帶動企業其他部門的績效、為未來創造更多的價值來源，以及提升銷售及盈利業績等。埃森哲一份關於BPO的報告顯示，一直以來，公司對BPO的要求比較簡單，降低成本、提高效率、簡化操作。如今，企業紛紛提高了對BPO的期望，他們要求服務提供商不僅具有商業洞察力、創新能力、行業專長，能提供更複合個性化需求的解決方案，並能夠致力於不斷提升服務水平等。

3. IT服務產品結構調整加快，高端業務擴容，服務附加值增長

作為發展最早和市場份額最大的ITO，在全球金融危機中顯示出較強的抗危機性，成為支撐整個服務外包市場的中堅。而隨著新興技術的發展以及企業外包需求的不斷

細化，ITO和BPO市場將向更高附加值方向延伸，同時KPO市場開始嶄露頭角，成為ITO和BPO市場的重要補充，推動服務外包向更專業化、技術更密集化的方向發展。服務外包層次不斷提高。在服務外包發展演變過程中，外包出去的業務從低技術含量走向高技術含量，從價值鏈的低端走向高端。如今外包面向的已不再僅僅是各種勞動密集型產業，企業從外包簡單的製造加工環節，發展到外包集中在價值鏈的高端位置，如數據挖掘、設計研發、供應鏈管理、金融服務等的核心業務環節，並開始向法律服務、會計服務、審計服務、稅務服務、建築設計服務、新興IT基礎設施服務、離岸設計研發服務、知識和創意產業等領域拓展。高端業務迅速細分，在向上攀升的過程中，接包方的業務利潤率也在逐步提高，競爭對手不斷減少，市場的空間顯著放大，服務附加值快速增長。

4. 客戶在制定服務外包採購戰略時日漸成熟，發包商需不斷優化服務商系統，建立全球交付體系

發包商服務外包的目的在於集中自己的現有資源和經歷來發展核心業務和開拓新的經營空間，離岸外包的目的從單純降低人力成本，向獲取人才、開發新產品、新業務和新技能轉變，服務外包交易的結構變得愈加複雜，同時也愈加專注在戰略成果方面。國際外包服務正在變得更加複雜，不僅包括應用軟件的開發與維護，還包括了借業務流程與技術而實現的企業轉型。發包商會從服務商那裡尋求成熟的產業化服務模式與方法，期待交付的外包服務中能夠包括轉型變革能力。在考慮大規模外包服務時，他們通常將尋求全球採購的方式，建立「一對多」以及「多塔式」（multi-tower）的服務平臺，這樣他們就能夠在規模優勢中獲利。客戶只想同有資質及成功案例的供應商進行合作，發包商不斷在外包地尋求最佳組合，進一步整合供應商，優化供應商系統，建立全球交付體系。服務外包對業務流程知識的要求，正考驗印度等外包服務商的能力極限，這樣，客戶外包服務協議中的專業性與靈活性變得更為重要，只有那些在人才人力外包服務以及客戶所在行業都具規模、經驗和能力的服務提供商，才能獲得可持續的成功。

第二節　國際服務外包的發展現狀

一、推動國際服務外包的現實因素

隨著世界經濟的快速發展，出現了新一輪的國際產業轉移高潮。而在這次的產業轉移浪潮中，服務產業是新一輪國際產業轉移的重點。國際服務外包正是服務產業轉移的一種重要的方式。國際服務外包被形象地定義為供給者和服務者都不發生位移的跨國服務的採購。服務外包是作為生產經營者的企業將服務流程以商業形式發包給本企業以外的服務提供者的經濟活動的總稱。服務外包的發包方可以是企業，也可以是政府和社團組織等，其承包方可以在本國市場、東道國市場或第三方市場。通常情況下，服務外包的形式是以合同為基礎的過境支付。在新一輪產業轉移進程中，跨國公

司通過建立可控制的離岸控制中心或海外子公司向第三方提供服務，而非直接向當地服務承包方分包業務，這種商業流程向海外轉移的形式被稱為服務離岸。服務外包並非僅限於服務行業，製造業和其他行業所需要的服務流程更傾向於對外發包。

在服務外包行業飛速發展的表象下，什麼是推動其快速發展的現實力量，其快速、健康、平穩發展的主要影響因素都來源於如下幾個方面。

1. 科學技術進步為國際服務外包提供了技術支持

科學技術進步極大地提高了交通、通信和信息處理的能力，為信息、諮詢和以技術服務為核心的各類專業服務領域提供了新的服務手段，使原來不可貿易的許多服務領域可以進行跨國貿易，並且使核心服務特別是高新技術跨國服務的貿易得到更快發展，為服務業可貿易邊界的擴展和經營手段的變革提供了無限的空間。如信息技術的進步，不僅改變了許多服務的提供方式，而且使信息更加便於收集、甄別、處理、儲存和傳送，降低信息處理的傳遞成本，刺激了直接建立在信息技術基礎上的服務外包加速發展。信息網絡技術的快速發展大幅度降低了市場的交易成本，這使企業業務規模和市場佔有率的擴大更傾向於通過離岸外包這種方式來實現。同時，互聯網的發展擴大了企業的選擇範圍，使其可以打破地域限制選擇理想的服務提供商。因此，我們可以看到科學技術的進步，特別是信息網絡技術的快速發展為國際服務外包提供了必要的技術支持。

2. 經濟全球化和區域一體化為國際服務外包的發展提供了良好的外部環境

經濟全球化極大地刺激了資源在全球範圍內的合理流動和配置，尤其是世界貿易組織等國際組織積極推進服務貿易自由化的談判進程，各國政府在此基礎上逐漸放松對服務業的經濟管制，從政策上為國際服務貿易發展創造了有利條件，從而為服務外包發展提供了廣闊的空間和豐富的渠道。經濟全球化發展使發達國家通行的商業準則被發展中國家普遍接受，這一點降低了企業之間跨國合作的不確定性。在經濟全球化進行的同時，區域一體化趨勢也是有增無減。許多區域集團採取內外有別的政策，促進區域內部服務貿易快速發展。這些都給國際服務外包的發展提供了良好的外部環境。

3. 跨國公司是推動國際服務外包發展的內在動力

降低業務營運成本，是跨國公司拓展國際服務外包活動的最大驅動力。成本的降低，對於追求利潤的企業是個巨大誘惑。為了應對日益激烈的國際競爭，跨國公司紛紛通過服務離岸外包在全球範圍內尋求成本最小化與利潤最大化。根據 Gartner 的預測，服務離岸外包可以平均最少節省 12% 的成本。服務外包降低成本的途徑主要有三種：一是規模經濟。在服務外包中，多個客戶共享生產設備，不僅節約安裝和建設費用，而且提高各種設備、原材料、能源的利用率和人力資源的生產率，規模越大，成本越低。二是提高利用率。在服務外包中，供應方為不同客戶提供多個不同的外包服務項目，提高利用率，實現成本降低。三是降低交易成本。服務外包企業可以依靠信息技術、與供應方通過建立長期穩定的合作關係等手段來降低交易成本。

關注核心競爭力也日益成為跨國公司進行國際服務外包的目的。隨著市場壟斷化趨勢的進一步加強，國際競爭也主要是在跨國公司之間進行，因此，一個國家參與國際競爭能力的高低，主要體現在跨國公司的強弱上。跨國公司在服務外包過程中，為

了充分利用全球資源,提高核心業務的競爭力,都會經過下列步驟:培育或找出一些精心挑選的核心競爭力,並確定自己從事這些核心活動的能力是世界最好的;把人、財、物等資源和管理注意力集中到這些核心競爭力上;外包其他非核心業務。這樣,企業一方面集中資源和能力從事自己最擅長的活動來實現內部資源回報最大化,另一方面充分利用外部供應方的投資、革新和專門的職業技能。如此一來,跨國公司就可以通過增強核心競爭力,阻止現有或潛在的競爭者進入企業的利益領域,從而保護市場份額,增強戰略優勢。

通過上面的敘述,我們可以看出跨國公司進行全球戰略佈局,是推動國際外包服務市場發展的主要力量。世界經濟全球化發展趨勢下,跨國公司不斷進行產業調整和產業轉移,以提高跨國公司的國際競爭力。跨國公司產業調整和轉移的第一次浪潮是把產品生產製造環節轉移到發展中國家和地區,而第二次轉移的浪潮就是將產品價值鏈上非核心服務業務轉移到發展中國家和地區,以增強核心競爭力。

4. 發展中國家的快速發展為服務離岸外包創造了良好的條件

以中國、印度為代表的發展中國家的經濟和科技近年來迅速發展,基礎設施建設日趨完善,教育水平和條件也有了很大改善,人力素質有了很大提高,具備了承接國際服務外包的條件。同時,人力成本比發達國家要低得多,滿足了發包方降低成本的目的。另外,發展中國家的政府實行了很多鼓勵承接離岸外包的政策。這一切構成了對發達國家企業強大的吸引力,這也是促使近年來承接服務外包的國家逐漸從發達國家轉移到發展中國家的一大原因。

二、國際服務外包發展的三個階段

(一) 國際產業轉移的四個階段

國際服務外包源於國際分工的深化,因此國際服務外包與世界範圍內的國際產業轉移有著密切的聯繫。隨著經濟全球化發展的深化和全球產業轉移的加速,國際產業轉移在不同階段呈現出不同的勢頭:

(1) 第一階段為20世紀50~60年代,發達國家跨國公司開始轉移製造業,即製造業外包。

(2) 第二階段為20世紀80年代後期,發達國家開始轉移服務業。近年來,在服務業轉移的過程中,服務外包幾乎同時發展,而且服務外包逐漸成為服務業轉移的主要形式。

(3) 第三階段為20世紀90年代,跨國公司開始轉移研發業務。

(4) 第四階段為進入21世紀後,跨國公司開始轉移地區總部。

全球產業結構轉移的上述四個階段與服務外包的發展幾乎同時發生、同步進行,由此可見國際產業轉移與國際服務外包是相輔相成的關係。

(二) 服務外包發展的三個階段

在20世紀80年代以來的國際產業轉移中,離岸服務外包呈顯著增長趨勢並迅速從發達國家向新興經濟體(中國、印度、巴西、俄羅斯、南非)延伸。在此期間,又經

歷了三個延伸階段：

（1）第一階段為20世紀80年代，美國與英國最先動作。美國最先實施離岸服務外包，而英國緊隨其後，它們的初衷是為了降低成本，並獲得通信工具與網絡的支持。

（2）第二階段為20世紀90年代，服務外包擴散到西歐，促使呼叫/客戶服務中心大量興起，主要是WTO的有關約定促進了製造業和商業服務領域中的服務外包快速發展。

（3）第三階段是進入21世紀後，服務外包在整個歐洲市場得到廣泛認可，涉及波蘭、捷克、匈牙利等國。歐盟的統一稅制推動了愛爾蘭、斯洛文尼亞、保加利亞、羅馬尼亞等國企業承接離岸服務外包。隨著知識經濟和信息化社會的加速發展以及通信及IT基礎設施等軟硬件環境的不斷健全、完善，印度、中國及其他發展中國家開始調整政策，逐步加入離岸服務外包承接行業。自此，服務外包的發展領域日趨廣闊。

三、全球服務外包的發展現狀

（一）全球服務外包的總體規模

根據亞太總裁協會（APCEO）發布的《全球服務外包發展報告》顯示，近幾年全球服務外包經歷了快速增長→急速減少→緩慢上升的階段。全球服務外包的市場規模2006年為8,600億美元，2007年達到1.2萬億美元，2008年為1.5萬億美元。然而受全球金融危機、歐債危機、通貨膨脹以及美元貶值影響，2009年全區服務外包業務處於不景氣的狀況，僅為8,099.1億美元，2010年繼續減少到7,995億美元，全球服務外包市場在2011年呈現出金融危機以來最快速增長，總額為8,200億美元，其中：ITO為6,440億美元，BPO為1,760億美元。進入2013年全球服務外包市場規模約為13,000億美元，比2012年只有不到5%的增長，雖然2013年的離岸市場規模較上年增長了17.8%，但與前幾年相比，增長趨緩。全球服務外包市場增長已經趨於平緩。IDC預測認為，未來幾年，全球服務外包整體市場和離岸市場將維持在5%和16%的複合增長水平上。

（二）全球服務外包的市場結構

到目前為止，全球服務外包市場的產業格局並沒有發生大的變化，服務外包的需求方——美、日、歐等發達經濟體仍然主導整個產業的發展。

從發包方來看，美國、日本、歐洲是主要的發包方，提供了全球服務外包業務的絕大多數份額。美國占了全球市場的64%，歐洲占了18%，日本占了10%，留給其他國家的還不到10%。全球服務外包市場嚴重依賴於美、日、歐，使產業格局呈現出一種「中心—外圍」的發展格局。

從承接方來看，服務外包承接方數量激增，但是發展的層次是不一樣的。從發達國家來看，服務外包承接大國澳大利亞、新西蘭、愛爾蘭、加拿大等國國內服務外包行業成熟，已經形成了一定的產業規模和發展優勢，但是和發展中國家相比，人力資源優勢已經不復存在，因此其在最近幾年的發展中明顯落後。許多國家已經跌出2010年Gartner IT排行榜的前30強。

從發展中國家來看，最近幾年承接服務外包的發展中國家數量激增，已經成為全球服務外包市場上重要的承接方。拉美、亞太地區的服務外包行業發展極為迅速，正在成為服務外包行業發展的重要引擎。亞太地區已經成為全球最具吸引力的服務外包投資地，中國、印度、菲律賓承接了全球服務外包60%以上的份額。拉美的巴西、墨西哥等國也是世界上重要的服務外包承接國，2010年拉美的服務外包IT市場規模達到了2,300多億美元，2011年的增長率將達到9.2%。另外，近幾年許多中小貧困、落後國家，如柬埔寨、肯尼亞、斯里蘭卡等，國內的服務外包行業得到了飛速的發展。如，2010年斯里蘭卡IT與商務外包產業產值達到3.9億美元，同比增長了25%，目前國內從業人員達到35,000人，相關企業達到150家。

四、全球服務外包產業發展趨勢

（一）服務外包產業已經進入產業上升期，未來發展將十分迅猛

最近幾年，受到經濟危機的影響，全球服務外包產業的發展受阻，許多國家的服務外包產業陷入停滯，甚至出現了倒退。而從愛爾蘭、希臘等國蔓延到整個歐洲的債務危機更使全球服務外包產業發展雪上加霜。如，波蘭、愛爾蘭、印度等服務外包承接大國都受到了重大損失。但是，隨著全球經濟的復甦，服務外包行業正在重新實現快速發展。目前，這種發展勢頭已經十分明顯，許多國家的服務外包行業都實現了大幅度的增長。如，印度2010年服務外包行業實現了10%以上的增速，據印度全國軟件和服務企業協會估計，未來印度的服務外包行業將保持高速增長，到2020年，僅IT和BPO外包行業的出口額就可能增長近兩倍，達到1,750億美元；菲律賓的服務外包行業在2010年收入達100億美元，到2020年其將占全球服務外包業務總量的20%；拉美的服務外包行業也實現了一定程度的增長，IDC預測拉美的服務外包業在2020年擴大12%。因此，服務外包行業正在走上產業發展的上升期，亞太、拉美、EMEA國家服務外包產業的快速發展，無疑將引領全球服務外包產業進入新的發展階段，帶動其迅猛發展。

（二）產業發展的國際格局短期內不會變化，但是已經有所改變

美日歐憑藉巨大的國內市場、發達的科技和創新能力以及數量眾多的大型公司的優勢，仍然是全球服務外包市場上重要的需求方。如：美國是全球主要的軟件生產和出口大國，國內軟件公司占據了2/3以上的世界軟件市場，目前其提供了大約70%的全球服務外包合同；日本擁有索尼、夏普、佳能等國際IT巨頭，國內信息服務產業銷售額已經超過1,000億美元。

在未來相當長的時間內，全球服務外包的主要需求方仍然是美日歐等發達國家，其仍能通過需求控制服務外包行業。但是這種產業格局正在改變。目前以印度、中國為代表的新興國家快速崛起於世界，其國內市場巨大、產業發展迅速。如果這些國家通過發展，國內需求能得到進一步的釋放，則很可能成為新的服務外包需求方，打破現在的產業壟斷格局。如，印度IT行業發展迅速，目前現在已經開始與中國、蒙古等周邊國家合作，共同發展服務外包行業，其國內的離岸自建中心發展迅速，保持著

21%的年複合增長率；中國國內市場巨大，國內服務外包行業的發展主要依靠自身的需求，在未來，隨著市場規模的壯大，中國將成為世界上重要的服務外包發包國。因此，隨著新興國家的興起，產業格局有可能得到修正、出現多極化的發展趨勢。

(三) 服務外包承接方不斷向新興發展中國家擴展，承接國之間競爭加劇

國際服務外包的承接國能從服務外包中獲取很多好處。如，可以使承接國的經濟和科技創新力得到提升，產業分配格局、出口結構等得到優化，吸引外資，促進服務業的發展，提升國家的國際形象和技術實力等。這導致國際服務外包的承接國數目急遽增加、競爭日益激烈。2010年的Gartner IT外包排行榜中，新西蘭、愛爾蘭、加拿大、新加坡等許多成熟的國際服務外包的承接國最終沒有進入榜單，這不僅說明國際服務外包的承接地正在向多元化發展，更加說明國際服務外包承接地之間的競爭日趨激烈。

受經濟危機的影響，許多公司為了進一步降低企業營運成本、研發新的技術，不得不放棄對服務外包的偏見，把相當多的業務外包給成本低廉的發展中國家。同時，導致企業對承接地信息安全、知識產權、產業成熟度等因素的重視程度降低，對人力資源重視程度提高。這些因素都促成了服務外包行業向發展中國家進一步擴充，導致服務外包承接國數量急遽增多。

KPO和BPO領域需要較高的勞動力素質、科技含量較高，所以許多國家並不具備發展條件。因此，目前的競爭集中於ITO這一發展成熟、較為低端化的領域，這就導致各國之間的同質化競爭，競爭態勢十分激烈。

(四) 融合化高端化趨勢明顯，服務外包引領國際產業結構調整

當今世界產業發展呈現明顯的融合化和製造業服務化趨勢，不同產業鏈相互交織，形成開放的、多維的、複雜的網絡結構。製造業的「軟化」和服務化，二、三產業之間的融合，將使得企業之間的供需關係變得越來越開放，企業的同一個產品或服務可能供應完全不同的行業、而不僅是同一行業的不同企業，而且往往是多個企業共同支撐一個平臺，或者同一個產品涉及多個平臺，例如數字製造同時涉及超級運算和超級寬帶等平臺。產業融合化和製造業服務化趨勢使得未來服務外包逐步呈現工業化特徵和規模經濟效應。隨著服務外包的規模化發展和國際競爭的加劇，推動服務供應商加快外包標準化、模塊化，使外包服務更簡單，模式更可複製，隨之而來的是服務外包呈現出工業化或產品化的趨勢。服務外包的工業化和產品化趨勢必將助推其走向規模經濟和範圍經濟，大大強化外包競爭和效率提升，優化提高外包供應質量，並進而激發出外包業務的更強成長性和業務領域的全面拓展，服務外包不斷擴展到更廣的領域，並日益向研發、銷售、管理、諮詢、物流、客戶關係等高端環節滲透，並引發新一輪國際產業結構調整和產業轉型升級。

在產業融合化的同時，國際服務外包產業也呈現高端化發展趨勢。在全球化和技術革命推動下，許多高科技產業跨國公司把價值鏈上更多的研發環節外包給外部企業，以達到降低成本、提高效率和增強核心競爭力的目的。繼信息技術外包（ITO）、業務流程外包（BPO）之後，知識流程外包（KPO）成為服務外包發展的新領域，並展現

出巨大潛力和升級空間。KPO 主要包括市場調研、投資評估、業務諮詢、法律服務、軟件設計、專利申請、芯片設計等研發業務，位居價值鏈的高端環節。KPO 的發展使服務外包的技術複雜性顯著提高，外包市場的結構進一步升級，具有極高的成長性和巨大的縱深拓展空間。

第三節　服務外包理論及效應分析

一、服務外包相關理論

目前，學術界有多種理論可作為服務外包的理論基礎，這些理論都從不同角度闡述了服務外包的運作原理，以下主要從勞動分工理論、比較優勢理論、企業核心競爭力理論、價值鏈理論、木桶原理等幾種理論進行分析。

1. 勞動分工理論

（1）理論基礎

古典貿易理論始於亞當・斯密的絕對優勢理論。斯密認為分工能夠提高生產某種特定產品的熟練程度，使各種生產要素得到最有效的利用，從而大大提高勞動生產率和增加物質財富。適用於一國內部的不同職業之間、不同工作之間的分工原則，也適用於各國之間。斯密主張世界各國都應該進行分工，每個國家都只專業化生產本國成本費用絕對低廉的產品，並通過國際貿易，用部分本國具有絕對優勢的產品換回自己生產成本絕對高的產品，從而使所有交換國家都將從中獲利。斯密的絕對優勢理論認為，每個國家都應該出口其在生產上具有絕對優勢的商品，而進口具有絕對劣勢的產品。

（2）勞動分工理論與服務外包

服務外包的產生原因可以用古典貿易理論來解釋。服務外包是勞動分工的延伸，是隨著社會生產的發展，逐漸從生產領域製造業外包發展中剝離獨立出來的國際分工高端模式，是國際社會範圍內合作與分工的最新產物。企業把部分業務環節外包給外部的服務供應商，使服務發包方和供應商都能專注於佔有絕對優勢的業務，雙方均能簡化管理的複雜性，提高各自專業化生產率，享受到分工帶來的利益。

知識連結

亞當・斯密在其 1776 年出版的《國富論》一書中，以做扣針為例，闡述了人和人之間的分工合作使勞動生產率得到極大的提高的道理。扣針的製作比較複雜，可以分為抽鐵線、拉直、切截等 18 個工序，如果所有的工序交由一人來完成，則每個工人一天最多能夠生產 20 枚扣針；但若把扣針的生產流程分成 48 道工序，每個工人都只負責其中的某些工序，很多人分工合作，共同完成扣針生產工序，就會大大提高生產效率——平均每個工人每天可以生產 4,800 枚扣針。

2. 比較優勢理論

(1) 理論基礎

大衛·李嘉圖繼承和發展了斯密的觀點，提出了比較優勢理論。他認為每個國家不一定要生產各種商品，而應該集中力量生產那些自己具有比較優勢的產品。不論一個國家經濟實力是強是弱，技術水平是高是低，只要各國之間存在著生產技術上的相對差別，就會出現生產成本和產品價格的相對差別，從而使各國在不同的產品生產上具有比較優勢。在資本和勞動力等生產要素不變的情況下，通過國際分工，各國專業化生產自己有比較優勢的產品，再通過國際貿易，進而獲得比較利益。因此，李嘉圖認為，各國通過出口相對成本較低的產品，並進口相對成本較高的產品，就可以實現貿易的互利。

(2) 比較優勢理論與服務外包

與其他國家的企業相比，在經營過程中，如果本國企業承擔某些重要的、非核心的業務項目不具備比較優勢，那麼這些業務項目由本企業內部員工完成的話，生產成本很高，在國際市場上也會缺乏競爭力。為了降低成本，提高質量，並獲得比較利益，本國企業應該將這些業務轉移到其他國家的企業或專業機構，充分利用國外企業在這些特定業務項目上的比較優勢。因此企業應該通過比較優勢分析來決定某項業務是自營還是外包給專業公司去做。如果企業對服務要求高，業務成本比重占總成本比重大，並且內部人員對業務運作管理的效率高，則該企業應該進行自營；如果某項業務不是企業的核心業務，且企業內部的業務管理水平較低，那麼企業應該將這些不具備比較優勢的業務轉移到具有比較優勢國家進行生產。業務活動外包有利於降低成本，提高服務質量。

知識連結

大衛·李嘉圖與《政治經濟學及賦稅原理》案例

1815年英國政府為維護土地貴族階級利益而修訂實行了《穀物法》。《穀物法》頒布後，英國糧價上漲，地租猛增，它對地主貴族有利，而嚴重地損害了產業資產階級的利益。昂貴的穀物，使工人貨幣工資被迫提高，成本增加，利潤減少，削弱了工業品的競爭能力；同時，昂貴的穀物，也擴大了英國各階層的吃糧開支，而減少了對工業品的消費。《穀物法》還招致外國以高關稅阻止英國工業品對他們的出口。為了廢除《穀物法》，工業資產階級採取了多種手段，鼓吹穀物自由貿易的好處。而地主貴族階級則千方百計地維護《穀物法》，認為英國能夠自己生產糧食，根本不需要從國外進口，反對在穀物上進行自由貿易。

這時，工業資產階級迫切需要找到穀物自由貿易的理論依據。李嘉圖適時而出，在1817年出版的《政治經濟學及賦稅原理》中提出了著名的比較優勢原理（Law of Comparative Advantage）。這是一項最重要的、至今仍然沒有受到挑戰的經濟學的普遍原理，具有很強的實用價值和經濟解釋力。他認為，英國不僅要從外國進口糧食，而且

要大量進口，因為英國在紡織品生產上所占的優勢比在糧食生產上的優勢還大。故英國應專門發展紡織品生產，以其出口換取糧食，取得比較利益，增加商品生產數量。

3. 企業核心競爭力理論

（1）理論內容

「核心競爭力」這一概念來自於1990年美國學者Gary Hamel和C. K. Praharad發表的文章《企業的核心競爭力》。該觀點認為企業想在競爭中獲勝，必須圍繞鞏固和發展企業的核心能力，實現資源的優化配置運作。根據核心競爭力理論，企業資源被劃分為三個層次：核心資源、外包資源、市場資源。核心資源是支持和發展企業核心能力、培育企業核心業務和核心產品的資源平臺或技術平臺；市場資源是通過市場購買的質優價廉的標準產品或資源，對企業產品或服務的獨特品質沒有大的影響作用；外包資源與企業核心業務過程關聯程度比市場資源要強，它為企業提供特定屬性的產品或服務，影響核心產品的質量和績效。核心能力實際上是企業的一種平衡能力，是在環境快速變化的反應能力和維持穩定的能力之間保持平衡的能力，是在不同的業務單位之間一體化與分散化之間的平衡能力。核心競爭能力不是一種產品，也不是可以用來生產的資源，不能把它作為商品進行交易，它也不是一成不變的。

（2）核心競爭力理論與服務外包

外包行業的迅速崛起應該歸功於「核心競爭力」這個概念的普及。外包作為企業優化配置內部資源、整合利用外部資源的重要手段，成為上世紀九十年代以來企業培育核心競爭能力、實施「歸核化」戰略的重要措施之一。由於任何企業所擁有的資源都是有限的，它不可能在所有的業務領域都獲得競爭優勢。在快速多變的市場競爭中，單個企業依靠自己的資源進行自我調整的速度很難趕上市場變化的速度，因而企業必須將有限的資源集中在核心業務上強化自身的核心能力，而將自身不具備核心能力的業務以合同的形式（外包）或非合同的形式（戰略聯盟或合作）交由外部組織承擔。通過與外部組織共享信息、共擔風險、共享收益，整合供應鏈各參與方的核心能力，從而以供應鏈的核心競爭力贏得、擴大競爭優勢。這樣外包就成了企業利用外部資源獲得互補的核心能力、強化自身競爭地位的一種戰略選擇。實施服務外包不僅可以為客戶提供更加及時、優質的專業化服務，也可以為企業內部的核心業務爭取更多的資源，實現企業內部資源合理、有效地配置。

知識連結

外包——世界500強的經營策略

「做你做得最好的，其餘的讓別人去做。」——企業只關注自己的核心競爭業務，將生產和經營管理的一個或幾個環節交給最擅長的企業去做，這已經成為全球企業重要的戰略思想和經營管理模式。世界500強企業大多得益於在專業領域中精耕細作。只有一心一意地發展自己的主業，集中企業資源從事某一領域的專業化營銷，逐步形成超出同行的差異化，使主業真正具備國際競爭力，企業才能獲得巨大的發展。通用

電氣僅生產飛機的核心部件——發動機，卻不生產飛機；英特爾公司僅生產計算機芯片，卻不生產計算機整機、鼠標、鍵盤、主板或硬盤；美國高通公司僅出售專利技術和標準，卻不生產和銷售手機。戴爾公司把企業內部非常有限的資源，集中在特定配件和供應組合領域，整合出企業配件體系和裝配機制方面的核心競爭能力，從而在短期內成長為全球 PC 市場的佼佼者。它們不是沒有能力開發新的配套產品線，而是為了突出核心競爭力。市場經濟中，任何企業的發展都面臨資金、人才、信息、管理等資源限制，如果把有限的資源相對集中，就能形成局部的絕對優勢，做精、做透、做大、做強是專業化的成功經驗。反之，如果將有限的資源過度分散，眉毛胡子一把抓，粗放型經營，其結果可能是廣種薄收，根本不是那些善於細分市場的專業化行家裡手的對手。

4. 價值鏈理論

（1）理論基礎

1985 年，美國哈佛商學院著名的戰略管理學家邁克爾·波特在其所著的《競爭優勢》一書中首先提出價值鏈的概念。波特認為「每一個企業都是在設計、生產、銷售、發貨、售後服務、人/事務計劃、研究與開發、採購等過程中活動的集合體。所有這些活動可以用一個價值鏈來表明。」波特還指出企業價值鏈並不是孤立存在的，而是存在於由供應商價值鏈、企業價值鏈、渠道價值鏈和買方價值鏈共同構成的價值鏈系統中。企業的價值創造是通過一系列活動構成的，這些活動可分為基本活動和輔助活動兩類，基本活動包括內部後勤、生產作業、外部後勤、市場和銷售、服務等；而輔助活動則包括採購、技術開發、人力資源管理和企業基礎設施建設等。這些互不相同但又相互關聯的生產經營活動，構成了一個創造價值的動態過程，即價值鏈。價值鏈在經濟活動中是無處不在的，上下游關聯的企業與企業之間存在行業價值鏈，企業內部各業務單元的聯繫構成了企業的價值鏈，企業內部各業務單元之間也存在著價值鏈聯結。價值鏈上的每一項價值活動都會對企業最終能夠實現多大的價值造成影響。見圖 10.1。

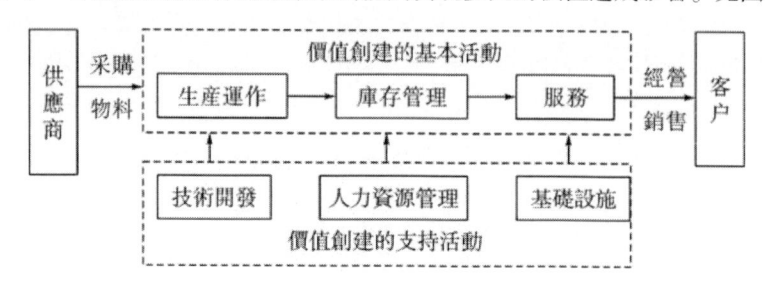

圖 10.1　邁克爾·波特價值鏈的基本構成

（2）價值鏈理論與服務外包

按照波特的價值鏈理論，企業的競爭實際上是企業整個價值鏈的競爭，為了獲得競爭優勢，企業在價值鏈的每個環節都要盡量創造出比競爭對手盡量多的淨價值。但是我們知道任何一個企業的資源都是有限的，所以企業要想在價值鏈的每個環節都取得競爭優勢是很困難的，而且試圖在每個環節都取得競爭優勢需要承擔過大的投資支

出及風險，從經濟學的角度來看是不經濟的。每個企業都有自己具有競爭優勢的價值鏈環節，為了獲得價值鏈整體層面上的更高的經營效率，企業應該把主要精力集中在具有競爭優勢的價值鏈環節上，並採取外包的方式把自身不具有競爭優勢的環節轉移給第三方，這樣企業就可以把更多的資源用來從事自己所擅長的價值鏈環節。要保持企業對某一產品的競爭優勢，關鍵是保持這一產品價值鏈上特定戰略環節的競爭優勢，而並不需要在所有的價值活動上都擁有核心或專長。

5. 木桶原理

（1）理論基礎

木桶原理認為一個木桶由許多塊木板組成，如果組成木桶的這些木板長短不一，那麼這個木桶的最大容量不是由組成木桶最長的木板決定的，也不是由所有木板的平均長度決定的，而是取決於最短的那塊木板。要增加木桶容量，必須將木桶中最短的木板的長度增加。

（2）木桶原理與服務外包

一個企業就像個大木桶，這個企業的最大競爭力不只取決於幾個突出的要素，更取決於整體狀況以及企業中所有生產要素中最薄弱的要素。企業要將每個薄弱要素都做到最好是不太可能的，也是不經濟的。服務外包就好像是將企業這個「大桶」打散，取走那些「短板」，通過選擇合適的合作夥伴，由外面的「長板」所替代內部的短板，然後再將自己的長板和外部提供的長木板組合在一起，通過增加木桶的高度，從而擴大木桶「容量」。因此，企業為了增強總體的競爭實力，應該將其內部自身不擅長的非核心業務外包給其他專業企業來做。木桶原理很好地解釋了服務外包的產生原因。

二、國際服務外包的影響分析

國際服務外包中的發包方和接包方，不是那種一方的獲利以犧牲另一方的利益為代價的關係，它主要是基於比較優勢的轉移，並引發出這種轉移所帶來的積極影響和消極影響。

隨著經濟全球化的不斷發展，世界各國之間的貿易聯繫越來越緊密，國際貿易給各國的產業結構帶來越來越重要的影響。國際服務外包作為一種新興的貿易形式，隨著服務外包的快速發展，其對一國的經濟和產業結構都將產生深遠的影響。經濟學理論認為一國的產業結構並不完全取決於資源稟賦，還同貿易結構、技術研發水平等因素有關，國際服務外包正是通過影響這些因素直接或間接地改變著一國的產業結構。

（一）積極影響

1. 服務外包對發包國的積極影響

第一，促進發包國經濟的發展。國際服務外包作為一種新型的貿易方式，可以降低發包國國內服務價格，提高國內消費者的購買力，使利率保持較低水平，從而促進發包國經濟的發展。而限制服務外包則會阻礙國家經濟的發展，降低該國資本和勞動力資源的利用效率，造成國內生活水平整體下降。雖然服務外包會對某些行業的工人造成影響，但是限制服務外包將會使國家遭受更大的損失。麥肯錫公司的研究結果顯

示，美國外包1美元可使世界經濟總量增加1.45~1.47美元，新創造40%~50%的價值，其中美國獲益1.12~1.14美元。所以國際服務外包既能增加世界整體經濟量，實現經濟共贏的結果，還可以加快發包國經濟的增長，促進其經濟的繁榮，國際服務外包已日益成為發包國經濟的重要組成部分。

第二，創造新的就業機會。外包是否會大幅度減少發包國的就業機會一直是外包研究的熱點。對此問題學術界有兩種截然不同的觀點。一種觀點認為，外包使發包國就業機會大大減少。據Forrester研究公司統計，2015年美國有330萬個服務性工作崗位因外包流失到國外。而另一種觀點則認為失業的增加是其經濟運行在就業市場的反應，與外包沒有直接的關係。從近期和局部來看，服務外包在一定程度上的確會導致發包國相同服務崗位的減少，但是從長遠和整體來看，服務外包向國外轉移一個職位並不等同於發包國損失一個職位。理論上分析，服務外包可以提高企業的勞動生產率，節省企業的經營成本，從而增加企業的利潤，而利潤增加又必然導致企業購買新設備、建立新實驗室，最終增加發包國的就業崗位。服務外包在造成發包國部分職位流失的同時實際上也在創造著更多新的就業機會，而且創造的就業機會遠大於流失的就業崗位，從而使就業總量迅速增長。服務外包不但不會引起失業率的上升，反而還可以創造新的就業機會。

第三，離岸外包的成本降低。成本的降低主要是來自於人力成本的降低。發包國（如美國、日本等）和接包國（如印度、中國等）之間存在巨大的工資差異，如國際軟件業務外包迅猛發展的初始動因就是發包國家利用接包國軟件產業中相對廉價的勞動力。有學者研究認為，人力資源成本的差異並不是成本降低的唯一來源，低稅率帶來的成本降低也是吸引外包業務的動因之一。發包國的平均稅率要高於接包國的平均稅率，特別是作為接包國的發展中國家大力發展離岸外包產業，政府經常會給予接包企業稅收上的優惠。

第四，提高效率。成本降低僅僅是離岸服務外包產生的起因，在後續的發展中，有許多其他因素比降低成本更為重要。大部分離岸外包的先導企業會越來越看重技能的獲取，以提高其所提供服務的質量。公司把業務轉移出去的目的是獲取更先進的技術，並非簡單地為了降低成本和縮減生產規模。

離岸服務外包提高效率主要表現在兩個方面。一是發包企業通過外包可以更專注於自身具備優勢的核心業務。越來越多的企業通過將非核心業務外包，把企業有限的資源集中在最有價值的核心業務上，以提高企業核心競爭力。二是接包企業可以提供比發包企業更專業的服務。離岸外包服務提供商具備更多專業服務領域內的知識與經驗，使其具有幫助客戶提高某領域工作質量的能力。

2. 服務外包對承接國的積極影響

在國際服務外包市場上，發展中國家積極參與到市場的競爭中，並取得了一定成效。印度已經成為世界服務外包的首選承接地點，而其他發展中國家也在利用自己的優勢爭奪一席之地。服務外包對承接方產生的積極影響主要如下。

第一，承接服務外包有利於提升承接國在國際產業鏈中的地位，在「要素分工」的格局中發達國家憑藉資本技術、管理經驗等相對稀缺的高級要素獲取較高的收益，而

發展中國家大多以勞動力等初級要素參與分工，要素收益較少。在 20 世紀很長的一段時間裡，中國過度強調以廉價、低級的勞動力參與國際分工，導致一般加工型勞動密集型產業的發展，使國內的產業發展被鎖定在產業鏈的末端。以低層次的幾乎無限供給的要素參與國際分工，其結果必然是與低層次要素相適應的低效益的回報。國際服務外包是國際分工向服務業的延伸與深化。與製造業加工貿易相比，承接服務外包是參與產業鏈上的更高層次的環節，能創造更高的附加值。目前，中國的要素優勢不僅在於廉價的一般勞動力，還在於可以培育知識型和技術型的高級勞動力，通過提供這種相對稀缺的高層次生產要素，參與服務外包這類服務業國際分工的高附加值環節，優化了國內產業結構從而分享更多的要素收益。

第二，外資投資服務外包產業有利於外資利用方式的轉變，承接企業可以在引進、消化、吸收的基礎上二次創新，在整合全球資源的基礎上進行集成創新，最終實現真正自主創新的原始創新，從而在軟件研發、商務服務等方面形成自己的核心技術，使服務外包的技術溢出效應有助於建設創新型社會。

知識連結

「世界辦公室」——印度

印度製造業在本國經濟中不居於主導地位。摩根斯坦利的調研數據顯示，1990—2003 年，印度工業產值占 GDP 累計增加值的 27%，而中國為 54%。

正是由於基礎設施落後和投入不足，印度選擇了一條繞過製造業即靠服務業的發展來推動經濟增長的另類道路，在某些產業上取得的成績可圈可點。目前，印度是著名的「世界辦公室」。其中印度軟件和軟件服務外包經過多年的發展，取得了舉世矚目的成就，也成為印度國際競爭力的集中體現。

英國《經濟學家》雜誌認為，在信息服務技術領域，印度領先中國 12 年。據統計，全球離岸服務外包的總額一共為 1,000 多億美元，印度占了 500 億~600 億美元，中國僅為 40 億~50 億美元。

(二) 消極影響

承接國際服務外包在給東道國帶來有利影響的同時，也會對東道國特別是其中的發展中國家國內經濟的發展造成不利影響。

從大的方面來講，對國家的經濟安全具有不利影響。聯合國貿發會議的報告指出，雖然發展中國家在服務外包領域的技術水平有所提升，但基本上仍處於產業價值鏈的低端。發達國家企業僅僅把發展中國家作為其廉價勞動力的供應地，只是將非核心業務和標準化的科技類項目外包出去。即使是首屈一指的承接國印度，雖然服務外包領域技術水平有所提升，也基本上仍處於價值鏈的低端。

另外，外包服務部門儘管成為一些國家經濟的主要增長點，但這些部門的發展過於依賴發包的少數發達國家，使得本國的經濟發展具有很大的脆弱性。與外商直接投

資不同的是，服務外包是以外包契約為基礎的，雙方均有可能產生違約或不完全按照合同執行的情況，這樣外包合同就可能產生道德風險。這種風險主要包括由資產專用性（Asset Specificity）導致的套牢問題（Holdup Problem），這是由於接包企業所產生的中間投入品具有較強的針對性，基本上只能出售給特定的發包企業。這種資產的專用性在一定程度上削弱了承包方生產的靈活性，不利於增加利潤，提高了對發包方的依賴。在信息不完全條件下，承包方可能為了避免被「套牢」而不嚴格按照契約的要求研發特定的中間投入品，設法增強中間的通用性。就發包方而言，為了消除企業這種傾向，要麼支付額外的成本，要麼轉由自己組織研發。

同時，部分國家地區在國際服務外包中繼續被邊緣化，服務外包主要集中在一些發達國家和新興經濟體，而一些最不發達國家從中獲得甚少。

第四節　國際服務外包在中國

一、中國服務外包市場的現狀與特色

2011—2015 年，中國服務外包合同金額從 447 億美元增至 1,309 億美元，年均增長 31%；執行金額從 324 億美元增至 967 億美元，年均增長 31%；離岸執行金額從 238 億美元增至 646 億美元，年均增長 28%。離岸服務外包占服務出口總額的比重從 13% 提升到 23%，成為促進外貿發展的新動力。中國信息技術外包、業務流程外包、知識流程外包的離岸執行金額比例從 58：16：26 發展到 49：14：37。2016 年，在全球投資貿易低迷的情況下，中國服務外包繼續快速發展，離岸服務外包日益成為中國促進服務出口的重要力量，對優化外貿結構、推動產業向價值鏈高端延伸發揮了重要作用。2016 年中國服務外包產業發展主要呈現以下特點。

一是規模快速擴大。2016 年全年，中國企業簽訂服務外包合同金額為 1,472.3 億美元，執行額 1,064.6 億美元，分別增長 12.45% 和 10.11%。其中離岸服務外包合同額 952.6 億美元，執行額 704.1 億美元，同比分別增長 9.14% 和 8.94%；在岸服務外包合同額 519.7 億美元，執行額 360.5 億美元，同比分別增長 19.07% 和 12.46%，增速均超過同期全國外貿增速，成為對外貿易及服務貿易中的一大亮點。中國離岸服務外包規模約占全球市場的 33%，穩居世界第二，離岸外包執行額占中國服務出口總額的 1/4。

二是產業結構逐步優化，技術密集型業務占比提高。從「成本套利」走到「智能化服務」，服務外包的技術支持由傳統的互聯網與信息技術轉向以「雲計算、大數據、移動互聯、物聯網」為核心的新一代信息技術，基於雲的服務模式被廣泛認可，雲端交付也大量被傳統服務外包企業所採用，SaaS（軟件即服務）和 On-demand Payment（按需付費）成為主流的交付與定價模式。2016 年又出現服務外包企業加速人工智能、區塊鏈等技術的研發與應用。從具體業務結構看，2016 年信息技術外包（ITO）、業務流程外包（BPO）和知識流程外包（KPO）。合同執行金額分別為 563.5 億美元、173

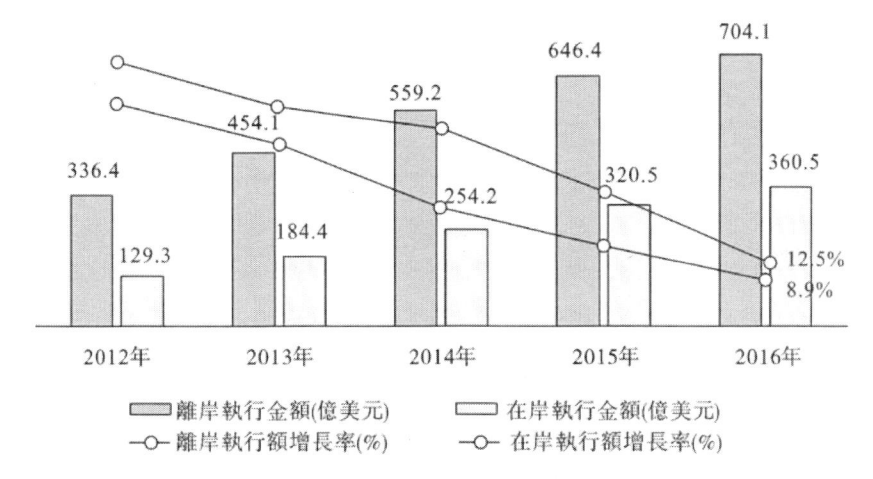

图 10.2 近几年中国服务外包离岸和在岸执行金额情况

亿美元和 335.6 亿美元，执行额比例由 2015 年的 49：14.2：36.8 调整为 53：16：31。基于企业信息化需求的提升与云计算业务的快速发展，ITO 比重大幅增加，KPO 占比小幅回落。但是得益于知识产权研究、数据分析与挖掘、医药和生物技术研发与测试等业务的超高速增长，KPO 同比增速达 31.65%，超过同期 ITO24.76% 与 BPO28.98% 的增速，产业向价值链高端升级特征更加明显。

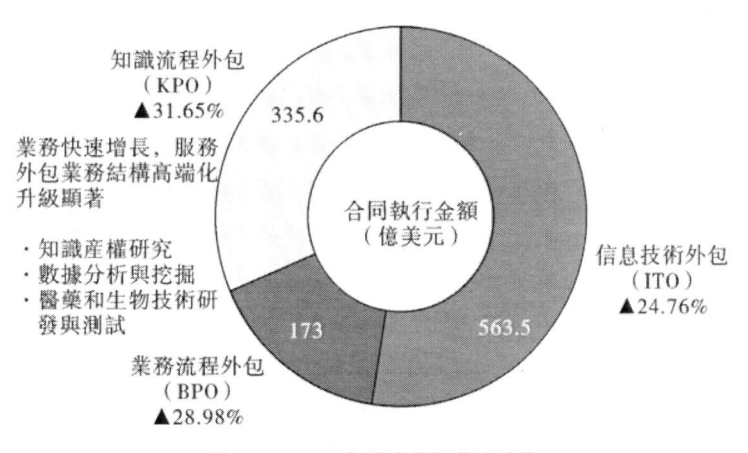

图 10.3 2016 年服务外包业务结构

三是企业专业服务水平不断提高，创新能力稳步提升。在多年的政策引领与支持下，中国服务外包产业已形成了较为完善的产业生态，全国已有 130 多个城市发展服务外包产业，累计从事服务外包业务的企业 39,277 家。2016 年，全国新增服务外包企业 5,506 家，企业经营成本的不断上升加速倒逼企业加快转型升级的步伐，通过海内外并购、与发包企业建立长久的战略合作伙伴关系、加速服务技术的研发创新投入等手段，中国服务外包企业引领著产业转型升级的步伐。中软国际、浙大网新、浪潮、软通动力、文思海辉 5 家企业入选全球服务外包 100 强企业。

169

四是服務外包示範城市集聚引領作用不斷增強。2016年，國務院印發《關於新增中國服務外包示範城市的通知》，將瀋陽等10個城市確定為中國服務外包示範城市，示範城市數量從21個增加到31個，引導市場資源繼續向示範城市集聚發展。2016年，31個服務外包示範城市承接離岸服務外包執行額657.88億美元，增長8.58%，佔全國總額的93.4%。其中，新晉示範城市完成服務外包合同執行額102.1億美元，佔31個示範城市執行額總規模的5.1%。京、滬、廣、深四個城市離岸外包仍保持領先地位，執行額202.83億美元，同比增長21.3%，佔全國的28.4%，在技術、商業模式創新方面發揮了重要的引領作用；2016年新增的10個示範城市離岸外包執行額56.24億美元，同比增長32.2%，高於示範城市及全國的整體增速，成為服務外包產業新的增長極。

五是與主要發包市場合作加強，國際市場穩步拓展。美歐日和中國香港等傳統發包市場依舊保持穩定增長，美國依舊是最大的發包國，歐盟是主要發包市場中增長最快的地區，國際市場逐漸從美、歐、日拓展到東南亞、大洋洲、中東、拉美和非洲等近200個國家和地區，業務遍布全球，促進了國際經貿合作日益深化。2016年，中國主動承接「一帶一路」沿線國家和地區服務外包執行額121.29億美元，佔全國總規模的11.39%，其中，中東歐16國服務外包合同執行額增長26.30%，東南亞11國服務外包合同執行額為65.7億美元，成為增長率最快和規模最大的兩個區域。烏茲別克斯坦、東帝汶、阿富汗、波黑、羅馬尼亞、巴林、也門共和國等國家的服務外包業務增速較快。

六是從業群體不斷壯大，吸納大學生就業穩步增長。服務外包產業新增從業人員121萬人，其中大學（含大專）以上學歷80萬人，佔新增從業人數的65.9%。截至2016年年底，中國服務外包產業從業人員856萬人，其中大學含大專以上學歷551萬人，佔從業人員總數的64.4%。

二、中國服務外包行業的發展趨勢

(一)「十三五」期間行業發展趨勢

「十三五」期間，中國服務外包產業總體上仍將面臨較好的發展機遇。從國際上來看，和平與發展的時代主題沒有變，世界多極化、經濟全球化、文化多樣化、社會信息化深入發展，新一輪科技革命和產業變革蓄勢待發。在新一代信息技術帶動下，服務外包作為企業整合利用全球資源的重要方式，正在成為推動產業鏈全球佈局的新動力。但國際金融危機衝擊和深層次影響在相當長時期依然存在，世界經濟在深度調整中曲折復甦，增長乏力，全球貿易持續低迷，貿易保護主義抬頭，外部環境不穩定不確定因素明顯增多。從國內來看，經濟發展進入新常態，向形態更高級、分工更優化、結構更合理的階段演化的趨勢更加明顯。供給側結構性改革繼續深入推進，將加快推動各類資源要素向現代服務業聚集，為服務外包產業發展營造更加有利的環境。但中國經濟發展方式粗放，傳統比較優勢減弱，創新能力不強等問題依然突出。同時，服務外包產業本身也出現了新的趨勢和特點。

一是發展空間更加廣闊。世界經濟進入服務經濟時代，服務業跨國轉移成為經濟全球化的新特徵，服務外包日漸成為各國參與全球產業分工、調整經濟結構的重要途徑。據國際權威機構預測，到 2020 年全球服務外包市場規模有望達到 1.65 萬億美元至 1.8 萬億美元，其中離岸服務外包規模約為 4,500 億美元。「中國製造 2025」「互聯網+」將釋放服務外包新需求，國內在岸市場規模將進一步擴大，為服務外包產業離岸在岸協調發展提供了有力支撐。

二是跨界融合日益明顯。信息技術發展成為服務外包產業的技術基礎，數字交付成為服務外包交付的重要方式。信息技術外包（ITO）已由軟件編碼和測試等拓展到軟件平臺開發和數據中心運維服務。業務流程外包（BPO）和知識流程外包（KPO）也正在為更多的行業提供專業服務，ITO、BPO 和 KPO 的邊界不斷被打破，逐步互相融合，服務外包向技術更智能、領域更廣泛、價值鏈更高端的趨勢發展。技術方面，新一代信息技術加速與傳統服務外包產業融合，基於雲的服務模式被廣泛認可，雲端交付也大量被傳統服務外包企業所採用，SaaS（軟件即服務）和 On-demand Payment（按需付費）成為主流的交付與定價模式。此外，服務外包與人工智能融合催生了新業態，比如，傳統的呼叫中心通過引用人機智能交互技術，實現自動語音識別、語音信息抓取及智能應答，並通過分析客戶體驗與反饋意見獲得客戶需求與市場信息，再利用新媒體平臺進行精準的互聯網營銷。行業融合方面，「服務外包+」逐步構建出新型的農業、製造業、現代服務生產體系，實現傳統產業的信息化、數據化、智能化與服務化。國內服務外包領軍企業軟通動力，近年來專注於智慧城市、產業互聯網、跨境電子商務領域的服務外包業務，同時積極挖掘工業鏈上下游的產業機會，形成企業級服務外包集群效應。浙大網新為大慶採油業提供一整套利用大數據控制成本的信息化解決方案，實現即時監控、降低污染與能耗的智慧採油新模式。同時，越來越多的服務外包企業通過行業內外併購實現資源整合與服務能力拓展。戰略融合方面，服務外包與「中國製造 2025」「互聯網+」「大數據行動綱要」「一帶一路」等國家戰略緊密融合。當前，中國經濟發展進入到新常態下服務經濟引領期和創新國際競爭優勢開創期，從「中國製造」向「中國智造」和「中國服務」轉型的過程中，服務外包產業正成為推動中國產業結構轉型升級、吸納中高端人才就業、培育國際競爭新優勢與提升全球價值鏈的中堅力量，尤其對於正在邁向製造強國的中國製造業轉型而言意義重大。根據調研，2017 年將有更多的傳統工業城市或加工貿易城市開展製造業服務剝離工作，釋放出的製造業服務外包具有顯著的技術溢出效應和綠色產業特性，有助於中國傳統產業創新能力的提升，緩解節能減排壓力，助推「中國製造 2025」。據中國服務外包研究中心統計，目前全國已有 130 多個地級以上城市發展服務外包產業，正在形成服務外包全國一盤棋的生動發展局面，對國民經濟和服務貿易增長的貢獻度有望進一步提升，持續為中國產業轉型與宏觀經濟的健康發展注入動力。

三是創新與新技術成為核心驅動力。雲計算、大數據、物聯網、移動互聯、人工智能、區塊鏈等技術的快速研發與應用，促進雲服務、互聯網反詐欺、大數據徵信、供應鏈金融服務、工業物聯網應用、場地智能化設計、知識產權管理服務、新能源汽車服務、空間地裡信息服務、創意設計等技術與價值含量高的業務成熟化發展，為服

務外包產業注入新的動力。據獨立諮詢機構 Forrester 預測，2017 年人工智能的投資將同比增長 300%，幫助企業在精準營銷、電子商務、產品管理等更多領域作出更快的業務決策。由中國發起的首個全球區塊鏈理事會剛剛成立，該平臺致力於將區塊鏈技術應用於資產託管、產業鏈金融、消費金融、金融科技等領域。中國在該領域的領先技術將推動更多的國內外企業與服務提供商建立基於區塊鏈技術的區塊鏈服務合作，將該技術應用於金融和運輸、製造等非金融領域，促使服務外包更具技術密集型產業特性，推動服務外包產業能級再上臺階。與此同時，互聯網讓服務外包共享經濟、網絡協作成為可能，通過線上線下融合、大數據與平臺化，打破地域、資源與成本的限制。眾包模式為服務提供方與需求方的對接提供了新的渠道，不僅提高資源整合效率，形成新的平臺數據價值，更重要的是為服務外包促進大眾創業、萬眾創新提供了重要載體。

四是市場競爭日趨激烈。美歐日等發達經濟體服務發包規模仍將繼續增長。為爭取更多市場份額，並搶占全球價值鏈高端環節，全球 70 多個國家（地區）均將承接國際服務外包確立為戰略重點，並不斷加大對企業能力建設的政策支持力度。印度、愛爾蘭等國仍將努力維持服務外包競爭優勢地位，馬來西亞、墨西哥、越南、菲律賓等國的承接能力正快速提升。

綜合判斷，雖然中國服務外包產業面臨的國際市場環境嚴峻複雜，但發展基礎和條件依然堅實，空間廣闊，仍將處於大有作為的重要戰略機遇期。

(二)「十三五」期間服務外包發展的保障措施

一是完善財稅政策。優化資金使用方向和支持方式，加強對企業自主研發、商務模式創新、企業境外併購等的扶持力度，在服務貿易創新發展引導基金中設立支持服務外包發展的子基金。

二是創新金融服務。鼓勵金融機構創新適應服務外包產業特點的金融產品和服務，鼓勵保險機構創新保險產品，支持符合條件的服務外包企業利用資本市場融資，實現融資渠道多元化。

三是提升便利化水平。對於開展國際服務外包業務，研究推廣進口貨物保稅監管模式，創新檢驗檢疫監管模式，引導企業使用人民幣進行計價結算，為外籍中高端管理和技術人員提供出入境和居留便利。

四是發揮示範城市作用。支持示範城市開展體制機制創新，形成制度創新和政策創新的高地，做好示範城市建設的階段性總結、經驗複製和政策推廣，出抬示範城市動態調整辦法。

五是提高公共服務能力。建設法治化國際化經商環境，營造有利於服務外包產業發展的氛圍。建立服務外包企業信用記錄和信用評價體系。加強中國服務外包研究中心等智庫建設。

六是強化組織實施。將促進服務外包產業發展列入國務院服務貿易發展部際聯席會議重要議題，著力破除制約產業發展的體制機制性障礙，協調解決工作推進中遇到的重大問題。

閱讀分析

索尼公司 IT 外包案例研究

「做你做得最好的，其餘的讓別人去做。」——企業只關注自己的核心競爭業務，將生產和經營管理的一個或幾個環節交給最擅長的企業去做，這已經成為全球企業重要的戰略思想和經營管理模式。

1978 年，Sony 廣播電視專業產品及家電產品開始進入中國市場，先後在北京（1980 年）、上海（1985 年）、廣州（1994 年）等地設立了辦事處和客戶服務機構，並於 1995 年在成都設立了辦事處。1996 年 10 月，索尼（中國）有限公司在北京成立。到 2001 年底，索尼（中國）有限公司在中國共設立了 20 家分公司及辦事處。索尼的競爭優勢主要體現在永不疲倦的創新精神和精益求精的製造工藝。這家全球化的、產品眾多的跨國公司，如何證明能做得和成長過程一樣好，除了繼續發揚無可比擬的核心競爭力，還需適應新的變革時代。

現實中，IT 建設以高風險遊弋在成功與失敗之間。對於索尼這家大型跨國公司的高層管理者來說，IT 建設是達到最強的變革槓桿的支點，運用得當，可以提高勞動生產率，並且有助於推動新戰略的實施。

信息化五年

索尼信息化的最初兩年，花了大量精力投入在基礎網絡和硬件平臺建設的準備工作上。後三年的數字化和信息化的建設中，應用了 ERP 系統，又稱做 SAP 系統，處理索尼日常的銷售、財務管理和庫存管理。SAP 系統是一套單獨的系統，硬件設備與其他的系統是分開的，由 SAP 中國公司負責管理；數據倉庫系統，為決策層和市場部進行數據分析和決策，數據來源主要依靠 SAP 和其他的系統；供應鏈系統，主要建立上游供應鏈的管理以及市場的預測。

除了這三大系統以外，索尼還有一些 ERP 所不能覆蓋的信息化系統，比如，辦公用的 OA 系統，包括在全國 20 個地方通用的負責管理考勤、員工評估的 e-HR 系統、實現員工付款和公司部門費用管理的 e-ACCOUNTING 系統以及公司郵件系統。除此以外，還有電子商務系統。

經過五年的信息化建設，索尼信息化規模日益龐大，擁有 40 多條網絡專線，40 多臺 UNIX 的服務器（其中 80% 都是 IBM 的產品），80 多臺 NT 服務器。隨著越來越多的應用項目的開展，索尼基礎建設的規模開始面臨越來越重的 IT 包袱。

相互滲透——兩個國際巨頭握手在中國

中國的開放政策，吸引了越來越多的外商來中國投資。尤其在華東地區和長江三角洲一帶，其中最具吸引外資能力的是上海和江蘇。外資來華投資的重點工業是製造業。無可厚非的是，日本的製造業無論是技術層面還是產品優化上都是亞洲第一。比較有趣的是，日資企業具有明顯的地域群聚性，據瞭解，日資企業 70% 的投入都在華中地區。

成功的企業是相似的，它們大都在完成了本土的擴張之後，開始走向國際化的路

線。索尼和IBM，製造業和IT業的精英，在跳出了本國的國門後，兩家跨國公司在中國實現了握手。

在索尼信息化的五年中，IBM的產品起到了關鍵的應用。IBM作為一家處於國際領導地位的IT公司，與索尼一直在中國有著長期深入的合作。索尼在網絡建設、網絡安全及內部網與互聯網的連接等方面，都用到了IBM的產品。在電子商務上，索尼自1999年以來陸續在中國推出了定位於公司信息和融合電子營銷與時尚生活的網站——「Sony在中國」（www.sony.com.cn）與Sony style（www.sonystyle.com.cn）網站。前者可以使瀏覽者簡單方便地獲得關於索尼公司及其產品和服務支持的重要信息；後者則通過互聯網在消費者中間普及索尼產品知識，推廣索尼產品，並提供網上購物服務。因此，網絡的信息安全非常的重要。索尼內網系統總用戶數為1,000人左右，主要用戶有600人。公司與工廠的網絡分開，信息共享的內容也不一樣。如何保持網絡與客戶資料的管理的安全性，索尼應用了防火牆及IBM的NQ等信息安全解決方案。NQ服務器保證數據即時的交換、傳輸100%的準確、保證數據加密、保護內網系統。

外包服務，索尼樂當「甩手掌櫃」

和其他公司一樣，索尼的業務在不同的時間對IT的需要體現不同。就像買房子，一般情況下三室兩廳已經足夠。但是如果這家主人喜歡週末招待朋友，就需要五室兩廳的房子，這樣就會需要更大的投入，更高的運行成本。IT就有這種特性。「我們也在反省，也在考慮是不是要供那麼多的設備。」唐明講述了索尼對IT系統新的認識和需求。

如何保持公司是先進的公司，要各個方面達到先進。IT設備更新很快，三年更新一次，而供這些龐大的IT系統成為索尼一個很大的負擔。「我們開始了外包的探索，剛開始是簡單的租用，後來考慮增加了IT專業服務。IT設備的專業性，需要專人和專有的知識。產品的更新，技術也會更換，如果自己管理這些IT產品，人力成本很高，所以我們把租用加上服務，一起外包給一些專業公司去做。」

IBM的IDC的基礎建設以及藍色快車的覆蓋率，對網點實現7×24小時的監測，可以很好地為我們IT系統服務。目前索尼很多的站點都由IBM來做7×24小時的監測服務。唐明表示，索尼將繼續與IBM簽訂硬件與應用的外包項目。另外，索尼現有的14個倉庫，位置比較分散，也一同交給IBM的藍色快車來負責。這樣，索尼的客戶端機器、網絡與應用的維護，都由IBM的藍色快車做現場的支持。把IT外包，索尼可以更專注於自己核心業務的發展。為自己的用戶提供優質的產品和服務。索尼在華的售後服務，以「創造21世紀的服務新標準」為主題，通過建立更加完善、科學的售後服務網絡、強化顧客諮詢和互動的職能、創建新型顧客關係而不斷提高服務水平。目前，索尼在中國建立了3家技術服務中心，30多家特約維修站和400多家指定維修站及技術認定店，為遍布在全國的廣大索尼用戶提供高水平的維修服務。

在成本下降而質量沒有降低的情況下，租的確是比買要好的方案，符合索尼的要求。另外，由於索尼的分公司比較多，可以有效結合IBM或是其他公司的基礎建設和服務的資源。正是基於此，索尼現在正在考慮把公司的PC賣給IBM，將來資產也歸IBM。IBM按照一定的流程來更新，以IBM快速的回應減少服務的成本，使像索尼這樣的公司規模發展的風險性降低。不僅僅是PC，索尼把一些高端的機器也做了外包。因

為這些高端機器的技術含量越來越高，管理它們要用到專業人的專業知識，否則很難運行不同的系統。從而索尼把機器和知識捆綁在一起租賃。

從以上角度分析和評估下來，外包是一個很好的解決方案。嘗到甜頭的索尼越來越注重發展外包。

IBM 在華的打包服務為索尼提供了信息化建設所需的軟硬件產品、諮詢及 IT 服務，並幫助其建立起一套針對自身應用的信息系統。該系統整合了索尼內部及上下游的信息流、資金流和物流，極大地提高了索尼的企業競爭力。

日資在華企業的 IT 需求，索尼是十分有代表性的。針對日資企業這片市場，IBM（上海）工商企業部的外資團隊，特別成立了一支日資企業的團隊，為來華的各行業各業的日資企業進行統籌服務。當時的 IBM 工商企業部華東和華中區總監認為，日資企業很早就到中國來發展，未來的投入將會更大。在過去 10~15 年中，它們只是看到了內銷的市場，把日本已有的技術與中國的國營單位或是投資企業成立合資企業，針對中國的國內市場進行營銷。這幾年，日資企業帶來了最新的技術，針對全世界做營銷。

進入中國的日資企業都是日本在行業內有相當影響力的公司，以大中型企業為首，其上下游的公司和合作夥伴隨同它們一起進入中國。為了降低經營風險，日資企業在基礎設備方面不希望投入太大，大多租賃而不是購買。IBM 為此推出了針對日資企業的委外策略。

團隊：IBM 在團隊建設上不僅整合了 IBM 內部的團隊，在外部團隊上還擁有至少 5 家以上合作夥伴及經銷夥伴。IBM 在全國有 3,000 名服務員工，分佈在 16 個分支機構，再加上「藍色快車」的服務團隊，整個服務體系有將近 10,000 人。

打包服務：日資企業來華後最緊迫的問題是時間。針對日資企業的需要，IBM 對現有的品牌進行重新打包，對日資企業要用的辦公設備以租賃的形式提供服務，以「快速」的打包服務解決了日資企業時間上的煩惱。據張少剛介紹，剛進中國的日資企業 IT 需求比較固定，需要小型服務、筆記本、電腦、辦公自動化的軟件及日文環境的支持。IBM 的打包服務能夠讓他們能夠很快的上手，盡快開始正常的生產運作，在熟悉的環境下，快速進入市場。

運維外包服務：那些早進來的日資企業，分支機構越來越多，IT 系統沒有整合，已經有所謂的 IT 包袱。IBM 的運維外包服務可以有效地解決這些越來越突出的問題。IBM 針對日資企業的貼心服務，僅去年一年已經有了 7 倍的成長。不過，日本企業到中國的發展是否順風順水，還要看自己獨特的能力和長期的累積。

思考題

1. 試闡述國際服務外包的產生原因。
2. 國際服務外包的方式都有哪些？
3. 國際服務外包對一國經濟產生什麼影響？
4. 試述 20 世紀 90 年代以來國際服務外包的特徵和發展趨勢。
5. 簡述中國發展服務外包的趨勢。

第十一章　中國服務貿易

中國作為發展中國家，服務貿易發展起步較晚，相比於貨物貿易，服務貿易的規模和國際地位相差甚遠。但在改革開放以後，中國不但恢復了傳統的服務行業，也拓展了其他新興服務行業。在服務業發展的同時，服務貿易也得到了較快的發展，尤其是加入世界貿易組織以後，服務貿易領域不斷擴寬，貿易結構也發生了很大的變化。同時隨著中國經濟結構的改革，服務貿易發展潛力巨大，並將成為推動未來中國對外貿易長期持續發展的重要力量。

第一節　中國服務貿易發展現狀與影響因素

一、中國服務貿易發展現狀及特點

改革開放以來，中國國內服務業和對外服務貿易獲得了前所未有的快速發展，日益成為國民經濟的重要組成部分。服務業在中國國內生產總值中的比重迅速提高，由1982年的22.6%上升到1991年的34.5%。與此同時，中國服務貿易也得以迅速發展，服務貿易規模由1982年的46億美元增長至1991年的111億美元。20世紀90年代初期，中國政府開始著手制定相應措施促進中國服務業的發展，並於1992年6月16日發布《中共中央、國務院關於加快發展第三產業的決定》，服務業占國內生產總值的比重在此期間得到進一步的提高，由1992年的35.6%上升到2000年的39.8%。中國服務貿易額也由1992年的186億美元增加到2000年的664億美元。2001年中國加入世界貿易組織，中國服務業對外開放程度進一步擴大。雖然在此期間中國服務業占國內生產總值的比重並沒有太大的提高，但是服務貿易在此期間得到極大的發展。服務貿易規模由2001年的726億美元增加到2008年的3,060億美元。受金融危機影響，2009年中國服務貿易總額較2008年有所下滑，其服務貿易總額為2,884億美元，但從世界貿易組織發布的數據看，中國服務進出口額占全球服務貿易總額的比重不僅沒有降低，還從4.2%上升至4.4%。席捲全球的金融危機過後，各國經濟漸漸復甦，中國服務貿易總額也由2010年的3,555億美元穩步上升到2014年的5,738億美元，在此期間，服務業占國內生產總值的比重也保持擴大狀態。與此同時，中國服務業開放領域進一步拓寬，現階段基本覆蓋了《服務貿易總協定》160多個服務部門中的100多個。1982—2014年中國服務貿易發展情況詳見表11.1。

表 11.1　　　　　　　1982—2014 年中國服務貿易發展情況　　　　　　單位：億美元

年份	進出口總額	出口額	進口額	貿易逆差	服務業占 GDP 比重（%）
1982	46	26	20	6	22.6
1983	46	26	20	6	23.2
1984	58	29	29	0	25.5
1985	56	31	25	6	29.4
1986	63	40	23	17	29.8
1987	69	44	25	19	30.4
1988	85	49	36	13	31.2
1989	85	46	39	7	32.9
1990	103	59	44	15	32.4
1991	111	70	41	29	34.5
1992	186	92	94	-2	35.6
1993	229	109	120	-11	34.5
1994	327	164	163	1	34.4
1995	443	191	252	-61	33.7
1996	432	206	226	-20	33.6
1997	526	246	280	-34	35.0
1998	506	239	267	-28	37.0
1999	578	262	316	-54	38.6
2000	664	304	360	-56	39.8
2001	726	333	393	-60	41.2
2002	862	397	465	-68	42.2
2003	1,021	468	553	-85	42.0
2004	1,376	649	727	-78	41.2
2005	1,584	744	840	-96	41.3
2006	1,928	920	1,008	-88	41.8
2007	2,523	1,222	1,301	-79	42.9
2008	3,060	1,471	1,589	-118	42.8
2009	2,884	1,295	1,589	-294	44.3
2010	3,555	1,622	1,933	-311	44.1
2011	4,337	1,860	2,477	-617	44.2
2012	4,726	1,914	2,812	-898	45.3
2013	5,365	2,060	3,305	-1,245	46.7
2014	5,738	1,909	3,829	-1,920	47.8

資料來源：整理外匯管理局中國國際收支平衡表以及歷年《中國統計年鑑》得出。

儘管中國服務貿易獲得穩步發展，貿易規模不斷擴大，占世界服務貿易的比重越

來越高，在世界服務貿易中的排位也有所上升，但由於中國服務業發展起步晚、底子薄，與發達國家相比還有很大的差距。因此，中國服務貿易依然處於初級階段，存在相對規模較小、貿易結構失衡等問題，提升服務貿易發展水平仍然有相當廣闊的空間。具體而言，中國服務貿易發展具有以下特點：

(一) 服務貿易增長速度快，但相對規模仍較小

1. 中國服務貿易增長速度快，規模不斷擴大

改革開放以來，中國的服務業得到了快速發展。服務貿易進出口總額從1990年的103億美元增加到2014年的5,738億美元，其中，出口額從1990年的59億美元增加到2014年的1,920億美元；進口額從1990年的44億美元增加到2014年的3,829億美元；服務貿易逆差1,920億美元。

2. 中國服務貿易增長速度快於同期世界服務貿易增長速度

與世界各國相比，無論是相對於發達國家，還是相對於發展中國家，中國服務業年均10.8%的發展速度都是非常快的。在服務出口方面，20世紀80年代以來，除少數年份中國服務出口呈負增長以外，其餘年份的增長率均高於世界服務出口增長率；在服務進口方面，同樣除少數年份以外，其餘年份的進口增長率均高於世界服務進口增長率。詳見表11.2。

表11.2　　　　　中國服務貿易與世界服務貿易增長率比較　　　單位：億美元

年份	世界出口	增長率	中國出口	增長率	世界進口	增長率	中國進口	增長率
1998	13,408	-1.45%	239	-2.55%	13,125	2.26%	265	-4.53%
1999	13,948	4.03%	261	9.57%	13,650	4.00%	310	17.00%
2000	14,813	6.20%	301	15.21%	14,542	6.53%	359	15.79%
2001	14,844	0.21%	329	9.14%	14,732	1.31%	390	8.85%
2002	15,964	7.55%	394	19.70%	15,604	5.92%	461	18.06%
2003	18,324	14.78%	464	17.76%	17,813	14.16%	549	19.04%
2004	22,207	21.19%	621	33.81%	21,194	18.98%	716	30.54%
2005	24,803	11.69%	739	19.10%	23,523	10.99%	832	16.16%
2006	28,169	13.57%	914	23.69%	26,276	11.70%	1,003	20.62%
2007	33,724	19.72%	1,217	33.07%	31,139	18.51%	1,293	28.83%
2008	37,779	12.02%	1,464	20.38%	34,892	12.05%	1,580	22.24%

資料來源：整理世界貿易組織《2009國際貿易統計》、世界貿易組織數據庫得出。

3. 中國服務貿易規模仍然相對較小，與貨物貿易大國地位不對稱

雖然中國服務貿易迅速增長，但相對於發達國家的服務貿易額，中國服務貿易規模仍然相對較小。其主要表現在服務貿易的絕對數值上，與一些發達國家的差距沒有顯著縮小。以美國為例，根據世界貿易組織公布的數據，1990年中國與美國的服務出口額分別為57億美元和1,330億美元，絕對差額為1,273億美元；而2007年中國和美

國的服務出口額分別為1,267億美元和4,544億美元，絕對差額為3,277億美元。根據世界貿易組織《2009國際貿易統計》的數據，1998年世界貨物出口總額為55,010億美元，中國貨物出口額為1,837.12億美元，占世界貨物出口總額的比重為3.34%；2008年世界貨物出口總額為160,700億美元，中國貨物出口額為14,283.32億美元，占世界貨物出口總額的比重上升至8.89%。同期，世界貨物進口額由56,830億美元上升到164,220億美元，中國貨物進口額由1,402.37億美元上升到11,324.88億美元，後者占前者的比重由2.47%上升至6.90%。雖然同期中國服務出口占世界服務出口的比重由1.78%上升到3.88%，中國服務進口占世界服務進口的比重由2.02%上升到4.53%，但與貨幣貿易相比，增長幅度顯然較小。

（二）傳統服務是拉動中國服務貿易增長的主要動力

運輸、旅遊等傳統領域在中國服務進出口總額中的占比超過50%，是促進服務貿易總量增長的主要動力。在遭受了國際金融危機的重創之後，2010年全球運輸市場回暖，運輸服務貿易恢復較快增長，世界運輸服務出口由2009年的下降23%扭轉為上升14%。2010年，中國運輸服務進出口總額為947.7億美元，由2009年的下降21%扭轉為增長39%，在中國服務進出口總額中的占比由2009年的24.5%上升到26.9%。2010年，中國入境旅遊市場逐步恢復，出境旅遊市場再度升溫。2013年，在中國服務貿易進出口額中占比最大的是旅遊服務貿易進口，中國出境遊客人數再創新高。2013年，中國內地居民出境共9,000萬人次，同比增長超過18%。較多人數內地居民出境前往的國家、地區分別是中國香港、中國澳門、臺灣、韓國、泰國、日本、美國、越南等。運輸服務進口是中國服務進口的第二大類，所占比重為28.67%。諮詢服務進口和專有權利使用費和特許費進口，分別位列第三位、第四位，占比分別為7.17%和6.39%。而各類現代服務貿易中，例如金融、保險、諮詢、計算機及信息服務、廣告宣傳等知識密集型、技術密集型高附加值服務產業，發展速度相對緩慢，比重仍然很低。服務貿易順差業主要集中在旅遊和勞務輸出兩個領域。

2014年中國服務出口依然以傳統的旅遊業為主，占比29.81%；其次是諮詢服務，占比22.47%；再是運輸服務，占比20.01%。自20世紀90年代末以來，隨著中國服務貿易總量規模的快速增長，多數服務貿易部門的出口都呈現快速增長的趨勢，其中以計算機和信息服務出口為代表的新型服務貿易增速最快。2014年，諮詢服務出口占到了22.47%，首次超過了其他商業服務；計算機和信息服務出口達到了9.64%。在電子商務和跨境服務貿易發展的助推下，高技術附加值服務產業快速發展。同時，部分新興服務貿易部門助推中國服務出口迅速增長（見表11.3）。

表11.3　　　　　　　　　　2014年中國服務貿易結構　　　　　　　　單位：億美元

項目	差額	出口	比率（%）	進口	比率（%）
服務	-1,920	1,909	100.00	3,829	100.00
運輸	-579	382	20.01	962	25.12
旅遊	-1,079	569	29.81	1,649	43.07

表11.3(續)

項目	差額	出口	比率（%）	進口	比率（%）
通信服務	-5	18	0.94	23	0.60
建築服務	105	154	8.07	49	1.28
保險服務	-179	46	2.41	225	5.88
金融服務	-4	45	2.36	49	1.28
計算機和信息服務	99	184	9.64	85	2.22
專有權利使用費和特許費	-219	7	0.37	226	5.90
諮詢	164	429	22.47	264	6.89
廣告、宣傳	12	50	2.62	38	0.99
電影、音像	-7	2	0.10	9	0.24
其他商業服務	-217	14	0.73	231	6.03
別處未提及的政府服務	-10	11	0.58	20	0.52

資料來源：根據外匯管理局中國國際收支平衡表整理計算得出。

(三) 服務貿易發展不平衡

1. 服務貿易市場結構不平衡

服務貿易市場結構是指服務貿易的國別構成，即一定時期其他國家或地區在本國對外服務貿易中的地位，通常以各自進口額、出口額、進出口總額在該國進口額、出口額、進出口總額中的比重加以衡量。根據商務部統計，2008年中國服務進出口集中於中國香港地區、美國、歐盟、日本和東盟，共實現服務貿易進出口2,082億美元，占中國服務貿易總額的68.4%。其中，中國香港地區位列第一，進出口總額為681.8億美元，占比22.4%，其次是美國、歐盟、日本和東盟，占比分別為15.2%、14.7%、8.2%和7.7%。由此看出，中國服務進出口市場主要集中在發達國家和地區。

2. 服務貿易地區結構不平衡

由於服務貿易的特殊性，中國服務貿易主要集中在沿海發達地區，各地區發展非常不平衡。沿海發達地區由於優越的地理條件和較發達的現代服務業，在運輸、保險、計算機和信息、諮詢和廣告宣傳等領域較內陸地區具有明顯的競爭優勢，是目前中國服務貿易主要的出口地區。其中，北京、上海、廣東、浙江和天津位列全國服務貿易出口的前列，根據商務部統計，2007年上海、北京和廣東的服務貿易總額分別以610.9億美元、503.1億美元和407.4億美元位居前三位，共實現服務進出口占服務貿易總額的60.6%。

(四) 服務貿易管理體制滯後、法律法規不健全

目前，中國服務貿易管理方面存在許多缺陷，宏觀管理機構、部門協調機制、政策環境、法律體系、統計制度等仍有很大改革空間。由於歷史原因，中國對服務業的定義、統計範疇以及劃分標準與發達市場經濟國家及國際慣例不完全一致，致使統計

數據尚有一定差距。目前，各個相關部門在服務貿易領域實行多頭管理，容易造成責任不明確、交叉和條塊分割、經營秩序混亂以及行業壟斷，進而阻礙服務貿易的健康發展。

總體來說，目前中國服務貿易發展態勢良好，雖然中國的服務貿易發展不處在領先地位，占外貿進出口總額的比重還比較低，服務貿易結構也有待進一步優化和改善，這也說明中國服務貿易的發展具有很大的潛力。中國應當好好把握當前服務業轉移的機會，狠抓服務貿易的發展，將發展貨物貿易時成功採取的鼓勵政策同樣應用於服務貿易的發展。

二、影響當前中國服務貿易發展的因素

(一) 制約服務貿易發展的因素

1. 中國第三產業發展相對滯後

第三產業是國際服務貿易發展的基礎。一國服務業發展水平可以用服務業產值占GDP 的比重來衡量。在 2006 年到 2013 年期間，中國服務業的增長速度高達 11.9%，在世界首屈一指，但與同期工業年均 12.1%的增速相比，仍然低 0.2 個百分點。可見，中國服務業發展慢不是自身速度慢，而是由於工業發展過快。這反應了中國過去長期以來鼓勵發展國內製造業和積極推動貿易出口，帶動了工業製造業和對外貿易出口的較快增長，部分資本和技術密集型服務行業的市場競爭力相對較弱。服務業總體上供給不足，服務水平低；傳統服務業仍處於粗放式、低附加值的發展階段；現代服務業起步較晚、競爭力較弱。總之，與發達國家和世界整體水平相比，中國服務業發展存在很大差距。

2. 服務貿易總體水平低，出口結構不合理

雖然中國服務貿易發展已經取得相當大的進展，然而和世界服務貿易的平均發展水平相比，明顯存在總體水平較低、出口結構不合理等問題。例如，運輸、旅遊服務一直都是中國服務貿易的支柱部門，放眼全球這些勞動、資源密集型服務部門早已被金融、保險、諮詢等技術、資本密集型服務部門超越。金融、保險、諮詢、計算機和信息服務、廣告宣傳和電影音像屬於技術密集型和知識密集型的高附加值服務行業，是國際服務貿易中發展較快和較集中的行業。中國在這些領域起步較晚，競爭力較弱，直接影響到市場份額的佔有情況。部分服務行業在價格制定、產品設計以及服務提供等方面均經驗不足。在中國加入 WTO，各項承諾不斷履行，銀行、保險、證券、電信、分銷等服務貿易部門對外開放的過程中，高附加值行業競爭力需要逐漸調整並加以提高。

3. 專業人才儲備相對匱乏

發展高附加值服務行業，需要充足的人才儲備。因人才匱乏、知識老化帶來知識含量和服務理念的差距，以及技術水平和創新能力的不足，影響了中國國際服務貿易競爭力的提高。尤其是在以高附加值以及資本、技術和知識密集型為特徵的金融、諮詢、計算機和信息服務等行業，相關高層次服務人才仍然相對缺乏，難以為這些服務

行業的發展提供有效的人力資源儲備保障。

(二) 有利於服務貿易發展的因素

1. 中國經濟平穩、快速發展，為服務貿易發展奠定基礎

改革開放以來，中國經濟取得了長足的發展。當前中國正處在工業化的進程中，製造業的發展尤為突出。隨著工業化的不斷推進，服務業和服務貿易發展的基礎也在提升。

2. 加入 WTO，有助於培養服務貿易市場競爭力

隨著中國加入世界貿易組織各項承諾的履行，服務貿易領域開放力度加大，也會推動跨境服務貿易規模的擴大。在高附加值以及資本、技術和知識密集型銀行、保險、證券、電信等服務貿易領域，對外資開放有助於中國服務貿易部門學習借鑑發達國家先進經驗，打破部分行業壟斷局面，並擴大服務貿易進出口規模。

3. 鼓勵和促進服務貿易發展的政策、法律逐步完善

「十一五」規劃明確提出服務貿易進出口發展目標，具有政策導向作用。2006 年下半年，中國修訂《對外貿易法》，增加了對國際服務貿易的法律解釋。近年來，《海商法》《商業銀行法》《保險法》等涉及服務貿易相關子行業的法律、法規的頒布，使中國涉及服務貿易領域的立法面貌有所改觀。不過，中國尚未出拾有關服務貿易的一般性法律，部門領域法律仍然空白，完善服務貿易的政策法規體系任重道遠。

第二節　中國入世服務貿易承諾及開放現狀

一、中國有關服務貿易的入世承諾

2001 年 12 月 11 日，經過多年的談判和努力，中國正式加入世界貿易組織，成為該組織第 143 位成員。中國有關服務貿易的重要承諾主要遵循《中華人民共和國入世議定書》及其 5 個附件（附件 1A、附件 4、附件 5A、附件 5B 和附件 9）以及《中國加入工作組報告書》。中國入世在服務貿易方面的承諾非常複雜，具體而言，主要包括以下幾個方面：

(一) 中國入世關於服務貿易的非歧視原則承諾

根據《中華人民共和國入世議定書》正文第二部分（總則）第三條，有關服務業非歧視原則的規定為：除非本議定書另有規定，應在下列方面給予外國個人和企業以及外商投資企業不低於給予其他個人和企業的待遇：

(1) 生產所需投入物、貨物和服務的採購，及其貨物據以在國內市場或供出口而生產、營銷或銷售的條件；

(2) 國家和地方各級主管機關以及公有或國有企業在包括運輸、能源、基礎電信、其他生產設施和要素等領域所供應的貨物和服務的價格和可用性。

(二) 中國入世關於服務貿易透明度方面的承諾

在中國入世議定書中第二條（C）中對透明度原則做出如下規定。

（1）中國承諾只執行已經公布的，且其他 WTO 成員、個人和企業可容易獲得的有關或影響貨物貿易、服務貿易、TRIPS 或外匯管制的法律、法規及其他措施。此外，在所有有關或影響貨物貿易、服務貿易、TRIPS 或外匯管制的法律、法規及其他措施實施或執行前，應請求，中國應使 WTO 成員可獲得此類措施。在緊急情況下，應使相關法律、法規及其他措施最遲在實施之時可獲得。

（2）中國應設定或指定一官方刊物，用於公布所有有關或影響貨物貿易、服務貿易、TRIPS 或外匯管制的法律、法規及其他措施，並且在其法律、法規或其他措施在該刊物上公布之後，應在此類措施實施前提供一段可向有關主管機關提出意見的合理時間，但涉及國家案例的法律、法規及其他措施，確定外匯匯率或貨幣政策的特定措施以及一旦公布則會妨礙法律實施的其他措施除外。中國應定期出版該刊物，並使個人和企業可容易獲得該刊物各期。

（3）中國應設立或指定一諮詢點，應任何個人、企業或 WTO 成員的請求，在諮詢點可獲得根據本議定書第二條（C）節第 1 款要求予以公布的措施有關的所有信息。對此類提供信息請求的答復一般應在收到請求後 30 天內作出。在例外情況下，可在收到請求後 45 天內作出答復。延遲的通知及其原因應以書面形式向有關當事人提供。向 WTO 成員作出的答復應全面，並應代表中國政府的權威觀點。應向個人和企業提供準確和可靠的信息。

(三) 中國入世關於服務貿易政府採購方面的承諾

在工作組報告第 337 段中，中國代表表示，為了促進中國的政府採購制度，財務部於 1998 年 4 月頒布了《政府採購管理暫行辦法》。暫行辦法是根據世界貿易組織《政府採購協議》的基本精神，依據聯合國《貨物、工程和服務採購示範法》的有關規定，並參考部分世界貿易組織成員的政府採購法律和法規制定的。其中規定的有關政府採購的政策和程序是與國際慣例相一致的。中國在進行政府採購時將遵循公開、公平、公正、有效及符合公共利益等基本原則。

在工作組報告第 338 段中，一些工作組成員表示，中國應成為《政府採購協議》的參加方，在加入《政府採購協議》之前，中國應以透明和非歧視的方式進行所有政府採購。這些成員指出，中國專門從事商業活動的公共實體將不從事政府採購，因此管理這些實體採購做法的法律、法規及其他措施將完全遵守世界貿易組織的要求。

在工作組報告第 339 段中，中國代表表示，中國有意成為《政府採購協議》的參加方，在此之前，中央和地方各級所有政府實體，以及專門從事商業活動以外的公共實體，將以透明的方式從事其採購，並按照最惠國待遇的原則，向所有外國供應商提供參與採購的平等機會，即如一項採購向外國供應商開放，則將向所有外國供應商提供參加該項採購的平等機會。此類實體的採購將只受遵守已公布且公眾可獲得的法律、法規、普遍適用的司法決定、行政決定以及程序的約束。

（四）中國入世關於服務貿易競爭政策的承諾

在工作組報告第 65 段中，中國代表指出，中國政府鼓勵公平競爭，反對各種不正當的競爭行為。1993 年 9 月 2 日制定並於同年 12 月 1 日實施的《中華人民共和國反不正當競爭法》，是中國現行的維護市場競爭秩序的基本法。此外，《價格法》《招標投標法》《刑法》及其他有關法律也包含了反壟斷和反不正當競爭的規定。

（五）中國入世關於服務貿易定價政策的承諾

在工作組報告第 50 段中，一些工作組成員指出，中國曾經廣泛使用價格控制。在該段中，一些成員要求中國就其國家定價制度做出具體承諾，特別是中國應允許每一部門交易的服務的價格由市場力量決定，對此類服務的多重定價做法應予取消。由於中國希望對議定書附件 4 所列服務保留國家定價，這些工作組成員表示，任何此類控制應符合《建立世界貿易組織協定》，特別是《1994 年關稅與貿易總協定》第三條的方式保留。這些工作組成員指出，除非在特殊情況下，並需通知世界貿易組織秘書處，否則中國不得對附件 4 所列服務以外的服務實行價格控制，且應盡最大努力減少和取消這些控制。他們還要求中國在有關的官方刊物上公布實行國家定價的服務的清單及其變更情況，以提高透明度。

（六）中國入世文件中關於國內規則的承諾

1. 貿易制度的統一實施

議定書第 2 條（A）節第 1 段指出，《建立世界貿易組織協定》和本議定書的規定應適用於中國的全部關稅領土，包括邊境貿易地區、民族自治地方、經濟特區、沿海開放城市、經濟技術開發區以及其他在關稅、國內稅和法規方面已建立特殊制度的地區（統稱為「特殊經濟區」）。

議定書第 2 條（A）節第 2 段指出，中國應以統一、公正和合理的方式適用和實施中央政府有關或影響服務貿易的所有法律、法規以及其他措施以及地方各級政府發布或適用的地方性法規、規章及其他措施。

議定書第 2 條（A）節第 3 段指出，中國地方各級政府的地方性法規、規章及其他措施應符合在《建立世界貿易組織協定》和本議定書中所承擔的義務。

議定書第 2 條（A）節第 4 段規定，中國應建立一種機制，使個人和企業可據以提請國家主管機關注意貿易制度未統一適用的情況。

2. 司法審查

議定書第 2 條（D）節第 1 段指出，中國應設立或指定並維持審查庭、聯絡點和程序，以便迅速審查所有與《1994 年關稅與貿易總協定》第 10 條第 1 款、《服務貿易總協定》第 6 條和《與貿易有關的知識產權協定》相關規定所指的法律、法規、普遍適用的司法決定和行政決定的實施有關的所有行政行為。此類審查庭應是公正的，並獨立於被授權進行行政執行的機關，且不應對審查事項的結果有任何實質利害關係。

議定書第 2 條（D）節第 2 段指出，審查程序應包括給予受須經審查的任何行政行為影響的個人和企業進行上訴的機會，且不因上訴而受到處罰。如初始上訴權需向行

政機關提出，則在所有情況下應有選擇向司法機關對決定提出上訴的機會。關於上訴的決定應通知上訴人，作出該決定的理由應以書面形式提供。上訴人還應被告知可進一步上訴的任何權利。

(七) 中國入世文件中關於補貼的承諾

在中國入世議定書中第10條中關於補貼做出了以下規定：

(1) 中國應向世界貿易組織通知所有包含在《補貼與反補貼措施協議》第1條含義之內的，授予或保持在其領土內的，針對具體產品實施的，包括《補貼與反補貼措施協議》第3條所定義的那些補貼在內的補貼。提供的信息應盡可能具體，滿足《補貼與反補貼措施協議》第二十五條所規定的補貼問卷要求。

(2) 為了適用《補貼與反補貼措施協議》第一條第二款和第二條，如果國有企業是該類補貼的最主要接受者或國有企業得到的該類補貼數量不成比例的多，則認為向國有企業提供補貼是明確的。

(3) 中國應自加入起時取消屬《補貼與反補貼措施協議》第三條範圍內的所有補貼。

(八) 中國入世文件中關於國際收支的承諾

在工作組報告第37段中，一些工作組成員表示，中國只能在《建立世界貿易組織協定》所規定的情況下方可實施國際收支平衡措施，並不得作為為其他保護主義目的而對進口實施限制的理由。這些成員表示，因國際收支原因而採取的措施所產生的貿易扭曲作用應盡可能最小，且應只限於臨時性進口附加稅、進口押金要求或其他等效價格機制貿易措施，這些措施不應用於對特定部門、產業或產品提供進口保護。

二、多邊和區域服務貿易自由化對中國的影響

毫無疑問，多邊和區域服務貿易自由化將對中國服務貿易發展產生正反兩方面的影響。一方面，服務貿易自由化有利於中國服務提供者獲得更廣闊的市場；另一方面，服務貿易自由化導致外國服務提供者進入中國，從而加劇服務業和服務貿易競爭。

(一) 積極影響

1. 促進競爭、提高效率

服務貿易自由化的必然要求之一就是有條件地開放國內服務業市場，這將導致大量外國服務企業進入中國，加劇企業間的競爭，促進國內服務業企業為應對國際競爭而轉變經營機制、改善經營作風，加快技術進步和創新，強化企業的競爭意識、市場意識和人才意識，增進企業對人才和人力資本投資的重視，提高服務部門技術標準化、服務綜合化和專業化水平。在此基礎上，服務貿易自由化帶動經濟效益的提升主要體現在以下幾個方面：①由於外國服務提供者進入，中國企業有更多機會選擇質優價廉的服務，提高了企業的整體經濟效益；②中國能夠進口更多經濟發展急需、本國不能滿足的生產性服務，有利於解決生產發展與服務業落後的矛盾；③有助於中國發展自身具有比較優勢的服務業，進口暫不具優勢的服務，促進資源的有效配置，為服務出

口創造更多機會。

2. 加快服務業技術進步

由於服務產品不同於有形商品，具有無形性、不可儲存性等特點，服務貿易經常通過外國直接投資完成，而伴隨國內服務業開放程度的加深和服務貿易自由化水平的提升，外國服務提供者大量湧入國內，必將引進外國先進的資金、技術和管理經驗，進而推動國內服務業的升級和創新。此外，由於服務業外國直接投資往往伴隨國際技術轉移，在服務競爭不斷加劇的同時，國內服務業通過技術引進，縮短技術創新的前期成本，不斷提高核心競爭力，由此帶動其他相關部門的技術進步。

3. 促進服務企業走出去

外國服務業企業的進入為國內同領域的服務提供者提供了難得的學習機會，二者在競爭的同時，也能為國內瞭解其他國家有關服務業的立法和管理措施，快速獲取全球服務貿易市場狀況創造機會。此時，國內服務業優勢得到進一步增強，尤其是在具有傳統優勢的服務部門，比如國際工程承包、海洋運輸服務、旅遊服務等方面形成較強的競爭能力。隨著各國服務業的開放和服務貿易的發展，國內優勢服務提供商的出口會進一步增加，未來極具潛力的服務部門將獲得更多機會。

4. 協調服務業均衡增長

在不斷開放的國內服務業市場中，先進的外國企業和大量國內企業並存的局面增加了服務業競爭壓力，促使服務業擴大投資，創造出更多的就業機會。當然，服務經濟規模擴大的同時也有助於優化三大產業結構。值得一提的是，外國的服務提供商較高的技術水平和管理能力有助於打破國內服務業的壟斷，彌補國內缺乏競爭優勢的服務部門的出口實績，使國內的生產能力和資源得到充分利用，從而提高服務業和服務貿易發展的質量以及服務經濟在國民經濟中的比重。

(二) 消極影響

1. 阻礙國內服務業發展

外國服務提供商因服務業開放而不斷搶占國內服務市場，中國服務業企業不得不面對更加激烈的競爭，其正常發展會遭遇較大衝擊。況且，當前國內服務業在基礎設施、人員素質、管理水平、信息交流等方面都較國外處於劣勢，將難逃在競爭中被淘汰的命運。對於那些勞動密集程度較高的服務部門，服務市場的進一步開放和服務貿易自由化尤其會對其造成不利影響。

2. 擴大服務進出口逆差

外國技術、資本密集型服務業跨國公司憑藉其在組織規模、管理水平及營銷技術上的競爭優勢，利用服務業開放和服務貿易自由化的契機奪取中國服務業企業的原有市場份額。這種狀況的延續將使服務貿易逆差出現加劇態勢。因為現代服務業多以技術、資本密集型為主，其所占比重遠遠高於勞動、資源密集型服務，而中國現在以傳統服務業為主、技術資本密集型服務業落後的局面可能迫使服務出口的擴大低於進口。

3. 加劇服務業發展失衡

隨著入世承諾的完全兌現，中國不僅已經取消服務貿易的地域限制，而且在服務

貿易行業領域和部門上的限制業逐步取消。不過，現階段外商直接投資普遍集中在回報率較高的沿海地區和部門，一定程度上加劇了中國服務業發展的不平衡。（1）從服務行業上看，投資集中於高附加值的部門，比如基礎電信、金融、保險等；（2）從地區分佈上來看，投資集中於經濟比較發達的東南沿海和中心城市，在發展相對滯後的中西部地區和廣大農村，投資仍然很小。所以，服務業開放和服務貿易自由化可能造成中東西部差距和城鄉差距有所擴大。

4. 影響經濟安全和風險

服務產品的特性決定了服務業的國際化必然依靠直接投資而非商品的進出口，開放的國內服務業市場會引起直接投資形式和大量外國法人實體的進入，在一定程度上影響了國內對於重要服務業的控制力。並且，不充分競爭會抑制國內現代服務業的發展，使部分高新技術產業形成對發達國家的較高依賴。此外，在服務業深入開放的進程中，不可避免地伴有外國文化的流入，無論是通過新聞、音像、娛樂、教育哪類服務部門，這些都將對中國傳統的道德規範、意識形態和價值觀念發生潛移默化的作用，由此可能會帶來消極影響。

三、發展服務貿易自由化對中國的意義

（一）多邊和區域服務貿易自由化有利於為國內經濟發展提供穩定的外部環境

多邊和區域服務貿易自由化已然成為當前全球服務貿易發展的主流。雖然理論界對於多邊和區域服務貿易自由化存在分歧，但從實踐中可以看出，越來越多的國家逃避多邊談判的困境，轉而通過尋求區域貿易安排來發展對外服務貿易。例如，中國政府較以往更加重視發展多邊和區域服務貿易，「十二五」規劃明確提出「要引導和推動區域合作進程，加快實施自貿區戰略」。為配合自貿區戰略，商務部提出在2011年積極推進自貿區建設，除了推動現有的自貿區談判，還將啟動新的自貿區談判。2015年3月28日，國家發改委、外交部、商務部聯合發布了《推動共建絲綢之路經濟帶和21世紀海上絲綢之路的願景與行動》，旨在開展更大範圍、更高水平、更深層次的區域合作。

（二）多邊和區域服務貿易自由化有利於促進中國與其他國家的合作與交流

中國簽署的自由貿易協定中的服務貿易部分對中國服務進出口規模的擴大和質量的提升將起到關鍵性作用，而且能在有效保護本國重點服務業的前提下，通過對話和開放式談判，為政府和國內企業在服務貿易領域的信息交流、技術轉讓等提供機會，從而客觀地推動本國服務業和服務貿易的發展。

（三）多邊和區域服務貿易自由化為更多國內服務業企業的發展壯大提供了契機，很多企業也因此走出國門

一方面，外國服務提供商的進入能幫助國內企業瞭解其他國家有關服務立法和管理措施；另一方面，服務貿易市場准入和國民待遇的相關條款可以有效地促進國內服務企業走出去，在公平、開放的環境中參與國際競爭。

四、中國主要服務部門對外開放現狀

中國加入世界貿易組織後，有關服務貿易的開放承諾主要遵循 2001 年《中華人民共和國加入世界貿易組織議定書》附件 9——服務貿易具體承諾減讓表。服務貿易減讓表由服務貿易所在部門的普遍承諾和具體服務部門的承諾兩部分構成。普遍承諾部分主要涉及企業或機構的形式、土地使用政策等內容，具體服務部門的承諾則是針對特定服務部門。

附件 9 對 11 大類服務部門的市場准入和國民待遇的具體承諾進行了規定。比如在市場准入承諾上，金融服務部門的證券服務業的市場准入承諾主要針對商業存在：自加入時起，外國證券機構在中國的代表處可以成為所有中國證券交易所的特別會員；自加入起時，允許外國服務提供者設立合資公司，從事國內證券投資基金管理業務，外資占比最多可達 33%。此外，附件 9 還具體規定了商業、通信、建築、分銷、教育、環境、金融、健康、旅遊、娛樂、運輸等服務部門的市場准入和國民待遇。下面根據附件 9，介紹中國加入 WTO 後服務業市場的開放情況。

(一) 金融業

1. 銀行服務

2006 年是中國銀行業全面對外開放的關鍵一年。中國銀行業對外開放堅持以下基本原則：

(1) 必須符合國內經濟不斷發展的需要。
(2) 著力提高中國銀行業的整體競爭力。
(3) 繼續履行加入 WTO 時的承諾，為中、外資銀行創造公平的競爭環境。
(4) 著力維護中國的金融穩定。

截至 2006 年年底，中國已批准 9 家外資銀行將其在中國境內的分支機構改制為法人機構；同時，簡化外資銀行分行的業務許可層級，適當降低營運資金要求；在保持現有業務範圍的基礎上，允許其吸收中國居民 100 萬元以上的定期存款；進一步放寬吸收境內外匯資金的比例限制；取消所有非審慎性限制，對外資銀行全面開放人民幣業務，給予其國民待遇；符合條件的外資銀行分行可申請轉制為法人銀行，經營全部外匯和人民幣業務。

截至 2006 年年底，累計批准 15 家銀行、134 億美元境外代客理財購匯額度，15 家保險公司、51.74 億美元境外投資額度，1 家基金管理公司、5 億美元對外投資額度；進一步調整個人外匯管理政策，個人購匯、結匯實行年度總額管理，進一步便利和規範個人外匯收支；積極完善合格境外機構投資者 QFII 制度，支持國內資本市場的穩步開放和健康發展。截至 2006 年年底，中國共批准 44 家境外機構、90.45 億美元額度。

2006 年 4 月 17 日，中國人民銀行發布了《商業銀行開辦代客境外理財業務管理暫行辦法》，進一步推進了人民幣資本項目可兌換，滿足了境內機構和個人對外金融投資和資產管理的合理要求，可以促進國際收支平衡。

2. 保險服務

（1）在跨境服務方面，除國際海運、航空、貨運險和再保險，以及大型商業險和再保險經紀外，對其他不做承諾。

（2）在境外消費方面，除保險經紀不做承諾外，其他未做限制。

（3）在自然人流動方面，除跨行業的水平承諾（包括保險行業普遍承諾）外，對其他沒有承諾。

（4）在商業存在方面，對企業形式、地域範圍及業務範圍的承諾如下：

① 中國加入 WTO 後，壽險允許在上海、廣州、大連、深圳和佛山設立合資公司，外資比例不超過 50%；允許向外國人和中國公民提供個人壽險服務。對非壽險，允許外國非壽險公司在上海、廣州、大連、深圳和佛山設立分公司或合資公司，外資比例可以達到 51%。

② 2003 年 12 月 11 日前，壽險開放地域擴大到北京、成都、重慶、福州、蘇州、廈門、寧波、瀋陽、武漢和天津；非壽險允許設立外資獨資子公司，地域擴大到北京、成都、重慶、福州、蘇州、廈門、寧波、瀋陽、武漢和天津，允許向外國和國內客戶提供全面的非壽險服務。

③ 2004 年 12 月 11 日前，壽險取消地域限制，允許合資壽險公司向外國人和中國公民提供健康險、團體險和養老金服務；非壽險取消地域限制。

3. 證券服務

中國加入 WTO 後，外國證券機構可以直接從事 B 股交易；外國證券機構駐華代表處可以成為所有中國證券交易所的特別會員；允許設立合資公司，從事國內證券投資基金業務，外資比例最多可達 33%。

2004 年 12 月 11 日前，從事國內證券投資基金管理業務的中外合資公司中，外資比例可以達到 49%；允許外國證券公司設立合資公司，外資比例不超過 1/3。合資公司可從事 A 股的承銷、B 股和 H 股及政府和公司債券的承銷和交易、基金的發起。中國金融服務部門進行經營的批准標準僅為審慎性的。

4. 其他金融服務

（二）電信業

1. 速遞服務

承諾加入時，允許外國服務提供者設立合資企業，外資不得超過 49%。中國加入世貿組織後 1 年內，將允許外資擁有多數股權。中國加入世貿組織後 4 年內，將允許外國服務提供者設立外資獨資子公司。

2. 增值電信服務

這類服務包括電子郵件、語音郵件、在線信息和數據檢索、電子數據交換、增值傳真服務、編碼和規程轉換、在線信息和數據處理。自中國加入世界貿易組織之日起，允許外國服務提供者在北京、上海、廣州設立增值電信企業，無數量限制，合資企業中的外資比例不得超過 30%，並在這些城市內提供服務；2002 年 12 月 11 日，開放地域擴大到成都、重慶、大連、福州、杭州、南京、寧波、青島、瀋陽、深圳、廈門、

西安、太原、武漢這 14 個城市，外資比例不超過 49%；2003 年 12 月 11 日前，取消地域限制，外資比例不得超過 50%。

3. 移動語音和數據服務

自中國加入世界貿易組織之日起，允許外國服務提供者在上海、廣州和北京設立中外合營企業無數量限制，合資企業中的外資比例不得超過 25%，並在這些城市內及其之間提供服務；2002 年 12 月 11 日前，地域擴大到上述成都等 14 個城市，並在這些城市內及其之間提供服務，外資比例不得超過 35%；2004 年 12 月 11 日前，外資不得超過 49%；2006 年 12 月 11 日前，取消地域限制。

4. 試聽服務

對於錄像的分銷服務承諾自加入起，在不損害中國審查影像製品內容的權利的情況下，允許外國服務提供者與中國合資夥伴設立合作企業，從事除電影外的音像製品的分銷，並承諾在不損害與中國有關電影管理的法規一致性的情況下，自加入起將允許以分帳形式進口電影用於影院放映，此類進口的數量應為每年 20 部。對於電影院服務，承諾自加入時起，將允許外國服務提供者建設和改造電影院，外資不得超過 49%。

(三) 旅遊業

1. 飯店 (包括公寓樓) 和餐館服務

「入世」後 1 年內，外國服務提供者可以以合資企業形式在中國建設、改造和經營飯店和餐館設施，允許外資擁有多數股權；2005 年 12 月 11 日前，取消限制，允許設立外資獨立子公司；允許與中國合資飯店和餐館簽訂合同的外國經理、專家包括廚師和高級管理人員在中國提供服務。

2. 旅行社和旅遊經營者

「入世」後 1 年內，滿足下列條件的外國服務提供者可以以合資旅行社和旅遊經營者的形式在中國政府指定的旅遊度假區和北京、上海、廣州和西安提供服務。

(1) 全球收入超過 4,000 萬美元。

(2) 合資旅行社、旅遊經營者的註冊資本不得少於 400 萬元人民幣，2004 年 12 月 11 日前，註冊資本不得少於 250 萬元人民幣，允許外資擁有多數股權。

(3) 2007 年 12 月 11 日前，將允許設立外資獨立子公司，取消地域限制。

(4) 對於外資旅行社、旅遊經營者的註冊資本要求將與中國國內旅行社、旅遊經營者的要求相同。

(5) 不允許合資或獨資旅行社和旅遊經營者從事中國公民出境及赴中國香港、中國澳門和臺灣的旅遊業務。

(四) 專業服務業

1. 法律服務

(1)「入世」後 1 年內，外國律師事務所只能在北京、上海、廣州、深圳、海口、大連、青島、寧波、菸臺、天津、蘇州、廈門、珠海、福州、武漢、成都、瀋陽和昆明，以代表處的形式提供法律服務；代表處可以從事營利性活動；一個外國律師事務所在中國只能設有一個代表處。

(2) 外國律師事務所在華代表處的所有代表在華居留時間每年不得少於 6 個月；不允許代表處雇傭中國國家註冊律師。

(3) 2002 年 12 月 11 日前，取消地域限制和數量限制。

2. 會計服務

(1)「入世」後 1 年內，在國民待遇的基礎上向那些通過中國註冊會計師資格考試的外國人頒發執業許可證。

(2) 只允許獲得中國主管機關批發頒布的中國註冊會計師執業許可的人在華設立合夥會計師事務所或有限責任會計師事務所。但現有的中外合作會計師事務所不限於中國主管機關批准的註冊會計師。

(3) 允許外國會計師事務所與中國會計師事務所結成聯合所並與其他 WTO 成員中的聯合所訂立合作合同。

3. 廣告服務

「入世」後 1 年內，只允許外國服務提供者在中國設立中外合資廣告企業，外資比例不得超過 49%；2003 年 12 月 11 日前，允許外資控股；2005 年 12 月 11 日前，允許設立外資獨資子公司。

4. 建築設計、工程、集中工程、城市規劃服務（不包括城市總體規劃服務）

「入世」後 1 年內，僅限於設立合資企業，允許擁有多數控股；2006 年 12 月 11 日之前，允許設立外資獨資企業；外國服務提供者應為在其本國從事建築、工程、城市規劃服務的註冊建築師、工程師或企業。

5. 教育服務

教育服務包括初等教育、中等教育、高等教育、成人教育及其他教育服務（不包括義務教育和特殊教育服務）。中國「入世」後，只允許合作辦學，允許外方擁有多數控制權。外國個人教育服務提供者受中國學校和其他教育機構邀請或雇傭，可入境提供教育服務。但必須滿足以下資格：具有學士或學士以上學位；具有相應的專業職稱或證書，並具有 2 年專業工作經驗。

6. 醫療服務

「入世」後 1 年內，允許設立中外合資醫院或診所，允許外方控股。合資醫院或診所的大多數醫生和醫務人員應具有中國國籍。根據中國的實際需要，沒有數量限制。允許具有其本國頒發的專業證書的外國醫生，在獲得中國衛生部的許可後，在中國提供短期的醫療服務，期限為 6 個月，並可延長至 1 年。

(五) 批發零售業

1. 批發服務和佣金代理服務（不包括鹽和菸草）

「入世」後 1 年內，外國服務提供者可以設立合資企業，從事所有進口和國產品的佣金代理業務與批發業務。但下列產品除外，對於這些產品，將允許外國服務提供者在中國加入世貿組織後 3 年內，從事圖書、報紙、雜誌、藥品、農藥和農膜的分銷，並在中國加入世貿組織後 5 年內，從事化肥、成品油和原油的分銷。中國加入世貿組織後 2 年內，將允許外資擁有多數股權，取消地域或數量限制。中國加入世貿組織後 3

年內，取消限制，但對於化肥、成品油和原油在加入世貿組織後 5 年內取消限制。

2. 零售服務（不包括鹽和菸草）

外國服務提供者僅限於以合資企業形式在 5 個經濟特區（深圳、珠海、汕頭、廈門和海南）和 6 個城市（北京、上海、廣州、天津、青島和大連）提供服務。在北京和上海，允許的合資零售企業的總數各不超過 4 家。在其他每一城市，將允許的合資零售企業各不超過 2 家。將在北京設立的 4 家合資零售企業中的兩家可在同一城市設立其分支機構。

（六）運輸業

1. 鐵路、公路運輸服務

中國「入世」後，只允許設立合資企業，外資比例不得超過 49%。對於鐵路運輸，2004 年 12 月 11 日前，允許外資控股；2007 年 12 月 11 日前，允許設立外資獨資子公司。對於公路運輸，「入世」後 1 年內，允許外資擁有多數股權；2004 年 12 月 11 日前，允許設立外資獨資子公司。

2. 國際運輸服務（貨運和客運，不包括沿海和內水運輸）

中國「入世」後，允許設立註冊公司，經營懸掛中華人民共和國國旗的船隊；允許外國服務提供者在華設立合資船運公司，外資比例不得超過 49%。

3. 貨運運輸代理服務

中國「入世」後，允許有至少連續 3 年經驗的外國貨運代理在中國設立合資貨運代理企業，外資比例不得超過 49%；「入世」後 1 年內，允許外資擁有多數股權；2005 年 2 月 11 日前，允許設立外資獨資子公司。

第三節　中國服務貿易發展政策

一、中國服務貿易開放的基本原則

（一）統籌規劃、漸進有序原則

中國對服務貿易自由化應持積極態度。中國貨物貿易的開放和其他發展中國家貿易開放的實踐表明，在全球經濟日益信息化的時代，服務貿易的發展將為本國經濟的長足進步創造條件。但服務貿易的開放應以本國經濟發展狀況為基礎，加強服務網絡一體化，提高行業進入成本，積極實施產業重組，提高市場競爭強度，以保證國內服務業在市場中佔有一定的份額。產業之間應加強協調，互相合作，以降低成本、提高競爭力。應充分發揮行業組織的作用並加強在國際市場中的斡旋能力，實行漸進式開放和逐步的自由化。

（二）部門不平衡原則

由於社會屬性、自身特點和發展程度等方面的差異，服務貿易自由化在各部門的進度不可能完全一致，而應根據條件分批進行。自由化在部門間的進程應著重考慮以

下方面：在國民經濟與社會發展中的地位和作用、國內供應的稀缺程度、國內服務提供者競爭力的高低與國家安全的關聯度等。對於可能危害到國家經濟安全的服務部分，嚴禁開放；對於尚不具備在國際市場競爭的條件的幼稚服務部門應謹慎開放；對於國內剛剛發展起來的服務產業，可以通過引進外資或技術，鼓勵發展；對於已經具備一定競爭優勢的服務產業，應加大扶持力度，特別是對於一些具有戰略意義、對相關產業具有輔助和帶動作用的服務產業給予重點扶持和鼓勵。

(三) 地區不平衡原則

由於經濟基礎水平的差異，服務業和服務貿易在地區之間也出現不均衡發展勢頭，應充分認識服務貿易開放對內陸地區服務業發展、經濟增長和減緩地區經濟不平衡的意義，本著地區公平和均衡的原則給予內陸地區同等的機會。同時，由於不同地區經濟發展水平的差異，各服務產業部分也具有不同特點，應形成梯度發展規則，即在東部沿海經濟較發達的地區，應鼓勵資本和技術密集型服務產的發展；對於中西部經濟欠發達地區，則鼓勵勞動密集型產業發展，建立良好的產業結構以利於未來其服務產業升級。

二、中國發展服務貿易的政策選擇

《關於加快發展服務業的若干意見》明確了中國服務貿易發展的總體目標。在當前全球服務業加快轉移重組和國內大力發展服務業和服務貿易的背景下，中國服務貿易發展同時面臨機遇和挑戰。面對來自發達國家、新興經濟體和發展中國家日趨激烈的競爭，加之自身總體發展水平較低、統計體系不健全、管理體制落後、部門結構不平衡、地區分佈過於集中等諸多問題，中國發展服務貿易應在充分利用各方面有利因素的基礎上，抓住機遇、用好政策，推動中國服務貿易快速、健康和可持續發展。

(一) 完善管理體制，促進行業組織發展

首先，要明確對外服務貿易的管理機構，加強服務業和服務貿易各管理部門間的協調，建立以服務貿易主管部門為核心，各有關部門密切配合的部際聯繫工作機制。主管部門應根據需要，抓緊完善服務貿易發展指導目錄，進一步明確行業發展重點及支持方向。其次，要遵循市場經濟規律，加快培育社會化、專業化、規範化的全國性服務貿易管理組織，整合行業資源、加強對外宣傳，提升行業形象，充當政府和企業之間溝通的橋樑。對服務業的管理並非通過政府經濟或行政手段直接干預服務業市場，而是在相關政策引導下進行法制化管理，利用半官方和非官方的行業協會或同業組織引導進行自我約束和管理。最後，與此同時，還應根據不同地區服務貿易的發展特點和優勢，以長三角、珠三角、環渤海地區和中西部地區重點城市為依託，建設國家級「服務貿易示範區」，培育服務出口主體和增長帶，借其輻射作用引導和促進中國服務貿易快速發展。

(二) 健全服務貿易統計，構建出口促進體系

是否具備符合國際通行準則的服務貿易統計體系，進而科學有效地開展服務貿易

統計，是服務貿易政策效果能否顯現的重要條件。第一，應該加快建立統一、全面、協調的服務貿易統計調查制度和信息管理制度，完善服務貿易統計調查方法和指標體系，構建政府統計、行業統計、企業統計和社會抽樣調查互為補充的服務貿易統計調查體系，健全服務貿易統計信息發布制度。第二，應該加強對服務貿易結構變化及其對國民經濟影響的分析，不定期發布服務進出口報告、行業報告和國別市場報告等。與此同時，政府應構建服務出口促進體系。例如，政府應及時發布政策法規、行業資訊、企業動向、市場動態、貿易機會、統計數據、研究分析等信息，也可以通過設立服務出口促進機構、舉辦國內服務業綜合性展會、加強與經外服務貿易促進機構的合作等，積極推動國內服務業企業「走出去」。

(三) 加快服務業立法和服務貿易的法規建設

加快服務業立法，建立系統的服務貿易法規體系至少涉及以下幾個方面的內容：①建立健全既符合本國經濟發展目標又不違背國際通行準則的法律法規；②在立法方面為涉外服務經濟提供透明、便利和公平的法律環境，比如提高政法服務水平、提升辦事效率、簡化審批環節、轉變政府職能、強化對商會及行業協會的管理等；③立法應為服務預警和防範安全提供保障，比如建立情報檢測系統、完善反不正當競爭法和反壟斷法；④在立法上保障服務業海外投資的權益，使企業快速「走出去」並獲得收益；⑤以法律法規對服務市場准入、服務貿易稅收、服務業投資等相關領域形成條款，增加服務貿易管理的透明度。

(四) 注重服務人才培養，加速企業自主創新

第一，需要造就一批精通業務、熟悉規則、掌握外語、涉外工作能力強的服務貿易複合型人才。在人才培養方面，應鼓勵和引導高等院校建立與發展服務貿易相適應的學科專業，支持高等院校、職業院校、科研院所和有條件的服務業企業建立服務貿易實習培訓基地，鼓勵創建服務人才培養基地。可以考慮對符合條件的服務出口企業聘用的中國籍人員，按規定給予商務赴港澳、赴國外的便利。第二，通過對現有人員的短期培訓，使之盡快熟悉《服務貿易總協定》及中國發展服務貿易面臨的機遇和挑戰。第三，鼓勵教育、科技、人事和勞動保障等部門按照服務貿易發展的需要，調整、完善以及規範職業資格和職稱制度。第四，應落實各項吸引和培養服務出口人才的政策措施，建立健全激勵機制，加大力度引進金融、保險、信息、仲介等行業急需人才。與此同時，還應為服務業企業進行自主創新給予扶持，增加服務業研發和基礎設施的投入。政府應積極引導企業參與全球服務業競爭，繼續開放服務業市場，有效利用外資，有序承接現代服務業轉移，改進外匯與資本流動管理，支持服務業企業到境外投資。

(五) 夯實服務業基礎，提升服務業發展水平

對外服務貿易的基礎是國內服務業，各國服務貿易的競爭實際上是服務業的競爭，服務業發展對服務貿易競爭力具有決定性作用。隨著服務業在各國國民經濟中逐漸取代其他經濟部門而居於主導地位，國際服務貿易順勢蓬勃發展起來。當然，發展服務

貿易反過來又會推動國內服務業進步。服務業和服務貿易相互影響、協同發展。服務業發展對國民經濟的拉動作用越來越明顯，比如服務業對就業的影響不僅表現在增加就業崗位上，而且能夠提升就業質量、改善就業結構。近些年來，服務業在吸納一、二產業勞動力轉移上發揮了突出作用，服務業增加值占 GDP 的比重每增加 1 個百分點，可以為 48.2 萬人提供就業機會。

(六) 提升服務貿易內外開放水平，兌現承諾

一般而言，服務貿易對內全面開放，自由化有利於國內服務提供商短時間內迅速發展起來，而對於外國服務提供商應有條件兌現承諾並加以適當限制。當前貿易自由化趨勢使制定和實施促進服務業發展政策的空間越來越小，但政府仍可在許多方面影響服務業發展，比如稅收和市場准入管制、基礎設施規劃和管理、服務提供和購買限制等。堅持服務業開放和服務貿易自由化並不是無條件的，應注重在開放中逐步培育和增強自身競爭力。在此過程中，需要堅持服務貿易政策透明，同時運用多種手段和渠道為國內服務出口企業和海外進口商提供全方位的信息服務。

(七) 出抬配套支持服務貿易發展的政策措施

第一，借鑑高新技術產業稅收優惠政策，採取適用於服務貿易的稅收鼓勵措施，比如可將企業實際發生的研究開發費用按有關規定享受所得稅抵扣優惠。第二，實行有利於服務業發展的土地政策，在制定城市和土地規劃時，應給予服務貿易發展以政策偏向，比如在年度土地供應上適當考慮服務貿易發展需求等。第三，鼓勵各類金融機構在不影響信貸風險的前提下，利用金融支持手段幫助服務貿易企業，比如保險公司可在國家出口信用保險政策範圍內為服務出口項目提供保險支持等。第四，整合服務領域的財政扶持資金，綜合運用貸款利息、經費補助和獎勵等多種方式促進服務貿易發展，比如鼓勵外國資本、民間資本和社會資本進入服務貿易領域，拓寬服務業企業融資渠道，多方籌集服務貿易發展資金。第五，刺激服務業企業的技術創新，推動有競爭力的企業形成一批擁有自主知識產權並具有較強競爭力的大型服務貿易企業或企業集團。

第四節　中國服務貿易立法

一、中國服務貿易立法現狀

目前，中國服務貿易法律框架雛形是以《對外貿易法》為基本支柱，以《商業銀行法》等服務行業性法律為主體，以《中華人民共和國外資金融機構管理條例》等行業性行政法規、規章和地方性法規為補充，依託《中華人民共和國反不正當競爭法》等跨行業的有關法律、行政法規共同構建而成的。

具體而言，《對外貿易法》位於最高層次；其次是中國服務貿易的主體框架，即各服務行業的基本法律，如《商業銀行法》《保險法》《證券法》《海商法》《中華人民共

和國註冊會計師法》《中華人民共和國律師法》《民用航空法》《中華人民共和國廣告法》等；再次是作為行業基本法律重要補充的行政法規、規章和地方性法規等，如《外資金融機構管理條例》《保險經紀人管理規定（試行）》等；最後，與服務行業有關的法律、行政法規等是構建服務行業法律框架的不可或缺的組成部分，主要有《中華人民共和國公司法》《中華人民共和國合夥企業法》《反不正當競爭法》《中華人民共和國消費者權益保護法》《中華人民共和國合同法》等。

與國際貨物貿易不同，國際服務貿易無法通過關稅，只能通過國內法律法規加以保護。發達國家服務貿易的發展與政策選擇，無不以服務貿易立法為最終支撐。因此，隨著中國加入 WTO，特別是 GATS 的規定，中國在服務貿易領域完善立法的呼聲越來越高，建立健全服務貿易法規框架成為必然。而當前中國服務貿易立法主要存在以下問題。

（一）內容上有缺陷

（1）缺乏一部統領性的基本法律。目前中國調整涉外服務貿易的基本法是《對外貿易法》，但其並不是一部專門調整服務貿易的法律。在國內服務貿易法律領域也未有統領全局性的法律規範，而是由國家政策的制定代替行使這一只能。

（2）大量服務部門沒有配套的專項行業性基本法律。雖然中國先後頒布了如《商業銀行法》《保險法》《海商法》等一些服務貿易的重要法律法規，但仍有很多其他重要部門，如旅遊、通信、醫療、教育等方面缺乏這種規範。

（3）目前正在使用的服務貿易領域的法律法規也存在法律真空，針對性不強、操作性不強、規定之間相互衝突、與 WTO 規定不符等許多問題。一些服務貿易領域缺乏相關法律規範，取而代之的是行業或企業內部政策等。有的領域如證券部門、商業銀行部門，雖然有行業基本法，但有的規定操作性不強。

（二）法律淵源上不足

目前中國服務貿易領域立法層次較低，形式上以行政法規居多，還存在大量的部門規章、地方性法規以及各種「通知」「批復」等，不僅不能體現這一重要貿易領域的立法權威，降低了法規實施的效力，另外也與 GATS 規定的服務貿易制度穩定、透明的要求相去甚遠。

（三）管理體制上有問題

中國缺乏促進服務貿易發展的協調管理部門，存在管理不順、職責不明的現象。當前，中國僅《對外貿易法》第二十五條規定了「國務院對外貿易主管部門和國務院其他有關部門，依照本法和其他有關法律、行政法規的規定，對國際服務貿易進行管理」。其中「主管部門」和「有關部門」具體含義不明確，管轄職權的內容和分工業不清楚，管轄權的行使也很模糊。此外，對於國內服務貿易領域的管轄問題，法律上也沒有規定。

二、中國服務貿易立法對策

（一）制定一部統一的服務貿易基本法

從服務貿易的發展趨勢和多邊服務貿易規則的形成來看，各國需要制定統一的服務貿易國內法，以與 GATS 相協調。從以往的服務貿易立法中吸取經驗，為制定基本法創造條件。另外，在確定立法目標時，也不應對該部法律求全責備，可以先制定原則性規範，以後必要時再通過修訂或司法解釋予以完善。

（二）以行政法規為主

在加入世貿組織後相當長的一段時間裡，中國服務貿易仍將處於快速發展時期，急需大量立法，僅靠全國人大及其常委會的立法顯然不夠，行政法規、規章仍然有必要作為我們服務貿易立法的主要形式，並在法律體系中居主要地位。

（三）與 GATS 接軌

（1）將自《中華人民共和國中外合資經營企業法》以來中國制定的涉及服務貿易的立法，按照 GATS 的規定和中國已經做出的承諾，進行全面清理，對其進行修改和補充，與 GATS 規則保持一致。

（2）對中國一些發展態勢良好但立法滯後的服務部門，如旅遊、電信、國際工程承包、衛星發射等服務領域，應優先考慮立法。此外，對當前服務業發展急需的行業開放法、商業組織法、勞務輸出法、來華服務人員法宜盡早予以考慮。

（3）一個重要的環節是增加法律的透明度。國務院有必要建立有關對外服務貿易法律、法規和政策的信息服務中心，及時公開適用於對外服務貿易的法律、法規和政策，加強法律、法規和政策的權威性編纂，使中國的法律、法規和政策具有系統性、協調性、透明性、可操作性和可預測性。

思考題

1. 試述當前中國服務貿易發展的特點。
2. 簡述中國服務貿易的對外開放情況。
3. 多邊和區域服務貿易自由化對中國服務貿易發展有何影響？
4. 思考中國服務貿易發展存在的主要問題及對策思路。
5. 思考如何提升中國服務貿易的國際地位。

國家圖書館出版品預行編目(CIP)資料

國際服務貿易 / 李大鵬、李延 主編. -- 第一版.
-- 臺北市：崧博出版：財經錢線文化發行，2018.10

　面；　公分

ISBN 978-957-735-548-5(平裝)

1.國際貿易

558.5　　　　　107016647

書　名：國際服務貿易
作　者：李大鵬、李延 主編
發行人：黃振庭
出版者：崧博出版事業有限公司
發行者：財經錢線文化事業有限公司
E-mail：sonbookservice@gmail.com
粉絲頁　　　　　網　址：
地　址：台北市中正區延平南路六十一號五樓一室
8F.-815, No.61, Sec. 1, Chongqing S. Rd., Zhongzheng Dist., Taipei City 100, Taiwan (R.O.C.)
電　話：(02)2370-3310　傳　真：(02) 2370-3210
總經銷：紅螞蟻圖書有限公司
地　址：台北市內湖區舊宗路二段 121 巷 19 號
電　話:02-2795-3656　傳真:02-2795-4100　網址：
印　刷：京峯彩色印刷有限公司（京峰數位）

　　本書版權為西南財經大學出版社所有授權崧博出版事業有限公司獨家發行電子書及繁體書繁體版。若有其他相關權利及授權需求請與本公司聯繫。

定價：350元

發行日期：2018 年 10 月第一版

◎ 本書以POD印製發行